정당정치, 자본주의, 식민지제국, 천황제의 형성

일본 근대는
무엇인가

三谷太一郎, 『日本の近代とは何であったか─問題史的考察』(岩波新書, 2017)

일본 근대는 무엇인가

정당정치, 자본주의, 식민지제국, 천황제의 형성

펴낸날 | 2020년 12월 4일

지은이 | 미타니 타이치로
옮긴이 | 송병권, 오미정

편집 | 김지환
디자인 | 석화린
마케팅 | 홍석근

펴낸곳 | 도서출판 평사리 Common Life Books
출판신고 | 제313-2004-172 (2004년 7월 1일)
주 소 | 경기도 고양시 덕양구 중앙로558번길 16-16. 7층
전 화 | 02-706-1970 팩 스 | 02-706-1971
전자우편 | commonlifebooks@gmail.com

ISBN 979-11-6023-264-6 (93910)

잘못된 책은 바꾸어 드립니다.
책값은 뒤표지에 있습니다.

정당정치, 자본주의, 식민지제국, 천황제의 형성

일본 근대는 무엇인가

미타니 타이치로 지음
송병권 · 오미정 옮김

평사리
Common Life Books

차례

일러두기

* 인명, 지명은 영문 발음 표기에 맞추어, 가능한 소리나는 대로 적었다.
* 역사 용어 중 우리말 한자어에 익숙한 경우에는 그대로 적었다.
* 저자가 붙인 내각주는 외각주로 표시했다.
* 필요에 따라 원문에 역주를 추가했다.

일본의 모델,
유럽 근대는 무엇인가?

근대 일본의 모델

일본의 근대는 19세기 후반 최선진국으로 국민국가 건설에 착수한 유럽 열강을 모델로 형성되었습니다. 당시 유럽에서도 칼 마르크스가 『자본』 제1권 제1판 서문에서 서술했듯이, "산업적으로 더 발달한 국가는 발달 정도가 낮은 국가에 대해, 그 국가 자신의 미래상을 보여준다."라는 견해가 일반적이었습니다. 후진국에게 유럽화란 플러스나 마이너스 두 측면에서 불가피하다고 생각되었던 것입니다. 마르크스가 "국민은 다른 나라 국민에게 배워야 하며, 또한 배울 수 있다."고 서술한 이유입니다. 그로부터 1세기 이상이 지난 1970년대 중반에 유행한 월러스틴의 '세계체제'론 등의 원형은 이미 1870년대에 세계자본주의의 '중심(center)'이었던 유럽의 자기인식 속에서 배태되었다고 생각합니다.

1871년(메이지 4)부터 1873년에 걸쳐 이와쿠라 토모미(岩倉具視)를 특명전권대사로 한 일본 정부 사절단이 불평등조약 개정 교섭을 위해 구미에 파견되었습니다. 그들은 외교교섭보다 구미를 학습하겠다는 목적의식으로 바다를 건너갔습니다. 이와쿠라 사절단이 처음으로 방문한 미국은 서양 여러 나라의 선두에 서서 일본에 '개국'하라하며 압력을 행사한, 이른바 웨스턴 임팩트를 부가했습니다. 그렇지만 당시 일본의 입장에서 봐도, 미국은 유럽 여러 나라와 동일하지 않고 오히려 그들과 구별되는 후진국에 속했고, 그런 의미에서 일본과 동등한 위치였습니다. 그러나 미국은 일본보다 먼저 유럽 모국인 영국으로부터 독립을 쟁취했을 뿐 아니라, 유럽 여러 나라와 대등하게 일본에 대해 불평등조약이 초래한 권익을 향유했습니다. 당시 막부 말기(이후 막말) 세계 정세에 정통했던 일부 일본 지식인에게 미국은 '양이'의 성공적 사례로까지 인식되었고, 비유럽국가로서 유럽적 근대화를 이룬 선구적 사례를 제공했습니다.

　일본의 근대화 과정에서 미국이 일본에 미친 독자성이 강한 정치적, 문화적 영향의 역사적 근거는 거기에 있었습니다. 일본의 유럽화는 미국화와 불가분의 관계였고, 그뿐만 아니라 세계의 중심이 유럽에서 미국으로 이동함에 따라 일본에게 유럽화는 미국화로 전화할 필연성이 있었습니다.

　일본이 국가 형성을 구체적 목표로 삼고 유럽을 최적 모델로 해서 근대화를 개시한 19세기 후반 막말 유신기에, 유럽에서는 역사적 경험으로서 '근대'에 대한 이론적 성찰이 시작되었습니다. 그로부터 '근대는 무엇이었나?'라는 문제의식에서 발생한 '근대' 개념의 맹아도 보였습니다. 이 책에서는 그 전형적 사례로, 19세기 후반에 활동한 영국의 저널리스트 월터 바지호트(Walter Bagehot, 1826~1877)가 시도한 성찰을 검토하겠습니다. 그것이 이 책의 과제인 '일본의 근대는 무엇이었나?'라는 문제에 답하는 하나의 실마리를 제공해주기 때문입니다.

바지호트와 마르크스

바지호트는 칼 마르크스와 동시대 사람입니다. 마르크스의 『자본』 제1권이 출판된 해인 1876년에 대표작 『영국의 국가구조(The English Constitution)』*를 간행했습니다. 두 사람 모두 저널리즘에 관계했고, 또한 정치경제적 관점에서 영국의 근대를 분석했습니다. 두 사람 다 정치와 경제를 상호 밀접하게 관련지어 논의를 진전시켰습니다. 마르크스의 정치 분석은 그 경제이론과 불가분한 것(혹은 양자를 불가분 관계로 보는 철학과 세계관에서 출발한 것)이었고, 바지호트가 영국 금융시장을 분석한 『롬바드 스트리트(Lombard Street)』(1873)**는 영국 정치체제를 분석한 『영국의 국가구조』와 짝을 이루었습니다. 또한 마르크스와 바지호트 모두 자연과학의 발흥에 촉발되어 물리학과 생물진화론을 모델로 기존 정치학과 경제학을 비판하면서, 19세기 후반의 영국에서 가장 첨단적으로 체현된 근대의 현실을 해명할 새로운 학문의 확립을 목표로 삼았습니다.

마르크스는 '경제학 비판'으로서 『자본』에서 물리학자가 자연과정을 성찰하는 방법을 빌려와 "경제적인 사회구조의 발전을 자연사적 과정으로서 해명하고자 한다."는 입장을 취했습니다. 그리고 자본주의적 생산양식과 그에 상응하는 생산관계와 유통관계가 가

---

* 한국어판은, 월터 배젓, 이태숙·김종원 옮김, 『영국헌정』, 지식을 만드는 지식, 2012. (역주)
** 한국어판은, 월터 바지호트, 유종권 외 옮김, 『롬바드 스트리트』, 아카넷, 2001. (역주)

장 전형적으로 형성된 영국을 "자연과정이 가장 적확한 형태로, 교란적 영향으로 인한 혼탁이 가장 적게 나타나는 경우"에 해당된다며, 자신의 이론을 전개하기 위해 비교대조하는 중요 기준으로 삼았습니다.

다른 한편, 바지호트는 동시대의 현실을 '철도와 전신의 발명', 즉 교통 통신 수단의 혁명적 변화가 초래한 '신세계'로 인식합니다, 동시에 "사상의 신세계가 눈에 보이지는 않지만, 공중에 존재하고 우리에게 영향을 미친다."고 보았습니다. 그리고 "새로운 사상이 두 가지의 낡은 과학, 즉 정치학과 경제학을 변화시켰다."고 통찰했습니다. 객관적 파악을 가능하게 한 명확한 특색을 유럽 근대가 드러낸 상황에서, 마르크스가 그에 적합한 새로운 경제학을 추구했던 것처럼, 바지호트 또한 동일한 목적의식으로 새로운 정치학을 모색했습니다.

자연과학이라는 모델

바지호트가 새로운 정치학의 모델로 삼은 것은, 마르크스와 마찬가지로 '근대'의 가장 현저한 징표인 자연과학이었습니다. 바지호트는 그것을 광의의 '자연과학(physical science 또는 physics)'이라 불렀습니다. 바지호트에 따르면, 그것은 '외적 자연의 세부에 걸친 계통적 연구'를 의미하고, '자연학(a study of nature)'이라 환언할 수

월터 바지호트

있습니다. 바지호트는 "확립된 자연학을 새로운 도구와 새로운 사물의 발견을 위한 기초로 이용하려는 생각은, 초기의 인류사회에는 존재하지 않았으며, 그것은 아직도 소수의 유럽 나라들에 특유한 근대적 개념"이라고 서술했습니다. 고대의 최고 지식인 소크라테스는, 자연학이 불확실성을 낳고 인간의 행복을 증진하지 않는다는 이유로, 반자연학적이었다고 바지호트는 생각했습니다. 바지호트에 따르면, '자연학'은 지적 세계에서 '근대'와 '전근대'를 구분하는 가장 큰 지표였습니다.

바지호트에 따르면, '자연학'은 이렇게 18세기의 뉴턴, 19세기의 다윈으로 상징되는 물리적, 생물적 자연에 관한 획기적 이론으로 '근대'를 열었습니다. 바지호트의 『자연학과 정치학』*은 이런 '자연

* Walter Bagehot, *Physics and Politics-thoughts on the Application of the Principles of 'Natural Selection' and 'Inheritance' to Political Society*, New Edition, Kegan Paul, Trench, Trubner & Co., Ltd., 1872.

학'이 담당한 역할을 '정치적 자연(political nature)', 즉 '외적 자연'에 대치하는 내적 자연, 바꿔 말하면 '인간적 자연(human nature)'을 대상으로 삼은 정치학이 담당하리라 기대했습니다. 그것은 정치학에서 '자연학'적 차원을 개시해, '정치적 자연'을 강화하고 발전시킬 동력으로 '자유'에 바탕을 둔 정치, 즉 '토의에 의한 통치(government by discussion)'의 확립을 목적으로 두었습니다. 그것이 바지호트의 가장 기본적인 '근대' 개념입니다. 이 저서의 부제는 「정치적 사회에 대한 '자연적 도태'와 '유전'의 원칙 적용에 관한 고찰」입니다. 이 부제에서 볼 수 있듯이, 바지호트에게는 '자연학' 분야에서 다윈이 개발한 진화론 개념으로 정치적 진화, 요컨대 근대화를 설명하려는 의도가 있었고, 실제로 그러한 시도가 이 책에서도 보입니다. 그러나 그보다도 '근대'의 이정표가 된 '자연학'에 대응할 '정치학'의 독자적인 패러다임을 제공하는 것이 바지호트의 목적이었다고 생각합니다.

또한 마루야마 마사오(丸山眞男)에 따르면, 일본의 '근대'를 특징짓는 핵심적인 학문영역을 '(수학적) 물리학'이라고 간주하고, 이것을 구체제의 정통적 학문인 '윤리학'과 대극적 위치에 둔 자는 후쿠자와 유키치(福澤諭吉)였습니다. 이것이 마루야마가 말하는 "후쿠자와에 있어서 '실학(實學)'의 전회"(1947)라는 명제입니다.* 이것은

* 『丸山眞男集』 제3권(岩波書店, 1995) 수록.

바로 바지호트가 『자연학과 정치학』에서 천명한 명제와 기본적으로 같습니다. 후쿠자와는 『자연학과 정치학』을 주의 깊게 읽었을지도 모르겠습니다.

두 사람의 '근대'

이렇게 마르크스와 바지호트는 함께 '자연학'을 가장 전형적인 '근대'의 학문으로 간주하고, 그것을 모델로 '근대'의 가장 첨단적인 현실을 체현한 영국 근대의 역사적 사례를 주요 소재로 삼아, 정치학과 경제학에서 '근대'를 모색했습니다. 그러나 두 사람의 '근대' 개념은 아주 달랐습니다. 두 사람 모두 정치와 경제의 관계를 중시하면서도, 바지호트는 영국의 국가구조를 실제로 기능하도록 하는 '실천적 부분'의 중추인 정당 내각의 출현에서 영국 근대의 역사적 의미를 추출했습니다. 반면 마르크스는 상품과 그 가치의 분석을 통해 추출한 자본의 논리로 '근대'를 설명하고자 했습니다. 요컨대 바지호트는 정치체제의 변화에 중점을 둔 '근대' 개념을 제시했고, 마르크스는 자본주의의 성립에 중점을 둔 '근대' 개념을 제시했습니다.

또한 마르크스는 상품화된 노동력의 주체인 프롤레타리아트의 정치적 능동성을 중시해, '근대'의 자본주의적 생산양식 다음에 도래할 '근대' 이후의 새로운 생산양식과 그것에 상응하는 사회를 형성할 주도적 역할을 프롤레타리아트에 기대했습니다. 이에 대해, 바지호트는 전통적 의회제 아래에서 출현한 정당을 기반으로 한 '내각(The Cabinet)'에 의한 정치적 기능성의 집중을 중시해, 그것을 지지하고 보완하는 요인으로서, 체제에 대한 경외와 공순(恭順)을 환기하는 체제의 '존엄적 부분(여왕과 하원)'의 역할과 그에 의해 함양되는 피통치자의 정치적 수동성이 가진 의미를 인정했습니다. 바지호트의 '근대' 개념은 나중에 서술하겠지만, '토의에 의한 통치'를 성립시킬 요인으로서 신속한 행동성보다는, 이를 완화하고 진정시키는 숙려(熟慮)를 요구하는 '수동성'을 중시했습니다.

전근대와 근대

바지호트의 '근대' 개념이 무엇이었는지 역사적 유래에 대해서 한발 더 들어가 보고자 합니다. 바지호트의 '근대' 개념에서 중요한 것은 '전근대'와의 관계였습니다. 바지호트의 경우 '근대'와 '전근대' 사이에는 단절과 연속이 존재합니다. '근대'는 '전근대'를 부정하고 단절함으로써 성립함과 동시에, '전근대'의 어떤 요소를 소생시킴으로써 출현했다고 설명합니다.

'근대'와 단절된 '전근대'의 요소는 고유한 '관습의 지배'입니다. 그것은 '근대'를 특징짓는 '토의에 의한 통치'와 양립할 수 없습니다. 단 '전근대'에서도 고대 그리스에서 볼 수 있는 것처럼, '관습의 지배'와 대립하는 '토의에 의한 통치'의 선구적 형태가 형성되어 있었습니다. 바지호트에 따르면, 헤로도토스에서 이미 '토의의 시대(the age of discussion)'가 시작되었습니다. 헤로도토스는 동시대 그리스에서 "끝없는 정치적 토의를 들었음에 틀림없다."고 바지호트는 지적합니다. "그 저서에는 추상적인 정치론의 맹아가 많이 보인다."는 것이 바지호트의 관찰입니다. 투키디데스 시기에 이르면, 토의의 성과는 사상 최대로 결집되었습니다. 플라톤과 아리스토텔레스 같은 최고의 철학자들이 저술한 모든 책에는 그들이 살았던 '토의의 시대'가 풍요롭고 지워지지 않을 흔적으로 남아 있습니다. 적어도 그들에 대해서는 '전근대'를 관통하는 '관습의 지배'가 전면적으로 파괴되었던 것입니다.

그러한 '전근대'의 '토의에 의한 통치' 전통은, 아테네로 대표되는 고대 그리스 이외에도 고대 로마, 중세 이탈리아 여러 공화국, 봉건 유럽의 여러 공동체와 신분의회에도 공유되었고, 특별한 영향력이 있었습니다. 그들은 각각의 영향력을 그들이 가진 '자유'에 기대고 있었습니다. 그곳에는 나중에 국가에 집중되는 '주권적 권력(sovereign power)'이 분할되어 있었고, 각 권력 주체 사이에는 토의가 이루어졌던 것입니다. 바지호트에 따르면, 그것은 정체(政體)와 관계없이 '자유국가(free state)'라고 할 만한 것이었습니다. 그것이 '근대'의 '토의에 의한 통치'를 산출한 '자유'와 역사적으로 연속되어 있었습니다. 그런 의미에서 유럽의 고대사와 중세사는 근대사의 일부분이기도 했습니다.

한편 동일한 유럽의 정치적 전통을 전제로 하면서도, 바지호트와 달리, 주권의 본질적인 불가분성을 강력히 주장한 논자도 있었습니다. 바지호트의 『자연학과 정치학』보다 100년쯤 전인 1762년에 『사회계약론』을 간행한 장자크 루소입니다. 『사회계약론』에서 루소는 국가가 많은 도시를 포함한 경우에도 주권은 단일하고, 그것을 분할하면 파괴될 수밖에 없다고 주장했습니다(『사회계약론』 제3편 제13장 「주권은 어떻게 유지되는가」). 그러나 결코 루소가 '토의에 의한 통치'를 부정한 것은 아닙니다. 루소 또한 고대 그리스와 고대 로마의 역사적 선례에 바탕을 두고, 국가를 성립시키는 주권의 발동으로서 '토의에 의한 통치'를 모든 '특수의지'에 내재하면서 그것을 초월하는 '일반의지'의 지배와 동일시했다고 생각합니다. 누구에 의해서도(어느 특정한 '특수의지' 혹은 그들의 총화로서의 '전체의지'에 의해서도) 대체 또는 대표할 수 없는 절대적·보편적인 '일반의지'를 체현한 것은, 결국 '토의에 의한 통치' 이외에는 없는 것이 아닐까요? 단 바지호트가 '자유국가'를 매개로 보다 역사적이며 우여곡절을 품은 '토의에 의한 통치'라는 개념을 이끌어냈던 것에 대해, 루소는 '일반의지'의 논리적 연장선상에서 보다 철학적이고 직선적인 '토의에 의한 통치'를 상정했다고 볼 수 있습니다.

'토의에 의한 통치'를 성립시키는 것

영국의 국가구조는 바지호트가 말한 '자유국가'의 특징이 있었습니다. 그것을 체현한 것은 국왕의 자문기관, 즉 본래 대봉건영주로 구성되는 행정기관인 왕실평의회에서 발전한 의회였습니다. 그것은 국가통치(특히 과세)의 필요에서 귀족만이 아니라, 다른 신분의 이익도 대표할 수 있는 협의기관으로 성장했습니다. 의회는 영국의 다원적인 계급구성을 반영했습니다. 국왕은 의회 없이는 국가를 통치하는 자원(특히 재원)을 조달할 수 없었고, 그것이 소수자의 이익도 권리로서 인정해야 하는 '관용'을 전제로 한 '토의에 의한 통치' 그리고 '동의에 의한 통치'를 산출했습니다. 바지호트는 이렇게 서술합니다.

영국 국가구조의 역사는, …… 사실 고대 정치체의 비귀족적인 인민적 요소가 여타 요소와 결합한 복잡한 역사였는데, 그 인민적 요소가 때로는 연약하고, 때로는 강력했지만 결코 사라지지는 않았다. 그 힘은 공통적으로 위대하지만 변동이 있었고, 지금 와서는 완전히 지배적이다. 이 요소가 성장한 역사가, 영국 인민의 역사다. 그리고 이 국가구조에 관한 토의와 국가구조 내부의 토의, 그에 관한 논쟁과 그 진정한 결과에 관한 논쟁이 주로 영국인의 정치적 지성을 최대한 훈련시켰다.*

* *Physics and Politics, No.V, The Age of Discussion*, pp.175~176.

요컨대 바지호트의 역사인식에서는 '전근대' 이래 영국의 국가구조를 둘러싼 자유로운 토의의 축적이 '토의에 의한 통치'를 강화했습니다. 바지호트의『영국의 국가구조』자체가 '토의에 의한 통치'를 위한 이정표적 의미가 있는 논의였습니다. 바지호트의 이러한 고찰은 어떠한 국민도 하루 만에 '토의에 의한 통치'를 산출할 수는 없다는 점을 함의합니다. 정치를 움직이는 질 높은 토의는 그에 대한 여러 의심에 노출되고 검증됨으로써 비로소 형성됩니다. 그리고 그것은 이미 장기간에 걸쳐 일정 수준 이상의 '토의에 의한 통치'가 기능하기 때문에 가능한 것입니다. 바지호트의 '근대' 개념은 '토의에 의한 통치'를 가장 중요한 지표로 삼았기에 인간 행동에 동기를 부여하는 요인으로서 전통과 습관을 중시했습니다. 바지호트는 전통과 관습에서 자유로운 인간이 자기 이익을 인식하는 능력을 의심했습니다. 따라서 그 능력을 구사해 얻었다고 믿는 자기이익을 행동의 동력으로 삼는 동시대의 공리주의적 인간관에 동의하지 않았습니다. 이 점은 루소가『사회계약론』에서 다음과 같이 서술한 점과 상통합니다.

일반의지는 항상 옳지만 그것을 도출하는 판단이 항상 계몽되어 있는 것은 아니다. 일반의지에 대상을 있는 그대로, 때에 따라서는 일반의지로 보여야 할 모습을 보여주고, 그것이 요구하는 바른 길을 보여주어, 개별의지의 유혹으로부터 그것을 지켜, 그 눈이 장소와 시간을 잘 볼 수 있도록 하여, 목전의 확실한 이익의 매력과 멀리 보이지 않는 재앙의 위험을 비교 계량할 수 있어야 한다. 개인은 행복을 알지만 그것을 물리친다. 공중은 행복을 욕망하지만 그것을 인정하지 못한다. 쌍방은 모두 동일하게 인도하는 손이 필요한 것이다.*

루소의 관점에서 보면, '토의에 의한 통치'를 관통하는 '일반의지'는 바지호트가 말한 '전통과 관습'을 헤쳐 감으로써 계몽되어야만 했습니다.

서양과 동양의 단절

지금까지 이야기했던 것처럼, 바지호트는 유럽에서 발생한 '토의에 의한 통치'에 관해, 오히려 '전근대'와 '근대'의 연속성을 강조하고 시대를 뛰어넘는 유럽의 문명적 일체성을 의식적, 무의식적으로 전제합니다. 이 점에 관해, 바지호트는 서양과 동양 세계의 문명적 단절을 강조했습니다. 바지호트는 "낡은 동양의 관습적 문명과 새로운 서양의 변동적 문명 사이에 현존하는 최대의 대조성"을 지적했습니다. 바지호트의 경우, 서양 문명을 대표하는 영국에 대해, 이에 대치되는 동양 문명을 구현한 것이 당시 영국의 식민지로

---

* 『사회계약론』 제2편 제6장.

전락한 인도였습니다. 바지호트는 영국의 식민지 통치 하에 있었던 인도 원주민이 이것을 어떻게 받아들이는지('인도 원주민 자신은 영국이 좋은 일을 한다고 생각하는지')에 관해, 현지에서 식민지 통치의 실무를 담당하는 '영국 최고의 지적 능력을 가진 관료들'이 썼다는 보고서에서 다음의 한 구절을 인용합니다.

의심할 바 없이 영국 정부는 인도인에 대해 많은 이익을 부여한다. 영국 정부가 인도인에게 부여하는 것은 지속적 평화, 자유무역, 법률에 따라 원하는 대로 살아갈 권리 등이다. 이러한 점들에서 인도인은 지금까지 없었던 만족할 만한 상태에 있는 것이다. 그럼에도 인도인은 아직도 영국 정부를 이해하지 못한다. 인도인을 당혹시키는 것은 영국 정부의 끊임없는 변혁 지향, 혹은 영국 정부가 말하는 개량 지향이다. 인도인 고유의 생활은 모든 점에서 고대적 습관에 의해 규제되므로 그들은 항상 무언가 새로운 것을 가져올 정책을 이해할 수 없다. 그들은 그 정책 근저에 그들을 쾌적하게 하거나 행복하게 해주려는 바람이 있다는 점을 조금도 믿지 않는다. 오히려 그들은 영국 정부가 자신들이 알 수 없는 무언가를 목표로 한다는 것, 영국 정부가 '인도인의 종교를 제거'하려 한다는 것, 한마디로 표현하면 이처럼 계속되는 변혁의 궁극적 목표가 인도인의 현재 상태와 바람을 부정하고, 인도인을 뭔가 새로운 것, 현재 상태와는 다른 것, 그 바람에 반한다고 믿었다.*

이 구절의 함의는 '낡은 동양의 관습적 문명'에서 '새로운 서양의 변동적 문명'으로 이행, 즉 '전근대'에서 '근대'를 향한 세계적 규모의 이행이 서양 문명권에 의한 동양 문명권의 식민지화를 통해 이루어진다는 명제입니다. 바지호트 또한 이 명제의 진실성을 믿었습니다. 동시에 영국에서 출현한 '토의에 의한 통치'를 지표로 하는 '근대' 개념은 영국을 주동력으로 한 식민지화에 의한 '근대' 개념을 포함했습니다.

이러한 동서 문명적 대립 도식—서양이 동양을 평가하는 오리엔탈리즘 도식—이 모습을 바꾸어, 동양에 있으면서 서양의 일원이 되기를 바라는 일본이 이웃한 동양 문명권을 식민지화하는 것을 정당화하는 요인이 됩니다. 일본에 의한 식민지화의 발단이 된 청일전쟁은 정부 당국자와 선진적 지식인들에 의해 동양 '야만'에 대한 서양 '문명'의 대결로 의미가 부여되었습니다.

일본의 전통에 결여된 것

이러한 도식은 동양에 대한 서양의 의식이 표현된 것이며, 물론 그 이데올로기성은 명확했지만, 그렇다고 해서 그것이 전혀 객관

* op. cit., pp.156~157.

적 의미가 없는 허위의식이라고 말할 수는 없습니다. 바지호트의 지적처럼 '토의에 의한 통치'라는 전통의 유무에 착안해, 동양과 서양을 구분하는 데는 나름의 역사적 근거가 있습니다.

서구에서 가장 뛰어난 일본사가의 한 사람으로 선구적 존재였던 조지 샌솜(Sir George Sansom)이라는 영국인 역사가가 있습니다. 샌솜은 전쟁 전 일본에서 외교관으로 30년 이상 체재한 경험을 가진 손꼽히는 지일파였습니다. 전후 1950년 12월에 토쿄대학에서 한「세계사에서 일본」이란 제목의 연속 강연에서, 유럽(특히 영국)과 일본을 비교해, 1600년 이후 주로 양자의 정치적 발전에서 분화를 낳은 요인이 무엇인지를 이야기했습니다.*

샌솜은 그 요인을 '자유주의적 전통(liberal tradition)'의 유무, 특히 의회 발달이 창출한 '소수자의 권리와 의견을 존중하는 일정한 전통' 나아가 '각 개인이 다른 개인의 의견과 행동의 자유를 어느 정도 존중하는' 전통의 유무에 귀착시켰습니다. 그것은 바지호트에 따르면 유럽의 '전근대'가 가진 '토의에 의한 통치'의 전통입니다. 샌솜은 그것을 통해 "봉건제도에서 중앙집권적 왕정으로, 중앙집권적 왕정에서 의회정치로 변천이 영국의 정치생활에 생겨났다."라고 설명했습니다. 16세기에서 18세기에 걸쳐 이러한 정치적

---

* G. B. サンソム, 大窪愿二 옮김,『世界史における日本』(岩波書店, 1951); G. B. Sansom, *Japan in World History*, edited, with notes, by Chūji Miyasita, Kenkyusha, Tokyo, 1965.

조지 샌솜

발전은 영국만이 아니라 네덜란드와 프랑스 같은 유럽의 여러 나라에서도 진전되었지만, 그것은 동시대의 일본에서는 볼 수 없었습니다.

샌솜에 따르면, 이는 당시 일본인에게 정치능력과 정치사상이 결여되었기 때문이 아닙니다. 오히려 샌솜은 당시 일본인의 질서 형성 능력과 정치에 대한 깊은 철학적 관심을 높이 평가했습니다. 행정기술 면에서 일본인은 여타 국민보다 탁월했으며, 정치철학의 탐구에서도 마찬가지였습니다. 샌솜은 "토쿠가와 지배체제의 일본 정치는 누가 보아도 질서와 규율의 기적으로, 종종 그것을 목격한 소수의 외국인에게 많은 칭송을 받았다."라고 말합니다. 샌솜은 분명히 토쿠가와 지배체제의 정치는 가혹한 면이 있었지만, 그것은 동시대 영국의 정치에서도 마찬가지였다고 파악했습니다.

그러나 영국과 일본의 정치에는 결정적 차이가 있었습니다. 영국에는 자유주의적 전통, 특히 그 주요 요소인 '개인의 존중'이란 전통이 영향력을 가졌지만, 일본에는 그러한 전통이 없었던 것이 분명합니다. 그것은 영국이 국왕 권력의 유지를 위해 '토의에 의한 통치'라는 요소를 도입할 필요가 있었던 반면에, 일본의 경우에는 쇼군(將軍) 권력의 유지를 위해 그러한 수단에 호소할 필요가 없었기 때문입니다. 영국의 국왕 권력은 다양한 유력한 대항세력과의 긴장관계 속에 있었고, 이들 세력에 대한 재정상의 의존도도 높았으므로, 권력을 유지하려면 이들 대항세력과 거래와 타협을 가능하게 할 의회정치를 회피할 수 없었습니다. 이에 대해 쇼군 권력은 막말의 개국기에 이르러 정책결정과정에 '중의(衆議)'를 도입함으로써 생겨나는 어떤 체제변혁의 필요를 인정하기까지 '토의에 의한 통치'라는 발상이 싹트지 않았습니다.

요컨대 영국의 종교 세력처럼 유력한 대항세력을 갖지 못한 일본의 중앙집권적 지배와, 종교 세력을 포함한 유력한 대항세력으로부터 끊임없는 도전에 직면했던 영국의 중앙집권적 지배의 강도차가 각각 '전근대'에서 '근대'로의 정치적 발전에 질적인 차이를 초래했다고 생각합니다.

'국민 형성'의 조건

그러나 바지호트는 '전근대'의 지표인 '관습의 지배'가 '근대'의 형성에 커다란 역사적 의미가 있다는 점을 간과하지 않았습니다. 바지호트는 '관습의 지배' 시대는 '근대'로의 '예비적' 시대로, 자유와 창조성은 억압되었으나 반면에 국민국가의 기초를 만든 '국민 형성'의 시대였다고 보았습니다. 거기에는 법률화된 강력한 관습 하에서 모방과 배제를 통한 지역집단 성원의 동일성('국민성')이 형성되었습니다. 관습을 규범화하는 정치적 실력을 갖춘 집단 내부에서 비동조자의 추방, 동조자의 보호와 보상이 이루어져, 비동조자는 감소하고 동조자는 증가하게 됩니다. 그 과정에서 대부분 성원이 상호모방을 통해 일관된 공통 성격이 성원 사이에 형성됩니다. 바지호트에 의하면 "스파르타인의 국민성이 형성되었던 것은, 스파르타적 정신구조를 갖지 않은 자는 스파르타의 생활을 견뎌낼 수 없기 때문"이었습니다. 환언하면 법제화된 고정적 관습에 의해 구속되지 않고서 지역집단은 진정한 민족이 될 수 없습니다. 또한 민족을 존속시키는 것은 민족적 동일성을 보증할 관습 규범의 고정성입니다.

바지호트에 따르면 이러한 민족 형성을 촉진하는 중요한 조건은 대외적인 '고립'이었습니다. 바지호트는 다음과 같이 설명합니다.

사실상의 문제로서, 모든 위대한 민족은 스스로 남에게 알려짐이 없이 그 등장을 준비한다. 이들 민족은 모든 외적 자극에서 멀리 떨어진

곳에서 성립한다. 그리스, 로마, 유태는 각각 그 자신에 의해 창출되었다. 그리고 각각의 다른 인종, 다른 언어집단에 대한 반감은 그들의 가장 현저한 특징 중 하나이며, 그들의 가장 강력한 공통 특성이다. (……) 거기에서 외국인과 교류는 여러 나라에서 각기 고유한 국민성을 형성한 고정적 규범들을 파괴했다. 그리고 그것이 정신조직을 약화시키는 원인이 되고, 산만하고 불안정한 행동의 원인이 되었다. 불신앙이 공인되자, 종교적 습관이 가진 구속력 있는 권위의 파괴와 사회적 유대의 단절이 현실로 나타났다.*

이 점은 일본의 경우에 가장 타당합니다. 정책적·전략적인 '고립' 속에서 '국민 형성'이 진행되었고, '고립' 노선의 포기가 체제 원리였던 '관습의 지배'를 파괴하는 결과를 초래했기 때문입니다.

'관습의 지배' 하에서 진행된 '국민 형성'은 인간의 진보를 위해 필요한 집단적 인간의 협력을 산출합니다. 집단 성원 간의 내발적 협력 조건이 성원의 동질성이기 때문입니다. 민족과 부족의 중요한 역할은 거기에 있습니다. 바지호트에 따르면 그것들은 '세습의 협력적 집단(hereditary co-operative group)'이었습니다.

---

* *Physics and Politics, No. VI, Verifiable Progress Politically Considered*, p. 214.

'근대'의 역사적 의미

이렇게 관습이 지배하는 '황량하고 단조로운 긴 시대'는 결코 인류에게 상실의 시대가 아니었습니다. 관습이 질서의 단서를 열고 국가의 기초를 다지는 데 필요했던 것입니다. 그러나 과거에 세계를 개량하려고 도입한 관습의 멍에는 인류의 진보를 방해합니다. '관습의 지배'에 인류의 자유가 구속되어, 독창성은 정체됩니다. 그러한 세계를 종결시켜 인류를 '관습의 지배'에서 해방시킨 것이 '근대'의 역사적 의미였습니다. 바지호트는 그것을 '토의에 의한 통치'의 확립이란 명제로 집약합니다.

바지호트에 의하면, 어떤 주제를 토의에서 결정하려는 목적으로 토의에 부치는 것은, 그만큼 그 주제가 기성의 규범으로는 결코 해결되지 않는다는 사실을 용인하는 것입니다. 그것은 사회 집단이 따라야 할 신성한 권위의 부재를 용인한다는 뜻입니다. 단일한 또는 복수의 주제가 일단 토의에 부쳐지면, 곧 토의는 관습화되어 기성 관습의 신성한 주술력은 해체됩니다. 바지호트는 다음과 같이 말합니다.

근대에 "민주주의는 무덤과 마찬가지로 받기만 하고 주는 것은 없다."라는 말이 있는데, 그것은 '토의'에 대해서도 마찬가지로 진실이다. 어떤 주제가 일단 실제 토의에 맡겨지면 되돌릴 수 없다. 그것은 다시 신비스러움을 가장할 수 없으며, 신성한 구획으로 봉쇄될 수도 없다. 그것은 영구히 자유로운 선택에 열려 있고, 신성을 더럽힐 토의에 노출되어 있다.*

'복잡한 시대'의 수동성

바지호트는 목적-수단의 연쇄가 복잡해진 근대사회에서 바르게 행동하려면, 많은 시간이 필요하다고 생각합니다. "내가 말하고자 하는 것은 많은 시간을 '빛이 닿는 장소에서 누워 있는 것', 장시간에 걸친 '단순한 수동성'이다."**라고 말했습니다. 바지호트는 물리학을 위시한 근대 자연과학의 대두가 "동시대인이 몽상가라 생각했던 사람들, 동시대인이 관심을 두지 않는 것에 주목했기 때문에 비웃음을 산 사람들, 속담에서 말하는 '별을 보면서 우물에 빠진 사람들', 쓸모없다고 평가받은 사람들이 가져온 것"***이라고 지적했습니다. 그리고 그러한 창조적 '수동성'을 '단순히 행동을 우선시한다는 의미'의 표현인 과잉활동과 즉각적 행동에 대비해, '토의에 의한 통치'의 형성에 중요한 역할을 했다고 생각합니다. 왜냐하면 그것은 성급한 행동을 억제하고 꼼꼼하게 고려한다는 '토의에 의한

* op. cit., p.161.
** op. cit., p.188.
*** op. cit., p.187.

통치'의 목적에 봉사하기 때문입니다.

그러나 그것은 '토의에 의한 통치' 하에서 토의의 축적으로 양성됩니다. 바지호트는 '단순한 시대'였던 '전근대'를 대신할 '복잡한 시대'인 '근대'에는 영국 역사에서 말하자면 크롬웰과 같은 절대적인 지도자의 즉각적 판단에 따른 신속한 행동이 아니라, 결론을 도출하기 위해 장시간에 걸친 토의를 허용할 다수의 다양한 사람들의 '수동성'이 더욱 더 중요하다고 생각했습니다. 바지호트가 볼 때 '토의에 의한 통치'가 복잡계라고 할 만한 '근대'에 가장 적합한 정치 형태인 이유입니다.

'토의에 의한 통치'에 대해서는 동시대의 영국인 가운데에서도 신랄한 비판이 있었습니다. 이들 비판자들은 '토의에 의한 통치'가 대두한 동시대를 '위원회의 시대(an age of committees)' 등으로 표현했습니다. 그들은 '위원회'는 아무것도 하지 않는, 모든 것은 수다 속에서 증발한다는 독설을 내뱉으며 '토의에 의한 통치'를 비웃었던 것입니다. 그들에게 최대의 적은 물론 '의회정치'인데, 바지호트는 역사가 칼라일(Thomas Carlyle)이 그것을 '국민적인 수다(national palaver)'라고 명명한 예를 들고 있습니다. 또한 "전쟁을 토론 동아리(debating society)가 지휘할 수는 없다."고 동시대의 저명한 정치가이자 저술가인 맥컬레이(Thomas Babington Macaulay)가 내뱉은 경구의 적절함을 인정합니다. "그리고 다른 많은 종류의 행동도 또한 절대적인 장군 한 명이 필요하다."라고 바지호트는 말했습니다.

　그러나 바지호트에 따르면, '근대'는 더이상 '크롬웰 같은 인물에 의해 영국이 다시 통치될 수 있는 시대'가 아니며, '열렬하고 절대적인 한 인간이 열렬한 다수의 사람들이 원하는 것을 수행하고, 또한 그것을 즉시 수행할 수 있는 시대'도 아닙니다. "지금은 위원회와 의회만이 아니라, 누구도 신속한 결정력으로 행동할 수 없다."고 바지호트는 말합니다. 게다가 바지호트는 그러한 시대 경향이 사실에 근거를 둔 진실이기를 희망합니다. "내가 말해본다면, 그것은 전근대의 유전적인 충동이 부식되어 사멸했다는 점을 증명하기 때문이다." 즉 바지호트에 의하면, '근대'의 표식인 '토의에 의한 통치'는 '전근대'를 특징짓는 충동적인 행동지상주의를 극복한 결과이기도 하기 때문입니다. 그것을 통해 '근대'에는 정치 형태가 변용되어, 행동보다도 사고(숙려)가 중요해지고, 그런 의미에서는 성급한 행동성보다도 조용한 수동성이 더 많은 가치를 갖게 됩니다. 최근 종종 거론되는 '숙려 민주주의(deliberative democracy)'도 또한 거기에서 유래했다고 생각합니다.

근대에서 감정의 분출

　'관습의 지배'와 그 아래에서 고정화된 신분 구조가 타파되자, 가족을 기본요소로 한 신분에서 해방된 개인의 자유와 그것에 바탕을 둔 선택 영역이 확대됩니다. '신분'의 시대에서 '선택'의 시대로의 변화입니다. 바지호트가 역사관 형성에 커다란 영향을 받은 동시대 역사가인 헨리 S. 메인(Henry James Sumner Maine)은 잘 알려진 것처럼, 이 역사적 변화를 '신분으로부터 계약으로 이행'이라고 요약했습니다.

이렇게 도식화된 근대화는 그에 수반해 고정된 '관습의 지배'가 억제한 전근대의 심층에 흐르는 감정을 분출시킵니다. 그것은 토의를 허용하지 않고 오로지 신속한 행동으로 내모는 원시사회로의 돌발적인 회귀입니다. 이것을 '격세유전(atavism)'이라고 바지호트는 불렀습니다. 바지호트가 이해하기로는, 프랑스 대혁명에서 발생한 잔혹함과 공포의 면면은, 인간성의 숨겨지고 억눌린 측면이 표출된 것입니다. 구체제의 억압이 파국으로 사라져 돌연 선택의 자유가 부여되었던 시절에, 질서와 자유 사이의 틈새를 메꾸며 등장한 것입니다. 그러나 이러한 '인류의 과잉 감정의 분출'은 단지 '원시사회의 야만적인 성격'을 재현했다고 설명할 수는 없습니다. "프랑스인과 아일랜드인처럼 고도로 발달한 인종조차 궁지에 몰리면 대부분 불안정한 상태가 된다고 볼 수 있다. 그들도 순간의 격정과 현재의 관념이 결정하는 바에 따라, 어디로든 끌려갈 수 있는 듯하다."고 바지호트는 말합니다.

'토의에 의한 통치'의 조건

'관습의 지배'에서 국민성이 해방되어, 자유와 선택의 기회가 증대하는 상황 속에서, 그것에 적합한 질서를 형성할 수 있는 통치는 어떠한 것인가? 이것이 바지호트의 문제제기였습니다. 바지호트에게 '근대'의 과제는 자유와 질서의 양립이었고, 바지호트의 '근대' 개념은 그 과제 해결을 지향했습니다. 그러한 목적의식에서 '근대' 개념의 중핵에 놓인 것이 '토의에 의한 통치'였던 것입니다. 그것은 '전근대'에서 배태되어 발전하면서, '전근대'의 지배원리였던 '관습의 지배'를 대신해 '근대'의 지배원리로서 '전근대'로부터 계승·확립되어야 했습니다.

바지호트에 따르면, '관습의 지배'를 타파하고, '신분'의 시대에서 '선택'의 시대로 변화 즉 근대화를 최초로 성취한 지역은 정치형태가 대폭적으로 그리고 시대와 함께 '토의에 의한 통치'에 가까워진 나라들입니다. 바지호트는 "어떠한 국가도 토의에 의한 통치가 없다면 일류가 될 수 없다."고 확신합니다. 그것은 공통 행동과 공통 이익에 대해서 공통 토의가 변화와 진보의 근원이 되는 국가였습니다. 그리고 거기서 이루어질 토의 주제는 구체적인 정책론보다 오히려 추상적인 원칙론이어야 했습니다. '토의에 의한 통치'의 힘은 토의 대상의 크기에 비례하기 때문입니다. 바지호트에 따르면 구체적인 정책론은 언어의 활성을 증대해, 변설의 재능을 강화하고 청자의 신뢰를 불러일으키는 태도와 표정을 만드는 능력을 향상시킵니다. 그렇지만 그것은 "사변적 지성을 불러일으키지 않으며, 사변적 교설을 논하도록 하지도 않고, 고대의 제반 원칙에 의문을 제기하지도 않는다." 반대로 '토의에 의한 통치' 하에서 이루어지는 자유로운 토의는 정치적 자유뿐 아니라 지적 자유와 예술적 자유의 확대도 초래합니다. 바지호트는 엘리자베스 여왕 시대 이후의 영국 역사 속에 나타난 문예, 철학, 건축, 물리학 같은 성과에서도 '토의의 힘'을 읽어내야 한다고 주장합니다. '근대' 종교의 영향력도 또한 토의의 영향력과 결합되어 있다는 것이 바지호트의 견해입니다.

이렇게 '토의에 의한 통치'는 정치 이외의 여러 영역에도 파급하는 영향력이 있었는데, 바지호트는 그것을 담당하는 인간의 자질을 '활성화된 온건성(animated moderateness)'이라고 명명했습니다. 그리고 그 현현을 문학적 천재의 문장에서 찾았습니다. 바지호트는 호메로스, 셰익스피어, 월터 스콧(Walter Scott)을 예로 들어 그들의 문장에서 나타난 '활성화된 온건성'에 대해 다음과 같이 씁니다.

천재이자 위인인 어떤 인간의 저작이 다른 것과 구분되는 것이 무엇인지 묻는다면, 마찬가지로 '활성화된 온건성'이란 말을 사용할 수 있겠다. 그러한 저작은 결코 완만하지 않고, 결코 과잉도 없으며, 결코 과장도 없다. 그들 저작은 항상 판단력으로 충만해 있지만, 그러나 그 판단력은 둔하지 않다. 그것은 야성적인 작가를 만들어내는 활력이 있지만, 그들의 문장 한 줄 한 줄은 정상적이고 온건한 작가가 창작한 것이다.*

거기에서 바지호트는 '생명력과 균제, 활성과 적정의 결합'을 찾아냅니다. 그것이 문예의 영역에서 발현한 '토의에 의한 통치'를 담당할 자질인 것입니다. 바지호트에 따르면 그것은 '전진하는 풍부한 에너지가 있지만, 어디에서 멈출지 아는' 영국인 일반이 공유하는 자질이며, 바지호트는 '박차와 고삐의 결합'을 세계에서 영국의 '성공(영국의 '근대화')'을 설명하는 근거로 들고 있습니다.

근대화의 두 가지 추진력

바지호트는 영국 근대화의 주요 추진력은 '토의에 의한 통치'와 그것을 담당한 국민성이라고 설명했습니다. 영국사를 주요 소재로 구성된 바지호트의 '근대' 개념이 '토의에 의한 통치'를 주도 개념으로 삼은 것은 당연합니다. 그러나 '전근대'의 '관습의 지배'를 변혁할 역할을 담당한 것은 '토의에 의한 통치'만이 아니었다는 것이 바지호트의 견해였습니다. 바지호트는 다음 두 가지 요인을 지적했습니다.

* op. cit. pp.200~201.

이러한 방대한 결과를 초래한 것이 토의의 영향력만은 아니라는 것은 사실이다. 고대에서도 근대에서도 다른 힘이 토의의 영향력에 협력했다. 예를 들면, 무역은 명확히 다른 관습과 다른 신념을 가진 사람들을 가깝게 하는 데 많은 공헌을 했다. 그리고 이것이 모든 사람의 관습과 신념을 변화시키는 데 조력했다. 식민지화는 또 하나의 영향력이었다. 식민지화는 식민자들을 이질적인 인종이자, 이질적인 습관을 가진 원주민 사이에 정주시킨다. 그것은 일반적으로 식민자들을 그들 자신의 문화적 요소를 선택하는 데 지나치게 엄격하지 않도록 한다. 식민자들은 현지의 유용한 집단과 유용한 인간들과 공생하며, 그들의 문화적 요소를 '선택'할 수밖에 없다. 조상대대로 전해진 원주민의 관습은 식민자 자신의 관습과 일치하지 않을 수도 있고, 아니 사실상 정반대일 수도 있지만 말이다.[*]

이렇게 바지호트는 오로지 '무역'과 '식민지화'를 '관습의 지배'의 변혁요인으로, '토의에 의한 통치', 즉 근대화의 촉진요인으로 주목했습니다. 그러나 동시에 영국의 '무역'에는 훗날 영국의 경제사가가 '자유무역 제국주의'라고 부른 측면이 있습니다. 즉 그것은 후진국에 대한 불평등한 통상조약을 통해, 상대국에 관세와 영사재판권 등 불리한 통상조건을 강요해, 자유무역의 확대를 통해 부

[*] op. cit. p.177.

당한 수익을 추구하는 방법입니다. 또한 바지호트가 강조한 '식민지화'에 동반한 문화변용은 식민자가 원주민 문화를 존중했기 때문에 나타난 결과가 아니라, 식민지제국에 의한 정치적, 군사적, 경제적 지배의 결과였다는 것은 엄연한 사실입니다.

그럼에도 19세기 후반에 제시된 영국 중심의 유럽에 대한 바지호트의 '근대' 개념은, 바로 그것을 모델로 동시대에 태동하고 진행된 일본의 '근대' 형성의 특질을 파악하기 위해서는 유의미하다고 생각합니다.

이 책의 과제

이 책은 정치와 경제의 관계를 중시하면서, 일본 근대 국민국가를 성립시킨 정치적 구심력의 형성이 누구에 의해, 왜 그리고 어떻게 이루어졌는지에 주목합니다. 지금까지 살펴본 『자연학과 정치학』에서 제시된 바지호트의 '근대' 개념에 비추어, 일본 '근대'의 특질을 밝히고자 합니다. 바지호트의 '근대' 개념은 '토의에 의한 통치'를 중심 개념으로 하고, '무역' 및 '식민지화'를 파생 개념으로 삼은 것입니다. 이것을 통해 동아시아에서는 최초이자 독자적인 '토의에 의한 통치'를 창출하고, 또한 동아시아에서 최초이자 독자적인 '자본주의'를 구축하고, 동아시아 최초의(그리고 아마도 최후일) 식민지제국을 출현시켰던 일본 '근대'의 의미를, 다음 각 장에서 살펴보고자 합니다.

　제1장에서는 일본의 '토의에 의한 통치'로서 의회제와 그 아래에서 정당정치가 왜, 어떻게 성립했는지를 살펴보겠습니다. 거기에는 바로 막번체제 하 '관습의 지배'가 붕괴하면서 배태된 '공의여론(公議輿論)'의 요청에 대응해 출현한 의회제와 메이지 헌법 아래의 엄격한 권력 분립제 속에서, 동아시아에서는 예외적인 복수 정당제가 왜, 어떻게 성립했는가라는 문제를 다룹니다. 이 문제는 일본의 정치적 근대에서 가장 본질적이고 중요한 문제로 삼아 고찰할 필요가 있었지만, 지금까지 본격적으로 고찰되지 않았던 문제입니다.

　제2장에서는 바지호트가 '토의에 의한 통치'의 성립을 계기로 한 근대화의 추진력 중 하나로 생각했던 '무역' 문제를, 일본에서 왜 자본주의가 형성되었는가라는 문제로 더 넓혀서 고찰하고자 합니다. 이 문제는 일본 근대의 자립적인 경제적 틀의 형성과 관련됩니다.

　제3장에서는 바지호트가 영국에서 또 하나의 근대화의 추진력으로서 본 '식민지화'에 관련해, 일본에서는 그것이 왜, 어떻게 이루어졌는지를 고찰합니다. 그것은 일본 근대의 외연이 확대되어 등장한 제국적 틀의 형성과 관련된 문제입니다.

　제4장에서는, 바지호트의 '근대' 개념에서 거의 등장하지 않았던

군주제 문제를 일본 근대의 문제를 통해 다루려 합니다. 즉 일본 근대에서 천황제는 무엇이었는가라는 문제입니다. 천황제는 일본 근대에서 정치적 틀의 문제임과 동시에 그 이상의 정신적 틀의 문제였다는 점에서 중요하다고 생각합니다.

　이하 본론에서는 제1장에서 제4장까지 위에서 언급한 문제를 역사적으로 고찰하고, 일본이 현재 서 있는 역사적 위치를 확인하면서 일본 근대에 대한 종합적 고찰을 시도하려 합니다. 바지호트가 예시한 유럽의 '근대' 개념에 비추어, 유럽화의 실험적 결과 중 하나인 일본 근대에 대한 여러 가지 문제사적 고찰을 통해, 일본 근대를 개념적으로 파악하는 실마리를 찾아내는 것이 이 책의 과제입니다.

1장

왜 정당정치가 성립했는가?

1. 정당정치 성립을 둘러싼 문제

정당정치 붕괴 원인이라는 문제

패전 이후 1960년대 전반에 걸쳐 일본의 정당정치 연구자들이 마주했던 주요 문제는, 메이지 헌법 하 일본의 정당정치가 단명으로 끝난 이유에 관한 것이었습니다. 전전의 정당정치는 1924년(타이쇼 13) 중의원 총선거가 실시된 결과, 중의원에서 다수파를 형성한 3파 연립내각인 카토 타카아키(加藤高明) 내각이 성립한 이후부터 1932년(쇼와 7) 5·15 사건으로 이누카이 츠요시(犬養毅)의 정우회(政友會) 내각이 붕괴하기까지, 타이쇼 후반에서 쇼와 초엽에 걸쳐 약 8년간 전개되었습니다.

특히 일본 패전 당시에는 나치즘의 공세로 붕괴한 독일 바이마르 공화국의 역사와 비교해, 일본 정당정치의 붕괴 원인이 무엇인가라는 문제의식이 지배적이었습니다. 예를 들면, 오카 요시타케(岡義武)의 명저 『독일 데모크라시의 비극(獨逸デモクラシ―の悲劇)』(弘文堂アテネ文庫, 1949년; 文春學藝ライブラリ―, 2015년 복간)은 그런 문제의식에서 저술되었습니다. "오늘날 우리의 과제는 지난 날 독일에서 일어난 민주정의 불행한 실험에 심란해할 것이 아니라 그것에 대해 생각하는 것이다."라는 권말의 문장에 그러한 문제의식이 배어 있습니다.

이 문제는 오늘날에도, 혹은 오늘날이야말로 대단히 중요하다고 생각하지만, 그 문제를 규명하려면 먼저 그것에 앞서서, 애초부터 왜 일본에 복수 정당제가 성립했는가라는 문제를 제기할 필요가 있습니다.

정당정치 성립 이유라는 문제

복수 정당제의 성립과 발전은 세계적으로 보아도 결코 일반적인 현상이 아니었습니다. 근대 동아시아에서도 중국이나 조선왕조 시대 한국의 사례에서도 드러나는 것처럼, 복수 정당제는 오히려 예외적이었습니다. 왜 그것이 일본에서 처음 성립했는가? 특히 반정당내각적이라고 평가된 메이지 헌법 하 현실에서 정당내각이 왜 성립했는가? 이 문제는 대단히 중요합니다.

더욱이 이 문제는 일본에 입헌주의가 도입된 이유를 묻는 문제로 소급해서 생각해야 합니다. 여기서 말하는 입헌주의는 근대 헌법의 실질을 이루는 의회제, 인권 보장, 권력 분립제처럼 정치권력의 자의적 행사를 억제할 제도적 보장에 바탕을 둔 정치원리를 의미합니다. 그 점에서는 메이지 헌법 또한 정도의 차는 있었으나, 근대 헌법에 공통되는 실질을 구비했고, 그것에 바탕을 둔 입헌주의의 근거가 되었습니다. 실제로 메이지 헌법 하에서는 타이쇼 초엽에 반정부운동의 일환으로 호헌운동이 일어났고, 그 정당성의 근거가 되었던 것이 '궁중(宮中)'과 '부중(府中, 즉 정부)'의 구별을 준수한다는 의미에서 권력 분립제를 옹호했던 입헌주의였습니다. 당시에 '비입헌'을 정부 비판 슬로건으로 부르짖은 이유입니다. 그런 의미에서 '입헌주의'는 메이지 헌법 하의 체제원리였습니다. 그러나 메이지 헌법 하의 입헌주의가 곧바로 정당정치로 이어지지는 않았습니다. 메이지 헌법 하의 입헌주의와 그 후에 성립한 복수 정당제 사이에 있었던 논리적이고 역사적인 연관성을 성찰하는 것은 현재와 장래 일본의 정당정치에도 중요하지 않을까 생각합니다.

독일의 사회학자 막스 베버는 20세기 초엽부터 바이마르 공화국 초기까지 그 드문 학문적 생애를 영유했는데, 바이마르 공화국 정당정치의 현실에 대한 엄중한 비판은 명저 『직업으로서 정치』(1919)로 결실을 보았습니다. 그는 왜 유럽에서 혹은 유럽에서만 자본주의가 형성되었는가라는 문제의식으로, 그것에 대해 투철한 통찰을 한 가지 제시했습니다. 『프로테스탄티즘 윤리와 자본주의 정신』(1905)이 그것입니다. 같은 문제를 일본에 성립한 정당정치에 대해 제기해보는 것 그리고 그것을 고찰하는 것이 일본 근대의 의미를 밝히는 데 필요하지 않을까요?

일본의 입헌주의를 둘러싼 문제 제기

정당정치의 성립을 탐구하려면 그 전제가 된 일본의 입헌주의가 어떠한 것이었는지에 대해 다음 두 가지 측면에서 생각해봐야 합니다. 첫째는 권력 분립을 둘러싼 문제, 둘째는 의회제를 둘러싼 문제입니다. 첫째는, 일본에 왜 권력 분립제가 도입되었는가? 또 그것은 메이지 헌법 하의 정치를 어떻게 특징지었는가 하는 문제입니다. 이전에 현실정치 문제로서 종종 언급되었던 이른바 중의원과 참의원 사이의 뒤틀림 현상*도 사실은 메이지 헌법 하의 정치에서도 볼 수 있었습니다. 당시 귀족원과 중의원 사이에서도 항상적인 뒤틀림 현상이 있었습니다. 그것이 메이지 헌법 하 일본 정치의 불안정한 요인 중 하나였습니다. 그리고 그러한 귀족원과 중의원의 항상적인 뒤틀림 현상을 초래한 중요 요인 중 하나로, 귀족원과 중의원의 대등한 세력관계보다는 귀족원의 실질적인 우위 하에서 이원제라는 형태로 일관했던 메이지 헌법 하의 권력 분립제를 들 수 있다고 생각합니다. 요컨대 메이지 헌법 하의 귀족원, 중의원으로 구성된 양원제는 미국의 상하원 양원제에서도 볼 수 있는 체제 원리인 권력 분립제의 표현이었습니다. 현행 헌법 제정 과정에서 일본은 오히려 점령국에 대항해 귀족원의 온존으로 이어지는 이원제 확보를 위해 노력했던 것입니다. 그런 의미에서 현행 헌법 하의 권력 분립제는 명백히 메이지 헌법 하의 권력 분립제로 연결되는

* 뒤틀린 국회(捻れ国会)란, 중의원 과반수를 확보한 여당이 참의원 과반수를 확보하지 못한 상황을 가리킴. (역주)

요인이 있습니다.

두 번째로 거론할 것은, 일본에 왜 의회제가 성립했는가라는 문제입니다. 메이지 헌법 하의 의회제에 대해서는 여러 평가가 있는데, 예를 들면 후쿠자와 유키치는 메이지 헌법 하의 의회제를 본질적으로 중요한 제도라고 평가했습니다.

지금으로부터 약 반세기 전, 저자는 일본의 정치철학과 전후 일본의 교육체제의 기초를 세운 당시 가장 원로급 정치학자였던 난바라 시게루(南原繁)와 대화할 기회가 있었습니다. 그때 난바라가 저자에게 질문했는데, 후쿠자와 유키치 같은 사람이 왜 메이지 헌법에 대해 비판적이지 않았는가, 자신은 예전부터 아주 불가사의하게 생각했다고 말한 것이 기억납니다. 난바라가 태어난 1889년(메이지 22)은 바로 메이지 헌법이 발포된 해였습니다.

난바라의 학문적 스승은 정치학자로 쇼와 초기 토쿄제국대학 총장이었던 오노즈카 키헤이지(小野塚喜平次)였습니다. 그는 메이지 헌법 발포 당시, 이전부터 자유민권운동과 후쿠자와 유키치의 사상적 영향을 받았던 제일고등중학교(구제 제일고등학교의 전신) 학생이었습니다. 그는 발포된 헌법 내용에 실망해, 그 3개월여 전에 미국 필라델피아에서 객사한 자유민권운동의 이론적 지도자 바바 타츠이(馬場辰猪)의 무덤을 참배했다고 술회했습니다.[*]

---

[*] 「岡義武先生談話筆記」1978년 10월 9일, 『岡義武ロンドン日記 1936~1937』(岩波書店, 1997) 수록.

바바 타츠이 또한 후쿠자와 유키치의 지도와 격려를 받고, 그 진로를 결정한 사람 중 한 명이었습니다. 나중에 후쿠자와 자신도, 지금도 야나카(谷中) 묘지에 있는 바바의 무덤 앞에서 1896년(메이지 29)에 거행된 8주기 행사에 출석했습니다. 그러나 메이지 헌법이 결정한 의회제에 대해 후쿠자와 유키치가 당시에 받아들인 방식을 살펴보면, 그가 메이지 헌법의 출현을 나름대로 높이 평가했다는 점은 부정할 수 없습니다.

　　당시 후쿠자와 유키치가 주재하던 『지지신포(時事新報)』 사설에서 후쿠자와 자신이 쓴 바에 따르면, 그는 특히 국회 개설이 일본의 입헌정치에 대단히 중요하다는 견해를 보였습니다. 국회 개설은 즉 입헌정치이고, 언론의 자유는 그 정치의 본색이며, 일본 국회가 제실(황실)의 존엄을 침해하지 않는 한, 무엇이든지 토의할 수 있고, 무엇이든지 논의할 수 있으며, 조금도 언론의 자유가 제한받지 않는다고 지적했습니다. 의회제 확립에 따라 일본에서도 언론의 자유에 바탕을 둔 정치, 즉 서장에서 보았던 월터 바지호트가 말하는 '토의에 의한 통치'의 기초가 만들어졌다고 후쿠자와 유키치는 받아들였던 것입니다.

　　메이지 헌법의 실제 시행은, 1890년(메이지 23) 11월 25일 제국의회가 처음 소집되어, 29일 제국의회 제1회 개회식이 거행되면서 이루어졌습니다. 그 사실로 미루어 보아도 메이지 헌법에서 의회제는 입법자의 의사로 메이지 헌법의 본질적 부분으로 자리매김되었다고 할 수 있습니다.

이상 두 가지 문제의 의미를 염두에 두면서, 이 장에서는 메이지 헌법 하의 권력 분립제와 의회제에서, 왜 복수 정당제가 성립되었는가 하는 문제를 생각해보겠습니다. 말할 것도 없이 권력 분립제 및 의회제와 복수 정당제 사이에는 거리가 있습니다. 복수 정당제가 권력 분립제와 의회제의 필연적 산물이라고는 말할 수 없으므로, 그 문제를 생각해봐야 합니다.

2. 막번체제의 권력 억제 균형 메커니즘

메이지 국가의 앙시앵 레짐

일본에 입헌주의가 도입된 이유를 생각해보면, 일본에도 나름대로 입헌주의를 받아들일 만한 일본 특유의 역사적 조건이 있었습니다. 더 구체적으로 말하면, 메이지 국가 입장에서 보면 앙시앵 레짐(구체제)였던 막번체제 속에 그 나름대로 메이지 국가체제의 틀인 입헌주의를 받아들일 만한 조건이 준비되어 있었습니다.

19세기 프랑스의 걸출한 사상가이자 정치가이기도 했던 알렉시스 드 토크빌은 『구체제와 혁명』(1856)이란 뛰어난 통찰로 가득 찬 저작을 남겼습니다. 이 책에서 토크빌은 프랑스 대혁명 후에 출현한 체제가 사실은 앙시앵 레짐의 내적 발전 속에서 준비되었다는 견해를 밝혔습니다. 구체제와 혁명, 일본적 문맥으로 말하자면 막번체제와 메이지 유신, 물론 이들 사이에 단절이 존재한다는 것은 말할 나위도 없지만, 그 단절 이외에 무엇인가 거기에 연속·발전을 확인할 요인이 있지 않을까 토크빌을 모방해 생각해봐야 합니다.

합의제에 의한 권력의 억제균형

먼저 막번체제의 정치적 특질로서 일종의 권력간 상호 억제균형 메커니즘이라 할 만한 것이 나름대로 구비되어 있어, 그것이 메이지 유신 후 새로운 체제를 준비하는 아주 중요한 요인이 되었다는 점에 주목해야 합니다.

구체적으로 말하면, 막번체제에는 정책 결정을 위한 중요한 제도로 합의제(合議制)라고 할 만한 것이 있었습니다. 막부의 정책 결정에 관여하는 로쥬(老中)*는 4~5명, 와카도시요리(若年寄)**는 3~5명, 오메츠케(大目付)***는 4명, 메츠케(目付)****는 10~30명, 지샤부

---

* 쇼군에 직속해 정무를 총괄하던 막부의 상임 최고직. (역주)
** 로쥬 다음으로 중요 직책으로, 하타모토(旗本) 및 로쥬 지배 이외의 관리들을 감독. (역주)
*** 로쥬 아래 직제로 다이묘를 감찰. (역주)
**** 와카도시요 소속으로 하타모토 등을 감찰. (역주)

교(寺社奉行)*는 3~5명, 마치부교(町奉行)**는 2명, 칸죠부교(勘定奉行)***는 4~5명이 각각 직책을 공동으로 담당했습니다. 동일한 직책을 담당하는 이들 복수 요원들이 막부의 정책결정을 위한 합의제를 실제로 운영했습니다.

왜 이런 합의제라고 할 제도가 막번체제 속에 준비되었을까요? 그 이유는 아마도 쇼군을 보좌하는 특정 인격, 또는 특정 기관과 그것을 거점으로 한 특정 세력으로 권력이 집중되는 것을 억제하기 위해서였다고 생각합니다. 더욱이 이 합의제는 월번제(月番制) 즉 1개월씩 단기 로테이션으로 근무하는 제도와 중첩되어 있습니다. 즉 합의제 및 월번제를 통해 권력 집중이 억제되는 구조가 막부의 정치적 특질로 존재했습니다. 일종의 권력간의 상호 억제균형 메커니즘인 셈입니다.

막스 베버는 『경제와 사회』라는 방대한 저작의 한 구절에서 합의제와 관련해 주목할 만한 견해를 내놓았습니다. 베버에 따르면, 합의제는 행정임무의 전문화가 진행되어 전문가가 불가결해진 상황에서, 지배자가 전문가를 이용하면서도 전문가의 우위가 점점 증대하는 경향에 대응해, 지배자로서 자신의 입장을 고수하려는

---

*신사나 사찰 및 그 영지인을 관리하고 소송을 수리, 재결했다. (역주)
**로쥬 직속으로 에도 등 막부 직할 주요 도시의 행정을 담당. (역주)
***로쥬 직속으로 막부 재정과 행정 담당. (역주)

목적의식에 적합한 전형적인 형식입니다. 즉 지배자는 합의제에 의해 그에 참여하는 전문가들을 서로 경쟁시켜, 그것을 통해 그들을 통제합니다. 그리고 지배자 자신이 특정 전문가인 개인의 독점적 영향력에 의해 자의적인 결정을 하지 않도록 합니다. 베버는 이렇게 제도의 목적을 설명합니다.

베버에 따르면, 이런 의미의 합의제는 절대군주제 성립기의 전형적인 제도입니다. 막부 초기에 성립한 합의제가 바로 그랬다고 생각합니다. 행정에서 주관성을 배제하는 데 가장 유효한 수단이 합의제입니다. 막부 초기에 성립한 합의제 또한 막부가 전국적인 지배를 확립하면서, 행정의 전문화와 예상되는 전문가 지배에 대한 나름대로의 대응이었습니다. 그리고 합의제는 전문화되는 행정에 대해 쇼군의 리더십을 확보하려는 목적을 가진, 상황 변화에 대응한 일종의 권력 합리화라고도 볼 수 있습니다.

막번체제 하의 권력 분산

막번체제 하 권력 억제균형 메커니즘으로 주목해야 할 두 번째 특질이 권력의 분산입니다. 신분이나 지위라는 명목적 권력과 실질적 권력이 제도적으로 분리되었습니다.

사실은 이점을 높이 평가한 사람이 후쿠자와 유키치였습니다. 물론 잘 알려졌듯이, 후쿠자와 유키치는 막번체제의 이데올로기

특히 유교에 대해서 가장 급진적인 비판자였습니다. 특히 그것에 의해 정당화된 신분적 사회질서에 대해 통렬한 부정적 태도를 보였습니다. 그러나 후쿠자와는 막번체제가 가진 정치적 특질, 특히 권력 분산이 제도화되었던 점에 대해서는 메이지 국가의 입헌주의로 이어진 아주 중요한 요소라고 지적했습니다. 이전에 언급했던 후쿠자와의 논설, 즉 제국의회가 개설된 1890년(메이지 23) 12월 10일부터 23일에 걸쳐 공표된 논설(「국회의 앞날」, 『지지신포』 사설)에서 후쿠자와는 이 점을 대단히 강조합니다. "왕정 유신 후 겨우 23년이 지난 오늘날에 국회 개설을 보기에 이르러, 그 요인은 멀리 특히 토쿠가와의 치세에 있다고 하지 않을 수 없다."

막번체제를 그만큼 통렬히 비판했던 후쿠자와가 막부의 실제 정치에 대해서는 그 나름대로의 높은 평가를 내렸습니다. 더욱이 그것이 메이지 국가의 정치적 틀에 연결되는 입헌주의, 또는 의회제

후쿠자와 유키치

로 이어지는 요인이 있었다고 지적합니다.

거기서 후쿠자와는 여러 사례를 들었지만, "쇼군의 권력도 조정 (朝廷) 때문에 균형을 이루며 원만했다."고 지적합니다. 그것은 이른바 권력과 권위가 분리되었다는 점입니다. 더욱이 "이것을 제1의 균형으로 해, 이것으로부터 제후(諸侯)와 공경(公卿)의 균형을 보면, 공경은 지위는 높으나 봉록이 적고, 제후는 봉록이 풍부하나 지위는 낮다. (……) 토쿠가와에서는 소신집권(小臣執權)을 제정해 쇼군의 동족은 물론 예전의 대제후 중 일부는 막부의 정치에 참여할 수 없다." "로쥬가 정권을 가지고 대제후를 통제하는 것은 어른이 아이에게 하는 것 같지만, 집안의 실력 신분이란 점에서 보면 로쥬가 훨씬 낮은 지위에 있어, 대제후에 접근하려는 염려는 할 필요도 없다." "쌍방 모두 강해 보이기도, 또한 약해 보이기도" 하다. 즉 로쥬는 한편으로는 강해 보이지만, 실제로 자신이 통제하는 대제후에 대해 상당히 약한 측면이 있다. 또한 "유쾌해 보이기도, 또한 불쾌해 보이기도" 하다. 한편으로 로쥬는 권력의 쾌감을 향유하는 것처럼 보이지만, 실제로 다른 한편으로는 그것을 감쇄하는 메커니즘이 작동한다. "중앙의 명령이 항상 잘 집행되어 집정자가 발호하지 못한다." 즉 중앙의 명령은 상당히 잘 집행되지만, 그것을 행사한 집정자가 실제로 발호하는 경우는 막번체제에서는 없었다. 체제 전체로 보면, 권력의 배분은 "평균의 묘를 얻었다고 할 수 있다." 이것이 실제 막번체제 권력에 대한 후쿠자와 유키치의 평가였습니다.

이상과 같은 권력분배의 원칙은 세부에까지 미쳤습니다. 조금 길어지지만 후쿠자와는 다음과 같이 말합니다.

제후를 제어하는 법 또한 그 권력평균(權力平均) 대치경쟁(對峙競爭)이란 정책에 다름 아니다. (……) 여러 번들이 서로 흘겨보며 서로 움직일 수 없다. (……) 또한 안으로는 자기 집안의 정무를 처리하는 데에서도 권력균형의 취지를 잃지 않는다. 예를 들면, 막부의 정치에서 최상의 권력은 로쥬의 손아귀에 있고, 참정인 와카도시요리라고 해도 쉽게 참견하기 어렵다. 그러나 메츠케는 로쥬에 속하지 않고 와카도시요리의 지배하에 있으면서도 로쥬를 탄핵할 수 있는 권력을 갖고 있다. (……) 또한 메츠케 지배 하에 카치메츠케(徒目付), 그 아래에 코비토메츠케(小人目付)가 있다. 코비토메츠케는 항상 카치메츠케를 따라 일을 하는 소리(小吏)이나 때에 따라 상사인 카치메츠케를 거치지 않고 곧바로 메츠케에 직접 일을 고하고, 또한 카치메츠케를 탄핵할 수 있는 권력을 갖고 있다. 또한 지방에 파견되는 다이칸(代官) 또는 마치부교에 부속되는 요리키도신(与力同心) 등은 내밀한 수입이 많아 신분과 맞지 않는 생활을 영위하는 자들이지만, 관리 사회에서 등급은 꽤 낮아 체면이 상당히 낮은 편이다. 몇만 석을 지배하는 다이칸이라 해도 에도에 오면 체면을 구기며, 칸죠부교에게 배알하는 모습을 보면 마치 군신

(君臣)의 관계와도 같다. 요리키도신도 오방구미(大番組),* 쇼인방구미
(書院番組)**라고 해 무관에 속하는 자는 직책에서 오는 이익도 없이 생
계는 항상 곤란한 지경이지만, 마치부교 휘하보다 훨씬 지위가 높아 스
스로 득의만만해 한다. 무릇 막부의 정부 조직에 대해 이런 종류의 세
세한 부분까지 거론한다면 끝도 없다. 마침내 그것을 소상하게 밝히고
마침내 평균주의의 주도면밀함을 볼 뿐이다.

"권력평균이란 한 가지 일은 수백 년 동안 일본국 사람의 뇌리
에 새겨졌고 또 유전으로 존재한다." 즉 권력을 평균화하는 메커니
즘은 일본인에게 일종의 DNA가 되었고, "정치사회에서 모든 것이
자기 뜻대로 되는 것은 아니라는 것을 모르는 자가 없다"는 것이
후쿠자와의 생각이었습니다.

후쿠자와 유키치의 유교이데올로기 비판과, 막번체제의 실제 정
치 메커니즘에 대한 평가를 구분해 생각할 필요가 있습니다.

상호감시 체제

위에서 지적한 막번체제의 합의제 그리고 권력 분산의 메커니즘

---

* 에도 막부에서 로쥬에 속해 전시에는 전투에 참가하나, 평시에는 에도성 등을
교대로 경비하는 직책. (역주)
** 에도 막부에서 와카도시요리의 휘하로 영내를 경비하고, 쇼군 경호 등을 하는
직책. (역주)

과 함께 아주 정밀한 상호 감시기능이라 할 만한 것이 막번체제 속에서 작동했습니다. 이에 대해 막말에 일본에 체재한 유럽 여러 나라의 주재기관 책임자들은 경탄을 금치 못했습니다. 예를 들면, 초대 영국공사였던 러더포드 올코크 경(Sir Rutherford Alcock)은 유명한 회고록 『타이쿤(大君)의 수도』*에서, 이에 주목해 다음과 같이 썼습니다. 막번체제에 대해서 "모든 직책이 이중으로 되어 있다. 각자가 서로 감시하는 역할을 맡아, 눈을 부릅뜨고 있다. 모든 행정기구가 복수제(즉 합의제)일 뿐만 아니라, 완전히 승인된 마키아벨리즘의 원칙에 따라 남을 견제하고, 또 반대로 견제 받는 제도를 가진 가장 주도면밀한 체제가 현지에서는 세부에 이르기까지 정밀하고 완전히 발달했다."고 지적했습니다.

이것은 상호불신의 제도화입니다. 마치 조지 오웰이 1949년에 간행한 『1984년』이란 소설에 나오는 그로테스크한 디스토피아 체제와 공통점이 꽤 많다고 할 수 있습니다. 쇼군이라고 해도 상호감시의 대상이란 점에서 예외는 아닙니다. 쇼군의 침소에는 쇼군과 침소에 들 여성 이외에 제3의 여성이 들어가, 거기에서 쇼군의 대화를 하나하나 청취하는 것이 공공연한 관습이었습니다. 이것은 『1984년』 체제와 서로 통하는, 혹은 이를 넘어서는 궁극적인 상호

---

* Sir Rutherford Alcock, *The Capital of the Tycoon: a Narrative of a Three Years' Residence in Japan*(Harper & Bros., 1863).

감시 기능이 작동한 것입니다. 막번체제에서는 쇼군마저도 자유로운 인격이 아니었습니다.

이상에서 본 것처럼 막번체제라는 구체제의 저류에 흐르던 권력의 억제균형이란 메커니즘이 어떻게 구체적으로 메이지 국가체제에 이어졌는가에 대해서는, 따로 실증적인 연구가 필요합니다. 적어도 그러한 요인이 막번체제 안에 있었고, 또한 일본의 근대를 선도한 후쿠자와 유키치 등이 그러한 요인이 메이지 국가체제로 이어졌다는 견해를 가졌다는 사실에 주목할 필요가 있습니다.

3. '문예적 공공성'의 성립:
모리 오가이(森鷗外)의 '사전(史傳)'이 갖는 의미

정치적 공공성과 문예적 공공성

그러면 구체적으로 메이지 국가의 권력 분립제와 의회제로 이어지는 관념이 언제 어떻게 부상하게 되었을까요? 이에 대해서는 막말의 정치적 위기에 대응할 정치 전략의 일환으로, 권력 분립제와 의회제란 관념이 부상했다고 말할 수 있습니다.

먼저 그 관념을 준비하는 모태가 되고, 또한 그 관념을 구체적인 제도로 정착시키는 기반이 된 정치적 커뮤니케이션 네트워크가 막번체제 속에서 어떻게 형성되었는지를 생각해보겠습니다. 다시 말하면, 정치적 커뮤니케이션을 만들어낸 국민적인 정치적 공공성이란 개념이 언제 어떻게 형성되었는가라는 것입니다. 만약 그런 것이 없었다면 정치적 커뮤니케이션은 성립될 수 없었고, 정치적 커뮤니케이션이 없었다면, 국민국가와 같은 정치적 커뮤니티도 성립될 수 없었기 때문입니다. 게다가 정치적 커뮤니케이션 네트워크는 전제 없이 성립되지 않습니다. 그 전제가 되는 것은 정치적 커뮤니케이션과 표면적으로는 관계가 없어 보이는 비정치적 커뮤니케이션 네트워크입니다.

독일의 사회학자 위르겐 하버마스는 『공론장의 구조변동』*에서 유럽의 '시민적 공공성'의 성립을 논하며, "공권력의 공공성이란 우산 아래에서 비정치적 형태의 공공성이 형성된다. 이것은 정치적 기능을 가진 공공성의 선구를 이루는 문예적 공공성"이라고 지적했습니다. '문예적 공공성'이란, 17세기 후반부터 18세기에 걸쳐 프랑스와 영국에서 문예작품 등을 커뮤니케이션 매체로 그것을 함께 향유하고 토의함으로써 성립된 '시민적인 독서를 하는 공중'을 기반으로 한 '공공성'입니다. 하버마스는 "정치적 공공성은 문예적

---

* 일본어판은, ユルゲン·ハーバーマス, 細谷貞雄·山田正行 옮김, 『公共性の構造轉換: 市民社會の一カテゴリ-についての探究』 제2판(未來社, 1994); 한국어판은, 위르겐 하버마스, 한승완 옮김, 『공론장의 구조변동: 부르주아 사회의 한 범주에 관한 연구』(나남출판, 2001); 원저는, Jürgen Habermas, *Strukturwandel der Öffentlichkeit: Untersuchungen zu einer Kategorie der bürgerlichen* Gesellschaft(Luchterhand, 1962). (역주)

공공성 속에서 모습을 드러낸다."고 설명합니다.

유럽에서 '정치적 공공성'의 선구로서 나타난 '문예적 공공성'은 일본에서도 그에 필적하는 기능을 담당한 역사적 실체가 존재했다고 지적할 수 있습니다. 일본에서는 18세기 말 칸세이 시기(寬政期, 1789~1801) 이후 막부의 관학인 쇼헤이코(昌平黌)가 막신(幕臣)뿐 아니라, 여러 번의 배신(陪臣)과 서민에게도 개방됨과 동시에, 전국의 번에 채용된 쇼헤이코 출신자를 중심으로 횡단적인 지식인층이 형성되었습니다. 그들 상호간에 유교뿐 아니라 문학, 의학 등을 포함한 넓은 의미의 학예를 매개로 한 자유로운 커뮤니케이션 네트워크가 성립되었습니다. 그것은 비정치적인, 일종의 공공성 개념을 공유한 커뮤니케이션 네트워크였습니다. 그것은 당시 '샤츄(社中)'라고 불린 다양한 지역적인 지적 공동체를 낳았고, 그들 상호간의 커뮤니케이션을 발전시켰던 것입니다.

오가이의 '사전(史傳)'을 어떻게 읽을 것인가?

그러한 지적 공동체 내부의, 혹은 그들 지적 공동체 상호간의 커뮤니케이션의 실태를, 놀랄 만큼 면밀하게, 주로 서한을 통한 커뮤니케이션을 추적함으로써 실증적으로 재현한 것이, 모리 오가이의 '사전'이라고 불리는 작품군입니다.

오가이의 '사전'에는 시부에 츄사이(澁江抽齋), 이자와 란켄(伊澤

蘭軒), 호조 카테이(北條霞亭) 같은 개인의 이름이 제목으로 달려 있지만, '사전'의 실질적 내용은, 그런 개인보다 개인에 의해 상징되는 지적 공동체 그 자체입니다. 이들 학자 개인에 대한 오가이의 평가는 별도로 하고, 그들의 지명도가 동시대의 동일 분야의 학자나 문인 중에서는 그렇게 높지 않았다는 것은 '사전'이 사실상 대상으로 삼은 것이 무엇이었을까 생각해보면 우연이라 할 수 없습니다.

'사전'의 핵심을 위대한 개인에서 찾으려는 사람들은 종종 실망합니다. '사전'의 독자가 되려는 많은 사람이 맛보는 실망감(혹은 따분함)이 그것입니다. 쇼펜하우어는 저자가 초래하는 따분함을 '객관적', '주관적'이란 두 종류로 나누어, 전자를 저자에 기인하는 것, 후자를 독자에 기인하는 것이라 설명합니다. 그리고 '주관적 따분함'은 "독자가 그 주제에 대해 관심이 없기 때문에 발생한다. 그러나 관심을 갖지 않는 것은 독자의 관심 속에 어떠한 제한이 있기 때문이다."(『저작과 문체』)라고 말합니다. 예를 들면, 와츠지 테츠로(和辻哲郎)의 『시부에 츄사이』 비판에는 그것이 드러나 있습니다. 『시부에 츄사이』가 발표되었을 당시, 기예의 학자로 필명을 떨친 와츠지는 "나는 부분 밖에 읽지 않았다."고 전제한 후, "나는 『시부에 츄사이』에 그렇게나 힘을 쏟은 선생[오가이]의 생각을 헤아릴 수가 없다. 내가 억측할 수 있는 유일한 이유는 '우연히 발견한 물건에 대한 흥미'이다."라고 단정했습니다.

"그 사람의 개인적 위대함도 문화의 상징으로서 의의도, 선생의 그 많은 노작에 비견할 만하다고는 생각되지 않는다."는 것이 『시부에 츄사이』에 대해 와츠지가 당시에 내린 평가였습니다. 그것은 아마 평생 바뀌지 않았을 것입니다. 게다가 이러한 부정적 평가는 와츠지에게만 국한되지 않았습니다. 당시의 많은 학자, 지식인[아마도 나가이 카후(永井荷風)와 같은 예외를 빼면, 문인도 포함해서]은 '사전'의 가치에 의문을 가졌습니다.

또한 훨씬 뒤에 이시카와 준(石川淳)처럼 '사전'의 문학적 가치를 높이 평가한 사람도, 각 작품의 우열을 제목으로 붙은 개인의 우열에 귀착시키는 경향이 있었습니다. 『시부에 츄사이』와 『호조 카테이』를 대비한 이시카와는 "남이 이것을 어떻게 평가하더라도, 『카테이』가 여전히 명문이라는 것은 변하지 않는다."고 평가했습니다. 카테이 개인을 '속정(俗情)'이 가득 찬 소인배'라고 단정하고, "마지막

모리 오가이(토쿄 분쿄구립 모리 오가이 기념관 소장)

으로 카테이라는 인물과 해후한 것은 오가이에겐 노년의 비극이다. 이런 비극이 전에 쓴 『츄사이』에 나타나지 않았던 것은, 츄사이와 카테이라는 인간의 수준 차에 기인한다.”는 결론에 도달했습니다.

이렇게 이시카와 준의 경우에도, ‘사전’의 각 작품이 가진 문학적 가치가 각 작품의 제목이 된 각 개인의 인격적 가치(더해 학문적 가치)에 환원되는 것입니다. 예를 들면, 이시카와는 호조 카테이와 비교해 학문적 가치로 보면 훨씬 뛰어난 동시대의 마츠자키 코도(松崎慊堂)나 카리야 에키사이(狩谷棭齋)가 오가이의 ‘사전’의 대상이 되지 못했다는 점을 개탄합니다.

오자키 호츠미(尾崎秀實)는 ‘사전’을 어떻게 읽었나?

소련 적군 첩보부의 스파이로, 독일 나치당원을 가장해 주일본 독일대사관을 거점으로 활동했던 리하르트 조르게(Richard Sorge)와 함께, 코민테른 요원으로 국가의 최고기밀에 근접한 첩보활동에 종사한 오자키 호츠미는 차입 받은 오가이의 『호조 카테이』를 애독했습니다. 당시의 국방보안법·치안유지법 위반 혐의로 1941년 10월 15일에 체포된 저명한 중국문제 저널리스트로서 제1차 코노에 후미마로(近衛文麿) 내각 촉탁이기도 했던 오자키는, 제1심에서 1943년 9월 29일에 사형판결을 받았습니다. 그 후 차입을 받아 옥중에서 읽은 책 속에 『오가이 전집(鷗外全集)』(岩波書店, 1937) 제8

권에 실린 『호조 카테이』가 있었습니다.

그해 11월 17일에 부인과 장녀에게 보낸 옥중 편지에는 "호조 카테이의 전기를 정말 즐겁게 읽고 있습니다. 이것은 시나 편지(尺牘)가 많아서 읽을 만합니다. 요즈음 드는 생각은 역시 오가이 선생은 대단한 분이라는 것입니다. 전기 작가로서는 고금을 통틀어 독보적이라 할 만합니다. 그런데 그 상당히 어려운 문장이(훌륭한 명문이긴 합니다만) 신문*에 연재되었던 것은 타이쇼 초기입니다. 그 당시 독자층의 높은 교양이 일면이 엿보입니다."**라고 언급했습니다. 그뿐 아니라 오자키는 1780년(안에이安永 9)에 태어나 만 44세로 사망한 호조 카테이와 아마도 같은 나이에 죽음을 맞이하게 될, 1901년(메이지 34)에 태어난 자기 자신과 오버랩하면서 다음과 같이 책을 읽은 소감을 밝혔습니다.

그는 마흔넷의 나이에 아내와 딸 하나를 남기고 세상을 떠납니다. 그것은 우연의 일치일지도 모르겠지만, 이것을 내게 읽게 해준 사람에게 혹은 특별한 배려가 있지 않았을까 생각할 정도입니다. 오가이 선생은 극명하게 나이에 맞추어 쓰므로, 인간의 일생과 운명을 생생하게 보여

---

* 『東京日日新聞』 1917년 10월 30일~12월 27일 및 『大阪每日新聞』 1917년 10월 29일~12월 27일.
** 尾崎秀實, 『愛情はふる星のごとく』 上(靑木書店, 1953), 211~212쪽.

오자키 호츠미

주었습니다. 이 사람(호조 카테이)은 특별히 걸출한 사람은 아니었지만,
대단히 성실한 학도로서 평생을 보냈습니다. 간신히 에도(東都)의 학계
에 자리 잡으려던 그때, 그렇게 새로운 둥지를 튼 그때, 곧바로 그 생애
를 마칩니다.*

　패전 후 『호조 카테이』를 언급한 오자키의 옥중편지가 공표되
어, 그것을 읽은 작가 우노 코지(宇野浩二)는 「오가이의 소설: 최고
급의 소설」**이란 글 속에서 다음과 같이 썼습니다. "오자키 호츠미
라는 사람이 극형을 언도받고 옥중에 있을 때, 그 가족에게 주문했
던 책 속에, (……) 『호조 카테이』가 있어서, 나는 마사무네 하쿠쵸
(正宗白鳥)와 그 일에 대해 이야기를 나눌 때, 『호조 카테이』를 읽

---

* 　1943년 11월 19일자 편지, 위의 책, 214쪽.
** 　宇野浩二, 「鷗外の小說—最高級の小說」, 『鷗外全集』(岩波書店), 제4권, 月報2,
　　1951년 7월.

호조 카테이(讓, 통칭 讓四郎)가 분카(文化) 5년(1808)에 지은 것으로 생각되는 칠언절구.

"술 한통 비우고 맑은 기운에 누각에서 책 읽으니, 지는 해 찬 구름 새삼스런 향수가 더해지네. 지나간 세월 속 나가노 고개 추억에 젖네. 온몸에 눈바람 맞고 이세로 들어갔었지. 호조 카테이"(一尊淸興讀書樓 落日寒雲兼別愁 憶得去年長野嶺 滿身風雪入伊州 讓). 1년 전 겨울에 체류한 에치고(越後)에서 나카센도(中山道)를 통해, 이세(伊勢) 방면으로 향하던 때에, 저녁 무렵 신슈(信州) 남부 산길에서 매서운 눈보라를 맞으면서 다른 역참으로 서둘렀던 기억을 되새기고 있다.(저자 소장).*

는 것만으로도 이 사람은 문학을 관조하는 깊은 경지에 들어갔다고 할 만하네요'라고 말한 적이 있다. 그리고 마사무네 선생도 내 이야기에 고개를 끄덕였던 것이다." 우노 코지는 오가이의 '사전' 세 편을 모두 높이 평가하면서, "굳이 고르라면 나는 『호조 카테이』를 고르겠다."고 단언합니다. 그런 까닭에 멀지 않은 장래에 사형 집행이 예정되었던 오자키 호츠미가 옥중에서 읽었던 『호조 카테이』에 깊은 감명을 받았던 사실에 공감했던 것입니다.

횡적 네트워크의 확산

가령 각 개인의 인격적 가치(또는 학자적 가치) 사이에 우열이 있더

---

* 『鷗外歷史文學集』 제10권(岩波書店, 2000), 63~69쪽. 이 한시의 번역에는 연세대 근대한국학연구소 반재유 선생님의 도움을 받았다. (역주). 우노 코지가 쓴 글의 사본은 정치사가 이마이 키요카즈(今井淸一) 씨로부터 제공받았습니다.

라도, 각자 속한 지적 공동체 사이에는 반드시 우열이 있다고 할 수는 없습니다. 그 공동체 모두는 신분과 소속을 초월한 '문예적 공공성'을 공유하는 성원 간 평등성이 강한 지적 공동체였습니다. 거기에는 신분제에 바탕을 둔 종적인 형식적 커뮤니케이션이 아닌, 학예를 매개로 하는 횡적인 실질적 커뮤니케이션이 이루어졌던 것입니다.

란켄과 카테이가 저명한 시인으로, 창립자였던 칸 차잔(菅茶山)을 통해, 직간접적으로 깊은 관련을 맺은 빈고(備後) 칸나베(神辺)의 렌주쿠(廉塾) 등은 그 전형입니다. 오가이의 『이자와 란켄』과 『호조 카테이』는 렌주쿠라는, 산요도(山陽道)의 한 역참을 거점으로 한 조촐한 지적 공동체가 끼친 전국적인 커뮤니케이션 네트워크를, 비약을 동반하지 않은 철저한 고증학적 방법─이것이 오가이가 너무나도 경애한 시부에 츄사이의 학문적 방법입니다만─으로 묘사합니다. 호조 카테이의 선임자로 한때 칸 차잔의 위촉을 받아, 렌주쿠의 주쿠토(塾頭: 교장)를 맡은 라이 산요(賴山陽)의 『니혼가이시(日本外史)』 같은 저작은 '문예적 공공성'의 결실 중 하나입니다. 그것이 막말의 정치적 커뮤니케이션을 촉진하는 매체 역할을 했다는 것은 말할 것도 없습니다.

막말 개국기 외교를 담당했던 칸죠부교 카와지 토시아키라(川路聖謨)는 러시아와 외교교섭을 위해 나가사키로 가던 도중, 무심코 산요도에 면한 렌주쿠를 지나갔는데, 그 사실을 나중에 알고, 렌주쿠를 지나쳤다는 것에 깊이 후회하는 글을 일기에 남겼습니다. 렌주쿠가 가져온 '문예적 공공성'이란 네트워크가 막부 관료의 중추까지도 연결되었다는 점을 알 수 있습니다. 일본도 또한 유럽과 마찬가지로 '정치적 공공성'은 '문예적 공공성'에서 배태되었습니다.

　또한 호조 카테이의 출신 모체인 이세(伊勢)의 야마다 시샤(山田詩社)도 단순한 지방의 문예결사가 아니었고, 그 커뮤니케이션 네트워크에는 당시 탁월한 선진적 외과의였던 하나오카 세이슈(華岡青洲)가 속해 있었습니다. 청년기에 의학을 배운 카테이는 하나오카 세이슈를 '고금의 신의(神醫)'로 존경하고, 아우인 헤키잔(碧山)을 위시한 젊은 의사들에게 키이(紀伊)에 사는 하나오카의 문하에서 연수할 것을 추천했습니다. 헤키잔은 실제로 키이에 사는 하나오카를 방문했습니다. 또한 반대로 하나오카 세이슈의 아들 운페이(雲平)는 차잔이 설립하고, 카테이가 주쿠토로 주재했던 렌주쿠에서 수학했습니다. 세이슈의 61세를 축하하며, 차잔과 카테이는 세이슈를 위한 헌시를 함께 바치고 있습니다. 오가이는 카테이의 자손에게 남아 있던 편지를 통해, 하나오카 세이슈를 점묘하면서, 당시의 지적 공동체가 얼마나 풍요로운 존재였는지 인상 깊게 그려냈습니다. 거기에는 분명히 '정치적 공공성'의 전단계로서의 '문예적 공공성'이 기능했습니다.

4. 막말 위기 하 권력 분립론과 의회제론

니시 아마네(西周)의 제안

막말의 개국에 동반한 정치상황의 근본적 변화―체제적 위기, 즉 막번체제로서는 '입헌주의'의 위기―에 대응해, 권력 분립제가 부상한 이유는 무엇일까요? 이 문제를 검토하기 위해, 니시 아마네의 권력 분립론을 거론하려 합니다. 니시 아마네는 특히 케이오(慶應, 1865~1898) 시기 즉, 토쿠가와 요시노부(德川慶喜)가 쇼군직에 취임해 등장한 이래 요시노부의 브레인이었습니다. 브레인으로서 니시 아마네는, 당면한 가장 중요한 문제로 대정봉환(大政奉還) 이후 정치체제의 향방에 대해서 생각해야 했습니다. 즉 당시 '입헌주의'의 위기에 어떻게 대응할 것인가를 생각해야 했는데, 그것에 걸맞은 개념은 명확히 존재했습니다.

그러한 위기에 대응하고자 그가 기초한 건의서 「의제초안(議題草案)」에서 제안한 것이 일종의 삼권 분립제였습니다. 그는 '법을 지키는 권력'인 사법권과, '법을 세우는 권력'인 입법권, '법을 시행하는 권력'인 행정권, 이들 삼권은 각각 서로 다르며, "삼권 공히 모두 독립해 서로 기대지 않는 까닭에 사사로운 왜곡이 일어나기 어렵고, 삼권은 각기 그 책임을 다하는 것, 여기에 제도의 큰 안목이 있다."고 썼습니다. 즉 니시는 막번체제 재편성의 수단으로 서구의 권력 분립제를 도입해야 한다고 주장했습니다. 실질적인 개별 권력 주체의 존재를 전제로 한 권력 분립제에 입각해 막부와 번 사이의 권력 배분을 명확히 해야 한다고 제창했습니다.

니시의 구체적 제안은 다음과 같습니다. 전국적인 입법권의 주체는 토쿠가와 종가(宗家), 즉 쇼군을 포함한 전국 1만 석 이상의 다이묘로 구성되는 상원, 그 상원에서 쇼군은 상원 열좌(列坐)의 총두(總頭), 즉 상원의장에 임명된다. 표결 결과 가부 동수일 경우에는 쇼군이 3표 분의 투표권을 가진다. 그에 대해 각 번 대표 1명으로 구성된 하원이란 것을 설치한다. 쇼군은 하원에 관해서도 가부 동수일 경우 3표의 투표권을 가지며, 또한 하원 해산권을 가진다.

더욱이 니시는 토쿠가와 종가를 오사카(大坂)에 설치할 공부(公府), 행정권의 주체로서 상정했습니다. 즉 입법권과 행정권을 구별

니시 아마네

해, 비막번 세력을 입법권의 영역 안에 봉쇄한다. 그렇게 해 대정봉환 이후 막부의 정치적 생존을 확보한다는 것이, 토쿠가와 요시노부의 브레인인 니시가 막부를 위해 구상한 정치 전략이었습니다. 그것을 '쿄호(享保, 1716~1736)년간 프랑스의 대유(大儒) 몽테스키외의 발명'이라고 했습니다.

니시는 막말에 네덜란드의 라이덴대학교에 유학해, 거기서 본격적으로 권력 분립제란 개념을 배웠으리라 생각합니다. 그것이 막말에 막부의 정치적 위기에 즈음해, 그에 대응할 정치 전략을 구상하는 실마리가 되었고, 막번체제의 재편성을 도모할 아주 현실적인 제안이 출현한 것입니다. 니시는 아마 요시노부의 브레인으로서 막번체제가 본래 권력 분립론을 받아들이기 쉬운 구조를 가졌다고 인식했을 것입니다.

'공의(公儀)'에서 '공의(公議)'로

마찬가지로 막번체제의 입장에서 '입헌주의' 위기에 대응할 정치 전략으로 부상한 것이 의회제였습니다. 이것은 말할 것도 없이 막부의 전통적 지배의 해체에 대응하는 또 하나의 정치 전략이었습니다. 막부는 근본법인 쇄국을 포기하고, 새롭게 체제 정당성의 근거를 밝혀야 할 긴급사태에 직면했습니다. 요컨대 베버가 말하는 전통적 지배(Traditionelle Herrschaft), 토쿠토미 소호(德富蘇峰)가

'습관의 전제(習慣ノ專制)'라고 부른 막번체제의 지배원리를 수정할 필요에 직면했던 것입니다. 즉 막부의 근본법인 '조법(祖法)'을 보완하거나 대체할 새로운 체제원리를 내놓을 필요가 막부에게는 있었습니다.

거기서 막부가 생각했던 것 중 하나가 잘 알려진 '칙허(勅許)'였습니다. 전통적 지배에서 소외되었던 조정을 체제로 편입하는 것을 한편에서 생각했습니다. 바꾸어 말하면, '권위'에 의한 '권력'의 보강이며, '권위'와 '권력'을 일체화하는 것입니다.

다른 하나는 '중의(衆議)'였습니다. 이것이 급속히 막번체제의 지배원리를 보완하는 것으로 부상했습니다. 즉 종래 막부의 정책결정에서 아웃사이더였던 대제후를 위시한 다이묘의 의견이 '중의'로서, 새롭게 전략적 가치를 띠게 되었습니다. 이것은 말하자면, 전통적 합의제를 확충한다는 의미를 가진 구체적 방책입니다. 그리고 그것과 함께 막부 권력 자체를 의미하는 '공의(公儀)'의 정당성이라는 자명함이 상실되어, 곧바로 또 하나의 '공의(公議)'가 체제 안정을 위해 필요하게 되었습니다. 즉 '공의(公儀)'에서 '공의(公議)'로 지배 정당성의 근거 이행이 막말에 급격하게 일어났고, 이것이 의회제를 받아들일 만한 상황의 변화였습니다.

후쿠자와 유키치 등도 당시 읽었던 저작으로서, 서장에서 소개한 월터 바지호트의 『영국의 국가구조』가 있습니다. 이것은 이미 지적한 것처럼, 마르크스의 『자본』 제1권과 같은 해인 1867년에 출판되어, 올해(2017)로 꼭 150년을 맞았습니다. 이것은 후쿠자와 유키치 등에게 상당히 큰 영향을 주었습니다. 그때 영국에서도 도대체 '근대'란 무엇인가에 대해 본격적으로 검토했습니다. 유럽의 '근대' 개념을 고찰한 저작으로, 또한 서장에서 다룬 바지호트의 또다른 저작 『자연학과 정치학』이 있습니다. 이것은 1872년에 출판되었습니다. 19세기 말에 근대화의 최첨단을 주도했던 당시 영국인이 근대를 어떠한 개념으로 받아들였는지를 잘 알 수 있습니다. 그중에서 바지호트는 유럽에서도 '관습의 지배'에서 '토의에 의한 통치'로 정치의 형태가 이행하는 것, 이것이 근대라고 설명합니다.

이 '관습의 지배'에서 '토의에 의한 통치'로 이행이라는 근대화 개념은 후쿠자와 유키치를 위시한 당시 일본의 선진적 지식인에게도 아주 큰 영향을 미쳤습니다. 그리고 실제로 '관습의 지배'에서 '토의에 의한 통치'로 역사적 이행에 상당하는 상황변화가, 당시 '입헌주의'에 상당하는 체제원리의 위기가 진행됨에 따라, 막말 일본에서도 나타났습니다. 이 점 역시 중요합니다.

의회제 도입이라는 전략

그리고 실제로 막부계 세력과 토자마(外樣) 웅번 세력이 각각의 대표자들로 이루어진 합의체를 기초로 일종의 막번연합정권을 발

족합니다. 시마즈 히사미츠(島津久光), 다테 무네나리(伊達宗城), 야마노우치 토요시게(山內豊信), 마츠다이라 요시나가(松平慶永), 토쿠가와 요시노부, 마츠다이라 카타모리(松平容保) 등 6명으로 구성된 참예회의(參預會議)가 중심이었습니다. 그러나 이 모임이 내부 대립으로 해체된 후에는, 막부계와 삿쵸연합(薩長連携)을 기축으로 한 토자마계 사이의 대립이 깊어집니다. 막부계는 제정 프랑스와 연계해 막번체제의 절대주의적 재편성을 지향했습니다. 당시 막부 관료기구의 말단에서 그 노선을 지지했던 후쿠자와 유키치는 '타이쿤의 모나키(大君之モナルキ, tycoon's monarchy)'라는 말로 이를 표현했는데, 요시노부 정권은 바로 그 '타이쿤의 모나키' 노선을 취했습니다. 그리고 최종적으로 군사력에 의한 각 번 권력의 폐절을 목표로 삼았던 것입니다.

이런 막부 노선에 대해 위협감을 크게 느낀 웅번연합 사이에는 무력도막론(武力倒幕論)이 이른바 방어적 방책으로 대두합니다. 그러나 이 웅번연합 속에도 대정봉환 이후의 정치체제로서 예정되었던 것은 의회제였습니다. 또한 권력 이행 후에는 역시 각 번 권력을 넘어선 '공의(公議)'를 형성할 필요가 있다고 생각되었습니다. 즉 웅번연합이 '타이쿤의 모나키'를 저지할 정치전략, 그것이 무력도막론이란 형태를 취하든, 권력의 평화적 이행이라는 전략을 취하든 간에, 우선 그것을 대체할 선택지로 삼을 정치체제에 의회제는 필연적이라고 생각했습니다.

그런 상황변화 과정에서 막부 측이나 반막부 측에서도, 장래 권력이 어떠한 형태를 취하든 '공의(公議)' 즉 일종의 '퍼블릭 오피니언'에 기초해야 한다고 합의했습니다. 요컨대 새로운 권력은 '공의'에 기초를 둘 필요가 있다는 생각을 공유했던 것입니다.

결국 토쿠가와 요시노부는 무력도막론을 봉쇄하기 위해 대정봉환론을 받아들였습니다. 그렇지만, 브레인이었던 니시 아마네의 권력 분립론에도 있는 것처럼, 대정봉환 이후의 정치체제의 이미지로서 존재했던 것은 일종의 공의정체(公議政体)였습니다. 요시노부의 대정봉환 상주문을 보면, 거기에도 '공의'의 중요성이 강조되었다는 점을 알 수 있습니다. 상주문에는 "천하의 공의(公議)를 다하고, 성단(聖斷)을 받들어 동심협력(同心協力)해 함께 황국을 보호할 수 있다면, 반드시 해외만국과 병립할 수 있을 것입니다."라고 서술되어 있습니다. 이것은 그 배후에 있는 공의정체론을 반영했다고 생각할 수 있습니다.

즉 막부 측이나 반막부 측도 각자의 정치적 생존을 걸고, '공의'를 각각의 존재이유로 삼아야 했습니다. 양측이 '공의'를 각자의 존재이유로 삼을 수 있는 의회제를 도입하려 한 점에서는 공통적이라 할 것입니다.

5. 메이지 헌법 하 권력 분립제와 의회제의 정치적 귀결

메이지 헌법 하의 의회제

1889년(메이지 22) 2월 11일에 발포된 메이지 헌법(대일본제국 헌법)은 제3장 '제국의회'에서 의회제의 대강을 정했습니다. 제국의회는 헌법이 발포된 다음 해 11월 29일에 발족했고, 이미 이야기한 것처럼, 개원식과 동시에 헌법 자체에도 효력이 생겼습니다. 이것은 이미 전년의 헌법 발포에 즈음해 발포된 천황의 칙어에도 명확하게 나타나 있습니다. 메이지 헌법 체제에서 제국의회의 중요성을 보여주었다고 볼 수 있습니다.

제국의회는 귀족원과 중의원이란 양원으로 구성되었지만, 각각의 운영과 조직은 헌법 발포와 동시에 천황의 최고자문기관인 추밀원의 논의를 거쳐 제정된 두 개의 법령에 준거합니다. 하나는 귀족원에 관한 귀족원령이라는 칙령, 또 하나는 중의원에 관한 의원법이라는 법률입니다. 이외에 중의원에 대해서는 공선(公選)될 의원의 선거제도를 정한 중의원의원선거법이라는 법률이 있고, 제1회 제국의회 개회에 앞서 이 법률에 의거해 1890년 7월 1일에 제1회 총선거가 시행되었습니다. 헌법 발포와 동시에 제정되어, 의회제 실시에 밀접히 관련된 이들 법률 및 칙령은 헌법 조문 자체 속에도 명기되어 있고(헌법 제34조, 제35조, 제51조, 단 중의원 의원 선거법에 대해서는 제35조에서 단순히 '선거법'이라고 되어 있다), 의회 개설 이후에 제정된 법령과 구별해 특히 '헌법 부속 법령'으로 간주되어, 개정 시에는 추밀원에 자순(諮詢)했습니다.

이상에서 본 것처럼, 메이지 헌법 하의 의회제는, 법 형식상으로 보아도, 체제 전체에서 결코 비중이 작지 않았습니다. 또한 의회는 그 실태에서 보아도, 예산안과 법률안에 대한 사실상의 생사여탈권을 쥐고 있었습니다. 의회제를 헌법상의 제도로 삼은 메이지 헌법의 기초자들은 동시에 의회제의 장래에 강한 경계심을 가졌습니다. 의회제를 기반으로 한 정치세력의 대두를 어떻게 억제할지 생각해야 했기 때문입니다.

막부 배척론과 권력 분립제

의회제는 이미 본 것처럼, 유신혁명의 산물이었습니다. 유신혁명의 이념 중 하나는 왕정복고였습니다. 왕정복고의 정치적 의미는 제후의 우두머리이며 천자의 정치를 손에 쥔 자, 즉 천황을 대행하는 패자(霸者)를 배척하는 것이었습니다. 또한 패자의 조직·기구로, 패자의 거점이 되는 것이 패부(霸府)인데, 그러한 패부를 배척하는 것을 의미했습니다. 바꾸어 말하면, 왕정복고는 막부적 존재를 배척한다는 것을 의미했습니다.

그리고 막부적 존재를 배척하기 위해 가장 효과적으로 생각했던 것은 다름 아니라 의회제와 함께 헌법상의 제도로 도입된 권력 분립제였습니다. 권력 분립제야말로 천황주권, 특히 그 실질을 이루는 천황대권이란 메달의 다른 한 면이었습니다. 즉 메이지 헌법이 상정한 권력 분립제는 막부적 존재의 출현을 방지할 목적으로 만든 제도적 장치로, 왕정복고 이념에 적합하다고 생각했던 것입니다. 권력 분립제 하에서는 어떠한 국가기관도 단독으로는 천황을 대행할 수 없습니다. 요컨대 일찍이 막부 같은 패부가 되기 어렵습니다. 이것이 메이지 헌법에서 권력 분립제가 가진 정치적 의미였습니다.

헌법 기초의 책임자였던 이토 히로부미는 특히 의회에 대해서, 의회야말로 패부가 되어서는 안 된다는 점을 강조했습니다. "왕정복고는 이른바 통치대권의 복고다. 우리들은 믿는다. 통치의 대권, 패자에게 있었던 것을 복구하고, 곧바로 이를 중민(衆民)에 부여해, 황실이 여전히 그 통치권을 상실하거나, 패부가 존재하던 시절처럼 한다는 것은, 일본 신민의 마음을 얻었다고 할 수 없다. 더욱이 우리나라 국체에 부합하는 것도 아니다."라고 이토 히로부미는 주장했습니다.

이러한 이토의 패부 배척론은 의회만이 아니라 여타 국가기관에도 공통으로 적용되어야 했습니다. 그것은 당연히 군부에 대해서도 예외가 아니었습니다. 요컨대 '통수권의 독립'은 '사법권의 독립'과 마찬가지로 어디까지나 권력 분립제 이데올로기였습니다.

따라서 그것은 군사정권의 출현을 정당화하는 이데올로기가 아니었습니다. 태평양전쟁 중, 토조(東條) 내각이 토조 막부라는 이름으로 비판받았던 까닭이 거기에 있었습니다. 또한 대정익찬회가 막부적 존재(혹은 소련국가에서 볼셰비키에 상당하는 조직)라며 당시의 귀족원 등으로부터 지탄받았던 것도 역시 권력 분립제 원칙에 반한다고 생각했기 때문입니다.

대정익찬회 등이 솔선해 제창한 '사치는 적'이라는 슬로건이 사실은 발족 당시의 볼셰비즘에서 전래된 것이라는 소문이 당시 항간에 유행했던 것도, 대정익찬회가 주도한 '신체제'를 볼셰비키 지배와 유사한 일당제의 아류라 보는 견해가 어느 정도 퍼져 있었기 때문입니다. 또한 공산주의와 마찬가지로 나치즘과 파시즘에 대한 위화감이나 저항감이 있었던 것도, 일당제가 헌법상의 권력 분립제와 양립할 수 없다는 생각에서 출발했다고 생각합니다. 나치 정권이 성립시킨 수권법(授權法)과 일본의 국가총동원법은 모두 정부의 광범위한 위임입법권을 인정한 것인데, 전자는 헌법도 개정할 수 있는 법률 제정을 정부에 인정했지만, 후자에 그런 것은 없습니다.

반정당내각과 권력 분립제의 불가분성

이렇게 일견 집권적, 일원적이라고 보인 천황주권의 배후에는 실제로 분권적, 다원적인 다양한 국가기관의 상호적 억제균형 메커니즘이 작동했습니다. 이것이 천황통치와 그것을 뒷받침하는 권력 분립제의 현실이었습니다. 이들 다양한 국가기관의 이른바 다원적 균형을 추구하는 정치역학이 메이지 헌법체제의 현실을 형성했습니다. 따라서 메이지 헌법에 규정되었듯이, 비교적 엄격한 권력 분립제는 입법과 행정 양 기능을 연결하는 정당내각을 본래부터 배제하는 지향이 있었습니다. 즉 메이지 헌법의 반정당내각적 성격은 사실 권력 분립제와 불가분의 관계에 있습니다.

당시 반정당내각론자 중 최전선에 섰던 헌법학자 호즈미 야츠카(穗積八束)는 한편으로 영국의 의원내각제를, 입법권과 행정권이 합쳐져 있다는 의미에서, 일종의 전제정체라며 배척합니다. 한편 반대로 호즈미는 미국의 권력 분립제를 높이 평가했습니다. 미국의 권력 분립제야말로, 메이지 헌법이 예정하는 정체의 본질인 입헌제를 고도로 실현했다고 높이 평가했습니다.

또한 호즈미의 학문적 후계자였던 헌법학자 우에스기 신키치(上杉眞吉)도 또한 마찬가지로 반정당내각론자로서 메이지 헌법의 기본원칙으로 권력 분립제를 가장 강조했습니다. 그리고 반정당내각론자라는 입장에서 우에스기는 입법권에 대한 사법권의 독립을 강조합니다. 메이지 헌법에는 재판소에 의한 법률심사권이 명문화되지 않았기 때문에, 헌법학자 사이에서 재판소에 의한 법률심사권의 존재 여부에 대한 해석을 둘러싼 다툼이 있었습니다. 우에스기는 헌법 해석으로 재판소에 의한 법률심사권을 인정했던 것입니다.

이 점이, 호즈미나 우에스기처럼 헌법학자였지만, 이들과 미노베 타츠키치(美濃部達吉) 간에 아주 큰 차이였습니다. 미노베의 경우에는 권력 분립이라 해도, 그것은 삼권이 대등하게 병립한다는 의미가 아니라, 어디까지나 입법권이 우위에 섭니다. 따라서 미노베는 재판소가 의회에서 제정된 법률을 심사하는 것은 있을 수 없다고 해석합니다.

6. 체제통합 주체로서 번벌과 정당

체제를 통합할 주체의 필요성

메이지 헌법은 표면적으로 보면 집권주의적 구성을 갖고 있음에도, 그 특질은 오히려 분권주의적이었습니다. 사실 그것이 의미하는 바는 심각합니다. 요컨대 메이지 헌법이 최종적으로 권력을 통합하는 제도적인 주체를 결여했다는 점을 의미하기 때문입니다.

물론 현실에서 천황은 상시적으로, 권력 통합의 정치적 역할을 담당하는 존재가 아니었습니다. 또한 내각총리대신도 내각의 내부와 외부에 대해 그 지위가 극히 취약했습니다. 메이지 헌법 하의 내각총리대신은 현행 헌법 하의 내각총리대신과 비교해, 내각 내부적으로는 군부대신은 물론, 제도상으로는 독립적으로 천황에 직결된 개별적인 각료에 대한 통제력도 약했고, 따라서 내각 전체의 연대책임은 제도적으로 보장되어 있지 않았습니다. 또한 내각 외부적으로도 현재의 내각총리대신과 달리, 의회에서 선출되지 않기 때문에, 의회의 지지도 제대로 받지 못했습니다. 이것이 메이지 헌법 체제 하 일본 정치의 커다란 특징입니다.

즉 일본의 정치는 원심적이었고, 구심력이 약했습니다. 이것은 번벌 내각의 경우에도 마찬가지였고, 정당 내각의 경우에도 마찬가지였습니다. 따라서 메이지 헌법 체제가 그것을 지탱하는 분권성이 강한 다양한 국가기관과 그에 의거하는 여러 정치세력 사이에서 다원적 균형을 유지하기는 어려웠습니다. 즉 체제 안정을 확보하는 것이 어려웠던 것입니다. 그런 이유에서 체제를 전체적으로 통합하는 기능을 가진, 헌법에 적시되지 않은 어떠한 형태의 비제도적인 주체가 메이지 헌법 체제에서는 반드시 필요했습니다.

바꾸어 말하면, 천황 통치는 일종의 체제 신화로서, 현실 속에서는 권력분산이었습니다. 그러한 체제의 규범적 신화와 정치적 현실 사이를 매개할 어떠한 정치적 주체가 반드시 필요했습니다. 메이지 헌법은 제도상으로는 패부적 존재, 요컨대 막부적 존재라는 것을 철저히 배제하면서도, 헌법을 유효한 통치 수단으로 작동시키려면, 막부적 존재의 역할을 담당할 어떤 비제도적인 주체의 존재를 전제해야 했습니다.

무엇이 통합 주체가 되었던 것인가?

일본에서 그러한 분권적 체제를 통합할 비제도적 주체의 역할을 담당했던 것은 무엇이었을까요? 먼저 등장했던 것이 이른바 번벌, 헌법 제정 권력의 중핵이었던 번벌입니다. 이것은 말할 것도 없이, 이전에 반막부세력을 주도했던 삿쵸(薩長) 출신자를 중심으로 한 번벌로, 이것이 다양한 국가기관을 이른바 종단하는 정치세력(faction)으로서 헌법을 작동시켰습니다. 그리고 번벌의 대표적 지도자들이 사실상 천황을 대행한 원로 집단을 형성했습니다. 이 원로 집단이 분권성이 강한 다양한 권력 주체 간의 균형을 잡는, 이른바 균형자(balancer) 역할을 했던 것입니다.

그런데 이 번벌의 체제 통합 기능에는 아주 커다란 약점이 있습니다. 번벌은 분권적 체제에서 여러 갈래 중 하나인 중의원을 도저히 장악할 수 없었습니다. 반번벌세력은, 지방에 정당의 거점을 두고, 중의원 선거에 적합한 조직을 만들어 항상 중의원 선거에서 승리합니다. 그리고 중의원을 지배합니다. 번벌은 그것이 불가능합니다. 번벌은 원래 반정당을 표방해, 스스로 정당이 되는 것을 거부한 이상, 선거에 이길 수 없었고, 따라서 도저히 중의원을 지배할 수 없었습니다. 중의원을 지배할 수 없게 되면, 예산을 통과시킬 수도 없으며, 법률도 성립시킬 수 없습니다. 번벌이 아무리 강대하다고 해도, 그 본질은 '파벌(faction)'로, '정당(political party)'의 역할을 할 수 없었던 것입니다.

　그런데 중의원을 지배하는 정당 측에서도 극복하기 어려운 약점이 있었습니다. 즉 메이지 헌법 하에서는 중의원에서 다수를 차지하는 것만으로는 권력 획득을 보장할 수 없었기 때문입니다. 번벌의 체제 통합 능력에는 한계가 있었습니다. 역으로 정당의 세력 확대에도 한계가 있었습니다. 이런 현실을 번벌과 정당이 서로 인식한 결과, 쌍방으로부터 각각 한계를 타파하려고 상호 접근이 시도됩니다. 이것이 대체적으로 청일전쟁 이후 즈음부터 시작되었습니다.

　이 번벌과 정당 쌍방의 상호접근 과정에서, 먼저 번벌 조직이 형해화되기 시작합니다. 요컨대 번벌 조직의 모체는 예전의 번(舊藩)이었기 때문에, 이것은 시간을 경과하면서 소멸합니다. 그리고 최종적으로 번벌은 모체를 상실해 정당이 될 수밖에 없습니다. 헌법 발포에 즈음해 정당으로부터 독립을 선명하게 주창하는 반정당내 각론자였던 이토 히로부미가 초연주의(超然主義)라는 기치를 내겁니다. 그는 중의원 다수파를 기초로 귀족원, 중의원 양원을 종단하는 정치세력의 조직화를 위해 1900년(메이지 33)에 입헌정우회(立憲政友會)의 초대 총재가 됩니다. 그리고 이에 대립하는 반정우회세력도 또한 귀족원 다수파를 거점으로 정당화라는 길을 밟아 입헌동지회(立憲同志會)를 시작으로, 헌정회(憲政會) 그리고 입헌민정당(立憲民政黨)에 이르는 제2정당 계열을 발전시켜갑니다. 이렇게 해서 귀족원, 중의원 양원이 대치하는 메이지 헌법 하 의회제에서 사실상 복수 정당제가 출현합니다.

이와 함께, 번벌이 담당했던 체제 통합 역할은 점차 정당으로 이행됩니다. 그런 의미에서 정당은 번벌이 되었고, 또한 번벌은 정당이 되었습니다. 바꾸어 말하면, 정당이 막부적 존재가 되었습니다. 이것이 일본에서 정당제(party system) 성립의 의미였습니다.

7. 미국과 비교해 본 일본의 정당정치

미국 정치의 통합주체로서 정당

이러한 현상은 결코 일본만의 현상은 아니었습니다. 이와 유사한 역사적 사례를 찾는다면, 미합중국을 들 수 있습니다. 미국의 경우에, 일본 이상의 엄격한 권력 분립제가 있었습니다. 그럼에도 미국의 경우에도 마찬가지로 정치적 필요에 대응하기 위해 정당정치가 형성되었습니다. 미국 헌법의 기초자들도, 원래 권력 분립제라는 목표에서 의도했던 것은 의회다수파에 의한 국가 지배를 억제하는 것이었습니다. 즉 권력 분립제는 미국 헌법의 기초자들이 가장 경계한 다수의 압제(the tyranny of the majority)에 대한 방파제였습니다.

물론 미국 건국의 아버지들(founding fathers)에게 헌법의 지상목표는 물론 일본의 경우와는 다릅니다. 헌법의 지상목표는 말할 것도 없이 자유, 특히 종교적 자유보장이었습니다. 그 자유를 다수파 지배에 의해 위협받지 않으려는 의도는 미국 건국의 아버지들에게 강력하게 작용했습니다. 즉 미국에서도 정당정치는 특수 이익이 국가를 지배하는 것으로 애초부터 생각했던 것입니다. 정당을 주체로 하는 정부(party government)는 자유의 요청에 반한다고 생각했습니다. 따라서 실제로 의회 다수파에 의한 국가 지배를 방지하겠다는 의도에서 보면, 일본의 메이지 정부의 지도자(leader)들과 공통된 생각을 가졌던 것입니다.

그러나 미국의 경우에도 일본과 마찬가지로, 고도의 권력 분립적인 헌법은, 그것만으로는 국가를 통합할 효과적인 도구가 될 수 없었습니다. 미국의 경우에도 대통령제를 보좌하는 뭔가 다른 비제도적인 주체, 헌법에 쓰여 있지 않은 비제도적인 주체, 실질적인 체제의 통합 주체가 필요했습니다.

미국에서 그 역할을 담당한 것은, 결국 대통령의 선출 모체가 된 두 개의 전국적 정당이었습니다. 게다가 이들 두 개의 전국적 정당은 둘 다 본래는 반정당적 입장을 취했던 헌법 기초자들 자신, 즉 건국의 아버지들 자신에 의해 만들어졌던 것입니다. 앞에서 본 바와 같이 이런 점은 일본과 완전히 같습니다.

미국에서도 이런 관점에서 왜 복수 정당제가 성립했는지를 연구했습니다. 여당과 야당으로 구성되는 정당제의 관념과 현실이 어떻게 정착되었는가라는 연구가 미국 정치를 이해하기 위해 필요했습니다. 이 연구를 한 사람은 미국의 역사가 리처드 호프스타터(Richard Hofstadter)였습니다. 호프스타터에 따르면, 미국의 헌법은 원래 '반정당적 헌법(Constitution-against-parties)'이었습니다. 그 '반정당적 헌법'을 구제해, 그것을 통치의 효과적인 수단으로 만든 것이야말로, 바로 정당이었다는 역설을 호프스타터는 1969년에 발표한 저서에서 지적했습니다.*

　요컨대 미국의 1788년 헌법은 '반정당적 헌법'이었고, 메이지 일본의 1889년 헌법도 역시 '반정당적 헌법'이었습니다. 그러한 동일한 '반정당적 헌법' 하에서 일본과 미국 두 나라 모두 정당정치가 성립했습니다. 그 이유는 무엇인가라는 문제의식이 적어도 일본의 정치적 근대를 해명하기 위해 대단히 중요합니다. 그리고 그 문제를 생각하려면 입헌주의를 체현한 권력 분립제와 의회제가 애초에 어떤 원인과 동기에서 도입되었는가라는 물음이 대단히 중요합니다.

---

* Richard Hofstadter, *The Idea of a Party System: The Rise of Legitimate Opposition in the United States*, 1780~1840(University of California Press, 1969).

8. 정당정치의 붕괴와 '입헌적 독재'

데모크라시 없는 입헌주의

일본에서는 타이쇼 말기부터 정당정치가 본격적으로 작동했지만, 만주사변과 5·15사건으로 상징되는 1930년대 초기에 연이은 내외의 충격으로 말미암아, 정당정치의 권위가 흔들리게 됩니다. 정치학자 사이에서도 '데모크라시의 위기'를 부르짖는 사람이 나오게 됩니다. 그리고 '데모크라시'를 대신할 이데올로기로서 일종의 '입헌주의'가 부상했던 것입니다.

그런 경우 '입헌주의'는 '데모크라시'에서 분리됩니다. 요컨대 '입헌 데모크라시'가 아니었던 것입니다. 그리고 '데모크라시' 없는 '입헌주의'로서 '입헌적 독재'라는 개념이 등장합니다. 그 주창자는 당시에 첨단을 달리던 정치학자이자 행정학자였던 로야마 마사미치(蠟山政道)였습니다. 로야마는 마지막 정당 내각이었던 이누카이 츠요시(犬養毅) 정우회 내각 하에서 5·15사건이 일어나기 4개월 가량 이전 시점에서 그 전도에 대해 비관적 전망을 했습니다. 그는 '입헌주의'의 틀을 전제로 하면서도, 의회를 대신해 '권위를 가지고 결정할 수 있는 조직(전문가 지배 조직)'을 만들어내기 위한 개념으로 '입헌적 독재'를 제창했습니다.*

---

* 蠟山政道,「憲政常道と立憲的獨裁」,『日本政治動向論』(東京: 高陽書院, 1933); 「我國に於ける立憲的獨裁への動向」, 같은 책 수록.

로야마는 '입헌적 독재'를 당시 서구 선진국의 공통 현상이라 파악했습니다. 독일의 대통령 긴급명령 즉, 바이마르 헌법 제48조에 근거한 긴급명령(Notverordnung)에 의한 통치, 1931년에 출현한 영국의 '거국일치 내각', 게다가 뉴딜 정책을 추진한 미국의 정치도 '입헌적 독재'의 사례로 의미를 부여했던 것입니다. 미국의 경우, 로야마는 '헌법상 허용되는 극도의 독재권'이 부여되었다고 보았습니다.*

5·15사건을 거쳐 성립한 '정당·관료의 협력내각'인 사이토 마코토(齋藤實) 내각에 대해, 로야마가 '유일한 길'이라고 제언한 것은 '의회를 대신할 만한 권위를 가진 소수의 칙령위원회', 요컨대 천황에 의해 정당성을 부여받은 행정권에 곧바로 연결되는 전문가 조직에 의한 '입헌적 독재'였습니다. "입헌적 독재까지 나아가지 않는다면, 이윽고 (……) 한 가닥 잔존하는 입헌주의 그 자체도 파기할 위기를 초래할지도 모른다."라고 썼습니다. '입헌적 독재'라는 개념에는 메이지 헌법 하의 '입헌주의'에 대한 그 나름대로 절박한 위기감이 있었다는 사실을 부정할 수 없습니다. 그러나 그 경우 '입헌주의'는 '근대적 의미에서 입헌주의'가 아니라 '국민협동체' 정치조직인 '국민조직'의 정치원리입니다. '일본의 국체를 중심으로 하

* 三谷太一郎, 『學問は現實にいかに關わるか』(東京大學出版會, 2013), 119~120쪽.

는 국민의 정치적 형성의 내재적 원리 위에서 수립해야 할 것'이라는 특수한 의미가 부여된 것입니다. 의회제에서 이탈해, 그것을 부정한 '입헌주의'입니다. '입헌적 독재'라는 개념의 형성과 함께 '입헌주의'라는 개념 자체가 변질되었습니다.

나는 앞으로 일본의 권력 형태가 일찍이 1930년대에 로야마 마사미치가 제창한 '입헌적 독재'라는 경향, 실질적으로는 '전문가 지배'라는 경향이 강화되지 않을까 생각합니다. 이에 대해 '입헌 데모크라시'가 어떻게 대항할지가 중요한 문제가 될 것입니다.

2장

왜 자본주의가 형성되었을까?

1. 자립적 자본주의로 가는 길

스펜서와 일본

국민국가 형성을 목적으로 시작된 일본의 근대는 자립적 자본주의 형성을 불가결한 수단으로 삼았습니다. 국민국가의 형성과 자립적 자본주의의 형성은 불가분한 일체였던 것입니다. 그것이 일본 자본주의의 특징입니다.

일본 근대화의 방향을 잡고 그것에 따라 자본주의 발전을 정당화할 유력한 논거가 된 학설이 있습니다. 19세기 후반에 세계를 석권했던 영국인 학자 허버트 스펜서의 사회학설입니다. 스펜서는 '군사형 사회'에서 '산업형 사회'로 이행하는 사회 발전 단계 도식을 제시했습니다. 이것을 막번체제 사회를 이탈해 장래의 사회를 향해 진화하는 메이지 일본의 역사적 발전에 그대로 적용할 수 있다고 생각했습니다. 당시의 청년 지식인이었던 토쿠토미 소호는 스펜서의 진화사관을 번안해 『장래의 일본(將來之日本)』(1886)을 저술했고, 이 책은 당시에 베스트셀러가 되었습니다. 또한 초창기인 메이지 10년대의 토쿄대학에서도, 스펜서의 사회학은 원서를 텍스트로 진행하는 강의를 통해 학생들에 침투했습니다. 당시에 학생이었던 니토베 이나조(新渡戶稻藏)는 문학부에서 토야마 마사카즈(外山正一)의 강의를 통해 스펜서 사회학을 접했는데, 그것은 특히 니토베의 미국관 형성에 영속적인 영향을 끼쳤다고 생각합니다.

이에 대해 이후에 독일 사회학자 막스 베버는 종교사회학적 관점에서 유럽의 자본주의 형성을 내면적 동기로부터 설명하고, 신의 영광을 현현하려는 금욕적이고 세속적인 프로테스탄티즘 윤리에서 동기를 찾았습니다. 이윤 추구 자체를 목적으로 해, 그 목적에 효과적인 수단을 철저하게 추구한다는 자본주의의 목적합리성을, 역설적으로 신앙만을 강조하는 종교적 비합리성을 통해 설명합니다. 이미 확립된 유럽 자본주의를 모델로 삼은 일본에게, 관심의 대상이 되었던 것은 자본주의의 내면보다는 외면, 베버가 말한 '정신'보다는 기능이었습니다. 스펜서의 사회진화론적 관점에 선 실증주의적 사회학은 그러한 일본의 요청에 부합했습니다. 이 점에서 발흥기 미국의 자본주의를 담당했던 카리스마적 산업 지도자들이 스펜서에 매혹되었던 동시대의 미국과 마찬가지였다고 할 수 있습니다. 미국의 '스펜서 유행'을 분석한 업적으로, 제1장에서도 소개했던 역사학자 리처드 호프스타터가 쓴 1955년 저작이 있습니다.*

정치적 리더와 경제적 리더

그러나 일본의 경우에는, 미국과 달리, 스펜서 이론의 자유주의적

---

* Richard Hofstadter, *Social Darwinism in American Thought*, Revised Edition(Beacon Press, 1955).

측면보다 국가주의적 측면이 중시되었습니다. 따라서 일본에서는 내무성을 추진기관으로 하는 국가 주도의 자본주의가 형성되었습니다. 정치적 리더가 동시에 경제적 리더가 되었습니다. 그 최초의 사례가, 사츠마(薩摩) 출신으로 메이지 정부의 사실상 최고지도자였던 내무경 오쿠보 토시미치(大久保利通)였습니다. 그 역할이 같은 사츠마 출신인 마츠카타 마사요시(松方正義)에 의해 계승되었습니다. 정치적 리더이자 경제적 리더라는 양면성이 오쿠보 이래의 사츠마 계열 시빌리언 리더(civilian leader)의 공통성이 되었던 것입니다.

이러한 사츠마 계열 리더의 역사적 역할을 계승해, 최종적으로 일본 자본주의의 특징을 각인시킨 정치적 경제적 리더십을 담당했던 인물이 바로 타카하시 코레키요(高橋是淸)였습니다. 타카하시는 사츠마 출신은 아니었지만, 관료 이력에서 보면 문부성에서는 모리 아리노리(森有禮), 농상무성에서는 마에다 마사나(前田正名) 등

타카하시 코레키요

사츠마 계열 관료의 훈도를 받았습니다. 더욱이 금융 실무 부문의 실적에서 마츠카타 마사요시의 인정을 받았습니다. 이것이 타카하시가 일본은행 부총재 그리고 총재 취임으로 가는 길을 엽니다. 경제재정 정책론에서 볼 때, 타카하시는 오쿠보까지 거슬러 올라가는 사츠마 계열 관료의 계보에 속합니다.

오쿠보와 달리 경제금융 전문가로 출발한 타카하시가 정치가의 길을 걷는 계기가 되었던 것은 타이쇼 정변이었습니다. 1912년(타이쇼 1), 사츠마 계열 세력에 대치하던 쵸슈(長州) 계열 세력이 반정우회 계열 정당세력의 지지를 얻어 제3차 카츠라 타로 내각을 수립했지만, 정우회 및 기타 정당세력의 헌정옹호운동으로 그다음 해 실각합니다. 그리고 사츠마 계열과 정우회의 사실상 연립정권으로, 사츠마 계열 해군의 대표자인 야마모토 곤베(山本權兵衛)를 수상으로 한 내각이 발족했습니다. 이것이 타이쇼 정변입니다. 타카하시는 이 야마모토 내각에서 사츠마 계열의 추대를 받아 대장대신으로 입각했습니다. 이것을 계기로 타카하시는 여당인 정우회에 입당했고, 본격적으로 정당정치가의 길을 걷게 되었습니다. 이렇게 타카하시는 오쿠보에서 시작된 사츠마 계열 국가자본주의 노선의 계승자이며 완성자임과 동시에 그 전환자이기도 했습니다.

자립적 자본주의를 목표로

일본이 유럽적 국민국가를 형성하려면, 전략적 수단으로서 유럽식 자본주의를 자주적으로 형성할 수밖에 없었습니다. 그것은 외자 도입에 불리한 조건이 강요된, 관세 자주권을 결여한 불평등조약 하에서는 외자에 의존하지 않는 자본주의가 될 수밖에 없었던 것입니다. 그것은 불평등조약 개정을 통한 완전한 대외적 독립을 요구하는 정치적 내셔널리즘에 동반된 경제적 내셔널리즘이기도 했습니다. 그러한 자본주의를 가능하게 할 객관적 조건이 청일전쟁 이전의 일본에는 있었다고 생각합니다. 즉 선진산업기술, 자본, 노동력 그리고 평화입니다. 이 네 가지 조건을 국가가 만들었던 것입니다.

그 네 가지를 구체적으로 보면, ① 관영사업으로 상징되는 국가에 의한 선진산업기술의 도입, ② 지조(地租)를 비롯한 안정도가 높은 세입을 보장하는 조세제도, ③ 양질의 노동력을 산출하는 공교육제도(초등 및 고등교육 제도)의 확립, ④ 자본 축적을 방해하는 자본의 비생산적 소비라고 할 대외전쟁의 회피입니다. 이 조건 하에서, 먼저 일본에서 자본주의의 제1유형으로서 자립적 자본주의가 형성되었던 것입니다. 이 장에서는 그 형성 과정을 오쿠보 토시미치에서 시작해 타카하시 코레키요의 출현에 이르는 과정으로서 추적해보고자 합니다.

2. 자립적 자본주의의 네 가지 조건

(1) 정부 주도 '식산흥업' 정책의 실험

기점은 이와쿠라 사절단

메이지 정부는 1871년(메이지 4) 폐번치현을 계기로, 한편에서는 강력한 권력 일원화를 추진하면서, 다른 한편에서는 권력을 지탱할 국민적 기반 창출을 자신의 이니셔티브를 가지고 시도했습니다. 1872~1877년(메이지 5~10)경에 걸쳐 권력이 주도하는 근대화가 다양하게 시도되었습니다. 오쿠보 토시미치가, 1876년(메이지 9) 12월 「행정개혁건백서(行政改革建白書)」에서 "수백 년의 인습에 젖은 무기력한 인민을 이끌려면 정부 자신이 효시가 되어야 한다."라고 한 부분은 그 의도를 잘 설명합니다. 그러한 권력 주도 근대화의 가장 중요한 일환이 '식산흥업'이라는 이름으로 불리는 자립적 자본주의화였습니다.

그 기점이 되었던 것은 1871~1873년(메이지 4~6)에 걸쳐 이와쿠라 토모미를 전권대사로 한 사절단의 구미 시찰이었습니다. 이 이와쿠라 사절단은 폐번치현 직후에 출발해, 외유는 그다음 다음 해까지 이어졌습니다. 이와쿠라 이하, 오쿠보 토시미치, 키도 타카요시(木戶孝允), 이토 히로부미 등 메이지 정부 요인이 사절단에 참가

오쿠보 토시미치

해 장기간 해외를 순방했던 것입니다. 그들이 구미에서 얻은 견문은, '식산흥업'이란 단 하나의 정책 기점에 그치지 않고, 부국강병을 지향하는 메이지 정부에 의한 근대화의 기점이 되었습니다. 메이지 정부는 이를 계기로 국제사회에서 일본의 위상을 객관적으로 인식했고, 장래의 구체적인 비전과 그에 도달할 길을 파악했던 것입니다. 오쿠보는 구미 시찰을 계기로 그 정치적 지향을 단순한 권력 강화에서 널리 국민사회의 근대화, 그중에서도 산업화로 전환합니다. 이러한 오쿠보의 정치 지향 전환은, 오쿠보를 중심으로 한 메이지 정부 자체의 정치적 지향 전환이 되었습니다. 이로부터 일본은 자본주의화의 새로운 단계에 들어갑니다.

'부끄러움(恥)'을 의식함으로써 촉진된 근대화

권력이 주도한 근대화의 심리적 촉진 요인이 되었던 것을 무엇이었을까요? 그것을 한마디로 말하면, 구미 선진국 문명의 이상화된 이미지와 대비해 생성된 자국 문명에 대한 '부끄러움'이란 의식입니다. 예를 들면, 다음과 같은 에피소드가 있습니다. 오쿠보 토시미치의 둘째 아들인 마키노 노부아키(牧野伸顯)는 뒷날 궁내대신과 내대신을 역임한 천황의 측근이 되었지만, 당시 10살 먹은 소년으로 이와쿠라 사절단을 수행해 미국에 유학했습니다. 그의 『회고록』에 따르면, 이와쿠라 일행은 출발에 즈음해, 도착지인 미국에 가서 기차를 처음 타는 것은 체면을 구기는 일이라고 생각했습니다. 당시 케이힌간(京浜間) 철도는 아직 공사 중이었고, 노선은 이제 겨우 요코하마(横浜)에서 시나가와(品川)까지만 개통된 상태였는데, 일행은 일부러 시나가와 해변까지 가서, 플랫폼 설비 등이 갖추어지지 않은 노천 모래밭에서 기차에 올라 요코하마까지 갔던 것입니다. 이렇게 메이지 정부 요인의 '부끄러움' 의식이 권력이 주도한 근대화의 기점이 되었던 구미 시찰의 출발 즈음에 드러났습니다. 이것은 일본의 근대, 덧붙여 말하면 가장 중요한 부분인 자본주의 자체의 특징인 외면성과 장식성에 반영되었습니다.

일행은 미국 체류 중, 이와쿠라 대사의 하오리(羽織), 하카마(袴)에 가죽신을 신은 복장이 미국인의 이목을 끌었기 때문에, 대례복을 제정하자는 제의가 나와, 본국과 교섭해 급거 대례복으로 갈아입었던 것도, '부끄러움'이란 의식에서 나왔습니다. 오쿠보가 프랑스를 순방하던 중, 리용에서 견사 방직공장을 시찰할 때, 원료인 실보무라지가 일본에서 수입되었다는 말을 듣고, 동행자에게 "실로 부끄러울 따름이다. 장래에 반드시 우리나라에도 이런 사업을 일으켜야 한다."고 했다는 이야기도 마찬가지 맥락에서 설명할 수 있겠습니다.

이러한 '부끄러움' 의식은 '문명개화'를 재촉하는 내용에 담은 일반 인민에 대한 정부 포고문에도 나타나 있습니다. 정부 포고문에는 난해한 한자가 많아, 일반 인민이 쉽게 읽을 수 없었습니다. 이것을 풍자해 "권령(權令)*이 지시를 내려도 네모진 글자(즉, 한문)라 읽을 수 없네. 참사(參事)**라면 한 글자 정도는 읽어야 하네."라는 속요가 나올 정도였습니다. 이것도 정부의 포고가 권위 없는 비속한 문장이어서는 내외의 웃음거리가 될 것이라는 '부끄러움' 의식에서 나왔던 것입니다.

문화인류학자 루스 베네딕트는 그 이름을 전후 일본에 널리 알린 『국화와 칼』에서 '죄의 문화'와 '부끄러움의 문화'를 구별해, 전

---

* 부현에 설치된 지방관직. 1869년 설치된 權知事를 1871년 권령으로 개칭했다. 이들은 부지사 및 현지사를 보좌하는 지방관직으로, 폐번치현 이후에는 지사가 없는 부현에 설치되었다. (역주)

** 부현에 지사를 의장으로 한 부회 및 현회 의원 중에서 격년으로 10명의 명예직으로 선출된 직책. 참사의 일본어 발음은 '산지'로, 세 글자(三字)의 일본어 발음 '산지'와 같은 점을 이용하여 '산지(參事)'가 '산지(三字)' 정도까지는 아니어도 한 글자 정도는 읽어내야 한다는 풍자 섞인 표현이다. 이 부분을 고쳐준 이종원 선생께 감사드린다. (역주)

자를 대표하는 것으로 유럽 문화를, 후자를 대표하는 것으로 일본 문화를 들고 있습니다. 자본주의화를 포함한 일본의 근대화를 촉진한 요인으로 이러한 문화의 성격을 무시할 수 없을 것입니다. 두 문화의 차이는 아마 각각의 문화—일본의 경우에는 막번체제 하에 형성된 문화—에서 종교의 가치 차이 즉, 종교의 비중과 사회적 역할 사이의 차이에 기인하는 것은 아닐까요? 그것은 앞에서 언급한 막스 베버의 종교사회학적 관점으로 설명할 수 있던 유럽 자본주의화와 그러한 설명을 적용할 수 없는 일본의 자본주의화 사이의 차이를 명확히 드러낸다고 생각합니다. 바꿔 말하면, 그것은 '원죄'라는 관념이 근저에 있는 문화와, 현세와의 긴장관계를 최소화해 내면보다도 외면을 중시하는 문화의 차이일지도 모릅니다.

'식산흥업'과 내무성 설치

그러면 오쿠보가 지도한 '식산흥업' 정책은 어떻게 추진되었을까요? 먼저 1873년(메이지 6) 5월에 구미 시찰을 마치고 귀국한 오쿠보는 당시 대장경(大藏卿)이었는데, 같은 해 11월 '식산흥업' 정책의 추진기관으로 내무성을 설치하고, 스스로 내무경(內務卿)을 겸임합니다. 내무성의 주요 임무 중 하나는 경찰력에 의한 국내의 치안유지였지만, 다른 하나는 경제의 자본주의화를 지향한 산업화 추진에 있었습니다. 오쿠보가 추진한 내무 행정의 중점은 그런 의미에서 산업화에 두었습니다. 오쿠보는 대장성 조세료(租稅寮)에 설치된 권업과를 내무성으로 옮겨, 권업료(勸業寮)로 승격했고, 그 아래에 농무, 상무, 공무, 편찬 등 4개 과를 설치해, '식산흥업' 정책의 추진기관으로 삼았습니다. 권업료는 이후 권농국(勸農局)과 권상국(勸商局)이 되었고, 1881년(메이지 14)에 설치된 농상무성의 모체가 되었습니다.

농업기술의 근대화

오쿠보 아래에서 내무성이 당시 '식산흥업' 정책으로 내놓은 것은 첫째, 농업기술 근대화와 농지 개척이었습니다. 산업화 시도는 먼저 자본주의 기반인 농업에서 시작되었습니다. 농업기술 근대화의 거점이 되었던 것은 관영 모범농장과 관립 농학교였습니다. 나이토 신주쿠 시험장(內藤新宿試驗場), 코마바 농학교(駒場農學校,) 시모우사 종축장(下總種畜場,) 미타 육종장(三田育種場)이 그것입니다. 예를 들면 나이토 신주쿠 시험장은 일반 농업기술, 목축, 양어, 제사, 제다 등에 관한 기술개량의 성과를 내며, 민간에 모범을 보이고, 기술자를 양성하는 교육기관으로서 역할을 담당했습니다. 또한 코마바 농학교는 오쿠보가 외유로 얻은 성과로, 창립에 즈음해 오쿠보 스스로 상전록(賞典祿)* 2년분을 장학자금으로 기부했습니다.

* 메이지 유신의 공적으로 받았던 특별상여로서 녹봉미.

시모우사 종축장도 또한 오쿠보가 외유로 얻은 성과입니다. 마키노 노부아키의 『회고록』에 따르면, 오쿠보가 샌프란시스코 체재 중에 알게 된 목축 연구자 이와야마 타카요시(岩山敬義)를 위촉해 개설한 것입니다. 소, 말, 돼지를 개량하고 면양을 사육해, 민간 목축업을 자극하고 지도하는 것이 목적입니다. 1885년(메이지 18) 시모우사 종축장은 궁내성 소관이 되었고, 황실 전용 목장이 되었습니다. 그 후 1969년 8월 신토쿄 국제공항(현재의 나리타 국제공항) 건설이 예정되자, '시모우사'라는 지명으로 오랫동안 알려진 소재지였던 치바현 나리타시 산리즈카(千葉縣 成田市 三里塚)에서 이전해, 현재는 토치기현 시오야군 타카네자와마치(栃木県 塩谷郡 高根沢町)에 설치된 궁내청 소관 황실 전용 목장이 되었습니다. 또한 미타 육종장은 미타의 구 사츠마번 자리에 설치된 것으로, 나이토 신주쿠 시험장과 설립 목적이 같습니다.

또한 오쿠보가 농업에 관련된 내무성 중점 정책으로 들었던 것 중 하나로 산림보호가 있습니다. 유럽 여러 나라 특히 독일과 프랑스 순방 중에 가장 깊은 인상을 받았던 것은, 국가에 의한 산림보호 실적이었습니다. 거기서 오쿠보는 정부가 직영하는 '관림'을 확보하고, 민유림으로 불하를 억제해, '관림'을 직접 관할하는 부서로 내무성 안에 산림국을 설치하자고 제안했습니다. 오쿠보 생전에는 산림국이 실현되지 않았지만, 오쿠보가 암살된 다음 해인 1879년

(메이지 12)에 발족했습니다. 이것이 1881년(메이지 14)에 신설된 농상무성을 구성하는 부국이 됩니다.*

모범농장과 모범공장

오쿠보가 추진한 농업 관련 '식산흥업' 정책 중에, 빠뜨릴 수 없는 것은 농지 개척입니다. 그중에서 후쿠시마현 아사카 평원(福島県 阿積平原) 개척 사업이 유명합니다. 오쿠보가 암살당한 1878년(메이지 11) 5월 14일 아침에 면접한 인물과의 대화록(對話筆記)**에 따르면, 그는 그 사업의 목적을 다음과 같이 지적합니다. 하나는 관영농장과 마찬가지로, 농업기술의 근대화에 사업모델(標準雛形)을 제공한다는 것, 또 하나는 전년의 세이난 전쟁(西南戰爭)에서 폭발했듯이, 정치적 불안정요인이 되는 무산자로 변한 화족과 사족에 대해 고용의 기회를 제공한다(華士族授産)라는 것입니다. 오쿠보의 '식산흥업' 정책에는 거의 모든 경우에 계몽자적 사명감과 보호정책적 배려가 뒷받침되었습니다.

요컨대 오쿠보는 관영 모범농장 설치뿐만 아니라, 스스로 사영 모범농장도 설치했습니다. 오쿠보는 외유 중에 그 계획을 세우고,

---

* 산림보호에 대해서는 西尾隆, 『日本森林行政史の研究-環境保全の源流』(東京大學出版會, 1988), 제1장 참조.
** 土屋喬雄, 『日本資本主義史上の指導者たち』(岩波新書, 1939), 38쪽.

추진했습니다. 종종 외국에서 과실수나 채소 종묘를 보냈고, 귀국 후에 3만 평의 토지를 구입해, 거기에 농장, 과수원, 채소원, 차밭, 양잠실, 서양농기구실 등을 설치해 공개했습니다. 정말로 강렬한 산업화를 향한 사명감을 느끼게 합니다.

농업 분야에서 나타난 '식산흥업' 정책의 특징은 공업화에서도 마찬가지입니다. 농업에서 모범농장과 짝을 맞추어, 모범공장을 설치했고, 공업화의 기동력으로 삼았습니다. 토미오카 제사장(富岡製糸場)을 시작으로, 신마치 실모무라지 방적소(新町屑糸紡績所), 센쥬 제융소(千住製絨所), 사카이 방적장(堺紡績場), 아이치(愛知) 및 히로시마(廣島) 면사 방적소(綿絲紡績所)입니다. 그중에서 신마치 실모무라지 방적소는 프랑스 리용에서 오쿠보가 공장을 견학한 결과로 만들어졌습니다. 또한 센쥬 제융소도 오쿠보가 발의한 것으로, 외유 중, 모직물 자급계획을 세워, 그것을 제안한 결과로 실현되었습니다.* 그 공장들은 모두 메이지 일본의 자본주의화를 선도한 섬유산업의 거점이었습니다.

무역과 해운

오쿠보의 '식산흥업' 정책과 밀접히 관련된 분야로서, 무역과 해운 정책을 들어야 합니다. 오쿠보가 의도한 것은 당시 외국무역상

---

* 土屋喬雄, 위의 책, 39~42쪽.

과 외국해운업자가 대부분 독점한 일본 무역과 해운을 직수출정책과 해운보호정책을 통해 점차 일본 측에 회수하는 것이었습니다.

먼저 오쿠보는 직수출정책의 첫걸음으로, 1876년(메이지 9) 내무성에 설치된 권상국(勸商局)을 직접적인 담당자로 삼아 주요 생산품인 생사와 차 등의 수출을 시도했습니다. 이것은 관영 모범농장이나 관영 모범공장에 필적하는 관영 모범무역회사라고 할 만했습니다. 또한 오쿠보는 생사나 차와 같은 기성 수출산업만이 아니라, 당국자를 파견해 외국시장을 조사하게 했고, 그에 입각해 새로운 수출품을 개발하려고 했습니다. 최근 주목되는 사례로서는, 오쿠보가 메이지 유신 후 외부에 유출된 쇼소인(正倉院) 소장 옷감(裂地)을 수집해, 그것을 참고로 외국인의 기호에 맞는 장식품의 디자인을 시험토록 했다고 추측되는 사례가 있습니다. 오쿠보의 지시로 작성되었다고 하는 쇼소인 소장의 옷감 컬렉션이 발견되어 텔레비전에서 공개되었습니다. 이렇게 오쿠보가 수출 진흥에 역점을 둔 것은, 이를 통해 불리한 조건 하에서 발행되었던 메이지 초기의 외채를, 정화(正貨) 유출을 극력 억제하면서 상환하기 위한 것이기도 했던 것입니다.*

오쿠보의 해운보호정책은 미츠비시 회사에 강력한 영향을 주었습니다. 오쿠보는 내무성 역체료(驛遞寮)에 소속된 기선 13척을 미

* 土屋喬雄, 위의 책, 43~45쪽.

츠비시에 불하해, 보조금 연 25만 엔을 14년간에 걸쳐 지원했습니다. 또한 폐번치현 후 여러 번이 소유했던 기선을 정부가 모아서 우편증기선회사를 조직했는데, 이 회사가 위기에 처하자, 오쿠보의 제안으로 그 소유 선박 18척을 정부가 구입해, 이것도 미츠비시에 불하했습니다. 이렇게 정부의 두터운 보호를 받은 미츠비시는 연해 항로에서 외국해운업자를 밀어내고 극동해역 전역을 장악했습니다. 오쿠보는 미츠비시를 이른바 관영 모범해운회사에 준한 것으로 간주한 셈입니다.*

이렇게 오쿠보는 정부 주도로 세계시장에 적응할 수 있는 자본주의적 생산양식을 만들어가려고 했습니다.

(2) 국가자본의 원천인 조세제도의 확립

외자 도입에 대한 소극적 자세

더욱 주목해야 할 것은, 정부 주도의 자본주의화를 추진하기 위한 재정적 기초의 확립입니다. 바꾸어 말하면, 안정된 국가자본의 확보입니다. 메이지 정부는 철저하게 이것을 조세―특히 지조(地租)―에서 찾았고, 외자 도입에는 극히 소극적이었습니다. 1870년(메이지 3)과 1873년(메이지 7)에 각각 100만 파운드 및 240만 파운

* 土屋喬雄, 위의 책, 45~47쪽.

드를 영국에서 빌리려 조달했던 것도 사실입니다. 전자는 철도건설을, 후자는 질록처분(秩祿處分)을 목적으로 했습니다. 그러나 이 두 가지 이외에는 1877년(메이지 32)까지 26년간 일체 외국채를 모집한 적이 없었습니다.

이것은 메이지 일본의 경제건설, 특히 오쿠보가 솔선하고, 마츠카타가 계승한 초기 자본주의화에서 커다란 특징입니다. 그 이유는 물론 하나는 불평등조약에서 유래한 낮은 대외신용도 때문에, 외채를 모집하려면 이율, 수취액, 담보에서 불리한 조건을 감수해야 했기 때문에, 사실상 모집 그 자체가 불가능했기 때문입니다. 그러나 동시에 메이지 정부가 외채의 고정화를 통한 외국의 경제 지배를 강력히 경계하고, 그것이 정치 지배로 이어질 가능성을 배제하고자 했기 때문이기도 합니다.

막말에 막부는 프랑스에서 얻은 외채로 권력을 대내외적으로 강화하고, 쵸슈번을 시작으로 각 번을 폐절함으로써 후쿠자와 유키치가 말한 '타이쿤의 모나키'를 실현하고자 했습니다. 삿쵸 등 여러 번은 이에 반발했습니다. 막부 내부에도 정치적 안정이란 견지에서 막번 연합을 지지하고, 막부 권력의 절대주의화에 반대한 카츠 카이슈(勝海舟)로 대표되는 의견도 있었습니다. 외채 반대론은 반막부세력 결집을 촉진하는 요인이 되었습니다. 그것은 형태를 바꾼 '존왕양이'론이라고까지 할 수 있지 않을까요? 그리고 막말의 외채 반대론은, 도막파(倒幕派) 결집을 주도한 오쿠보를 중심으로 한 신정권의 자본주의화 노선에, 예전 도막파의 외채 반대론이 관철되었던 것은 당연하다고 봐야 할지도 모릅니다.

이렇게 외국자본에 의존하지 않는 자본주의를 확립하려면, 자국자본, 특히 민간자본이 충분하지 않은 상황에서는 조세수입을 원천으로 한 국가자본에 의존하지 않을 수 없습니다. 이러한 필요에 대응해 입법화된 것이, 안정된 조세수입을 가능하게 해준 지조 개정법이었던 것입니다.

불평등조약 개정이라는 대전제

지조 개정을 생각할 경우, 그것을 촉진한 대외적 계기를 무시할 수 없습니다. 그것은 불평등조약 개정을 위해 필요한 전제라는 의미에서입니다. 폐번치현을 계기로 획기적으로 제시된 여러 법령과 정책은, 모두 이런 의미의 대외적 계기에 의해 동기를 부여받았습니다. 지조 개정의 경우에도 예외는 아니었습니다.

예를 들면, 1871년(메이지 4) 9월 15일부 「산조 태정태신이 이와쿠라 외무경에 보낸 자문(三條太政大臣より岩倉外務卿への諮問)」에는 다음과 같이 서술되어 있습니다. "종전의 조약을 잘 개정해 독립불기(獨立不羈)의 체제를 안정시켜야 한다. 종전 조약을 개정하고자 한다면, 열국공법에 의거해야 한다. 열국공법에 의거한 우리나라

국률, 민률, 무역률, 형법률, 세법 등 공법과 맞지 않는 것, 그것을 변혁 개정해야 하며(……)."

요컨대 권력 집중을 위한 여러 법령, 정책은 대외적 계기, 즉 조약 개정의 필요에 대한 전략적 고려를 빼놓을 수 없었던 것으로, 그것을 위해 이른바 '열국공법', 즉 구미 선진국의 법 체제 도입을 도모해야 했습니다. 지조 개정에서 볼 수 있는 근대적 조세제도의 확립도, 그 일환으로서 의미있다고 할 수 있습니다. 특히 지조 개정의 경우에는, 관세 자주권 확립이란 조약 개정의 가장 중요한 목적과 깊게 관련되어 있습니다. 조약 개정 이후에 기대되는 관세수입의 대폭적인 증수를 통해, 지조 개정이 가져올 국가자본은 한층 증강될 것으로 예측되었습니다.

지조 수입과 농민의 파악

지조 개정 이전, 메이지 정부의 항상적 재원은 막번체제 하의 옛 지조였습니다. 그것은 1872년(메이지 5)에는 세입의 40% 정도였습니다. 그 밖에 불환지폐 발행과 내외 상인의 차입금 등에 의존해야 했습니다. 따라서 그것은 자본주의화를 추진하는 국가자본의 원천으로서는 불충분했습니다. 그래서 메이지 정부로서는 국가의 재정적 기초를 이룰 새로운 통일적 조세체계의 편성이 급선무였습니다. 그 중추적인 부분이 지조 개정이었습니다. 그것은 지권을 교부해 토지소유자인 지조 납입자를 확정하고, 세액 결정의 기준으로 실질적 지조수입액을 예상한 지방관의 평가에 바탕을 둔 지가를 채용함으로써, 안정적인 조세 수입을 가져왔습니다. 예를 들면 1877년(메이지 10)도 세입 중 조세수입이 91.6%였는데, 그중 지조 수입 비율은 실로 82.3%를 차지했던 것입니다.

법제사 연구자인 이시이 시로(石井紫郎)의 견해에 따르면, 막번 체제에서 권력이 미치는 범위는 촌락 공동체 수준에 그쳤고, 개별 농민 수준까지는 도달하지 못했습니다. 막번 영주는 개별 농민이 어느 정도의 면적과 생산량의 논밭을 가지고 있는지 정확히 파악하지 못했던 것입니다. 검지장(檢地帳)에 기재된 나우케닌(名請人)이란 것은 개별적으로 공조(貢租)를 납입하는 농민을 의미하지 않고, 촌락 전체에 부과된 공조를 공동으로 부담하는 농민이란 의미에 다름 아니었습니다.*

메이지 정부는 지조 개정법을 통해 드디어 직접적으로 개별 농민을 파악하고, 그것에 따라 안정된 지조 수입을 기초로 한 국가자본의 원천으로 조세수입을 확보할 수 있게 되었습니다. 그것이 외국자본에 의존하지 않는 정부주도의 초기 자본주의화를 가능하게 한 중요한 조건이었습니다.

---

* 石井紫郎,「幕藩体制における土地所有の研究」,『日本國制史研究Ⅰ 權力と土地所有』(東京大學出版會, 1966).

(3) 자본주의를 담당할 노동력 육성

'학제'의 의의

국가자본의 원천을 가져온 지조 개정과 함께, 비교적 양질의 풍부한 젊은 노동력을 공급함으로써 일본의 초기 자본주의화에 공헌한 것은 교육제도, 특히 의무교육제도의 확립이었습니다.

먼저 1872년(메이지 5) 8월부터 1873년 4월에 걸쳐 '학제'라고 불리는 방대한 교육법령이 발포되었습니다. 이들은 문부성 포달(布達)* 13호를 위시한 네 가지 문부성 포달을 총칭하는 것입니다. '학제'의 역사적 의의는, 교육 이념으로 신분제를 부정했으며, 한편에서는 국가주의를 강조하고, 다른 한편에서는 개인주의를 주창하고, 아울러 양자의 통합을 도모하는 데 있었습니다. '학제' 입법의 의도를 설명한 1872년의 「문부성사(몬부쇼우카가이文部省伺)」에는 다음과 같은 기록이 있습니다. "국가를 통해 부강안강(富強安康)을 이루는 길은, (……) 일반 인민의 문명함에 따르면 될 것이다. 일반 인민의 문명이 아니라면, 비록 한둘의 성현이 있다 하더라도 문명에 관한 것이 얼마나 있겠는가." 즉 일국의 부강은 일반 인민 개개인의 개명 정도에 달렸다는 인식입니다.

이미 보신전쟁(戊辰戰爭) 직후인 1868년(메이지 1) 12월 건언서

---

* 포달은 메이지 시대 초기의 행정명령. (역주)

중에서 메이지 정부의 가장 유력자였던 키도 타카요시(木戶孝允)가 "원래 나라의 부강은 인민의 부강으로, 일반 인민이 무식 빈약(無識貧弱)의 경지에서 벗어나지 못할 때는, (……) 세계에서 부강한 각국에 대치하려는 목적도 반드시 그 내실을 잃을 것이다."라고 말하는데, 이것이야말로 '학제' 입법자의 의식과 합치합니다. 또한 '학제' 발포와 동시에 간행되기 시작한 후쿠자와 유키치의 『학문의 권장(學問のすゝめ)』(1872~1876)에도 '일국의 부강'을 가져올 전제로서 '우리 일본인'의 '일신의 독립(一身の獨立)' 필요성이 강조되어 있습니다.

  이상과 같은 의미에서 국가주의와 개인주의를 결합할 필요에 관해서는 '학제' 발포 당시 정부 안팎에서 널리 합의되었다고 봐야 합니다. 그리고 그러한 국민적 합의(national consensus)가 비교적 양질의 노동력을 재생산하는 교육의 기반이 되었고, 일본의 자본주의화를 촉진하는 요인이 되었습니다.

의무교육제와 국가주의

  '학제'의 국가주의적 측면은, 의무교육제를 발포하고, 그것을 교육의 근간으로 가장 중요시했던 것에 현저하게 드러납니다. '학제'는 '대학', '중학', '소학'으로 구성되는 학교 계통을 설정했는데, 그중에서 소학교는 상하 2등으로 나누어, 각각 4년제로 하고, 이것을 '인민 일반이 반드시 배워야 할 것', '이 2등은 남녀가 반드시 졸업해야 하는 것'이라 했습니다. 그리고 문부성은 '학제'를 실시하는 '착수순서(着手順序)' 맨 처음에 '소학교에 힘을 많이 기울여야 할 것'을 두었습니다. 이에 관해 문부성은 다음과 같이 설명합니다. "세상의 문명을 기대하고, 사람의 재예(才藝)를 기다려, 이것을 소학 교육에 널리 보급해 제대로 갖추게 할 뿐이다. 따라서 소학에 힘을 기울이는 것은 지금 착수해야 할 첫 번째 급무다." 즉 '학제'를 관철하는 교육이념은, 국가가 주도하는 의무교육제에 집중적으로 체현되었다고 할 수 있습니다.

이러한 의무교육제 우선 방침에 따라, 문부성은 지방관을 통해 소학교의 설치와 학령 아동의 취학을 강력하게 장려하고 독촉했습니다. 문부성은 지방관에 대해 "교육 제도를 설치하고, 학령 자녀를 권유해, 보통 교육을 받게 하는 것은, 시정상 가장 불가결한 긴무(緊務)"라고 통달하고, 또한 "그것을 독려할 때, 조금 강경하게 독촉하는 흔적이 있더라도, 그것을 보고 비난하고 논쟁하지 않는 것은 식자의 통론이라 할 수 있다."고 직무 면려를 촉구했습니다. 부현에 따라서는 절과 신사의 연일(緣日)과 제일(祭日) 개최를 금지하고, 그 비용을 소학교 건설에 충당하거나, 경찰관에 명령해 오전 8시부터 오후 3시 사이에, 학령 아동으로 이유 없이 배회하는 자에 대해서 학교에 가도록 독촉하기도 했습니다. 이러한 중앙 및 지방

당국의 강력한 독려의 결과, '학제'는 놀라운 속도로 각 지방에 침투했습니다. '학제' 발포 다음 해인 1873년(메이지 6)에는 소학교 수가 1만 2,558개교, 3년 후인 1875년(메이지 8)에는 2만 4,225개교를 기록했는데, 이는 2016년 현재 1만 9,943개교를 크게 상회할 정도였습니다. 단 취학률은 남자가 1875년(메이지 8)에는 50%를 넘었는데, 여자는 이보다 늦은 메이지 10년대(1877~1887) 중반경까지 25%를 넘지 못했습니다.

여자 교원의 육성

이렇게 의무교육제가 보급됨에 따라, 이를 담당할 교원 조달이 급선무가 되었습니다. 문부성이 '학제' 실시의 '착수 순서'로서, 두 번째로 "속히 사표학교(師表學校)를 일으켜야 할 것"이라 한 것은 당연했습니다. 이에 1872년(메이지 5)에 토쿄에 사범학교가 설립되었고, 1874년에는 역시 토쿄에 여자사범학교가 설립되었습니다.

특히 여자 교원 양성을 위한 교육기관이 조기에 개설되었던 것은 커다란 의의가 있었습니다. 야마카와 키쿠에(山川菊榮)의 『여자 2대의 기록(おんな二代の記)』에 따르면, 야마카와 키쿠에의 어머니인 아오야먀 치세(青山千世)는 여자사범학교 제1회 졸업생이었습니다. 1875년에 입학해, 1879년에 졸업했습니다. 1875년 7월에 처음 시행된 입학시험에서, 수험자는 300여 명, 합격자는 70여 명이

었는데, 수험자격은 14세 이상이라고 했을 뿐, 입학자의 연령도 학력도 가지각색이었습니다. 『여자 2대의 기록』 속에서, 아오야마 치세는 입학자들의 면면에 관해서, "열넷, 열다섯 살의 천진난만한 소녀에서 키리카미(切髮)* 머리를 한 미망인, 소학교 교원 경험자까지 있다는 양상이었습니다."라고 회상하고, "입학시험을 통과한 사람이라도, 한시나 와카(和歌)를 지을 수는 있어도, 아라비아 숫자는 입학시험에서 처음으로 본 사람이 많을 정도였습니다."라고 언급했습니다. 입학자 70여 명 중, 4년 후에 졸업할 수 있었던 사람은 15명이었다고 합니다.

나카무라 케이우의 사상

당시 여자사범학교의 교육방침은, 1875년(메이지 8) 11월부터 1880년(메이지 13) 5월까지 교장 대행(攝理囑託)을 역임했던 나카무라 케이우(中村敬宇, 본명은 마사나오正直)의 사상을 반영해, 교육목적을 반드시 좁은 의미의 교원 양성에 한정하지 않고, 고등보통교육(liberal education)을 목적으로 했다고 합니다. 이러한 케이우의 생각은, 1875년 3월 16일에 발표한 「선량한 어머니를 만드는 설(善良なる母を造るの說)」**에서 볼 수 있습니다. 거기에는 이렇게 되어 있

---

* 근세로부터 메이지 시대에 많은 미망인이 묶은 머리 모양. (역주)
** 『明六雜誌』 33.

습니다. "남녀평등의 폐해를 염려하는 것은, 교육받지 않은 부인이 남편을 우습게 보는 것을 두려워하는 것에 불과하다. (……)

평등이냐 아니냐, 그것은 일단 젖혀두고, 남녀의 교양은 동등해야 한다. 두 종류가 있어서는 안 된다. 혹시라도 인류 전체로 극고 극정(極高極淨)의 지위를 유지하고자 한다면, 당연히 남자 부녀 공히 모두 동일한 수양을 배워, 그것을 가지고 동등하게 진보를 이루어야 한다."

덧붙여 이야기하자면, 케이우는 '양처현모(良妻賢母)'라는 말을 처음으로 사용했다고 합니다. 그것은 뒷날 빈번히 사용되었던 여성의 수신적 주형(修身的鑄型)으로서 '양처현모'라는 의미가 아니라, 스스로 독립한 시민을 육성할 능력을 가진 여성을 의미했습니다. 아오야마 치세는 케이우를 회상하면서, "선생님은 영웅을 싫어하셨는데, 영웅이 나오면 백성은 도탄에 빠질 것이라 하셨다. 남자

나카무라 케이우

는 물론, 때로는 여자 영웅도 나오지만, 여자 영웅이 되기보다는 현모양처가 되라는 것이 그 지론이었습니다."라고 말했습니다. 요컨대 케이우가 말하는 '양처현모'는 여성 시민을 표현했던 말입니다. 그래서 케이우는 '양처현모'를 여성 교육의 이상적인 이미지로 잡았고, 그것을 실현하기 위한 여성 보통교육의 필요성을 주창했습니다.

케이우는 막말에 막부로부터 유학생 감독자로서 영국에 파견되어, 런던에서 스스로 영어 습득에 힘썼습니다. 막부의 교학을 담당하는 고쥬샤(御儒者)*임에도, 초등학교 교실에서 수업을 듣기도 했습니다. 그때 지식 수준이 높은 여성 교원이 있다는 것에 깊은 감명을 받습니다. 그것이 일본에서 여성교육(특히 여성교원 양성을 위한 고등보통교육)에 대한 케이우의 강력한 지향을 만들었을 것입니다.

개인주의와 실학주의

의무교육제에 나타난 '학제'의 국가주의적 측면의 다른 한 면이 그 개인주의적 측면입니다. 교육 목적에서 개인주의와 내용에서 실학주의라고 해도 좋을 것입니다. '학제'와 함께 공포된 「오세이다사레쇼(被仰出書)」는 학교교육의 목적에 대해 "사람들이 스스로 입신해, 그 재산을 관리하고, 그 사업을 번성하게 함으로써 그 일생

---

* 에도 막부의 직명으로, 와카도시요리에 소속되어 쇼군에게 유학 경전을 전강하고 문학을 담당. (역자)

을 완수"하기 위해, "몸을 수양하고, 지식을 넓히며, 재능과 기예를 기르"지 않으면 안 된다고 주장합니다. "학문은 입신의 자본이라고 할 만한 것"이라는 것이 기본명제입니다. 요컨대 개인이 '그 일생을 완수'하는 것이 교육의 목적가치로, 학교는 그것을 위한 수단가치(입신의 자본) 제공을 임무로 한다는 것입니다.

이러한 교육 목적에서 개인주의는 교육 내용을 규정하게 됩니다. 교육 내용은 "일상적으로 사용하는 언어, 글쓰기, 산수(日用常行言語書算)를 시작으로 관리, 농민, 상인, 다양한 직인, 기예를 담당하는 사람(士官農商百工技藝) 그리고 법률, 정치, 천문, 의료(法律政治天文醫療) 등에 이르기까지 무릇 사람이 영위하는 것"이어야 합니다. 즉 시민생활에 필요한 '실학'이어야 한다는 것입니다.

이상과 같은 교육 목적과 그에 따른 내용은 적어도 사실상 후쿠자와 유키치를 위시한 메이지 초기의 계몽사상에 나타난 입장과 합치됩니다. 아마 그 영향을 실제로 받았다고 상상할 수 있습니다. 그것은 예를 들어, 후쿠자와의 『학문의 권장 초편』(1872)을 비롯해 당시의 몇 가지 계몽서가 소학교 교과서로 채용되었다는 것에서도 알 수 있습니다.

이렇게 '학제'는 그 이념에서 신분주의를 부정하고, 국가주의와 개인주의를 결합함으로써 한편으로 교권의 강화와 집중(관료화)을 도모하면서도, 다른 한편으로는 국민 각 개인의 주체적 능동성의 개발(자유화)를 추진하고자 했습니다. 그것은 본래 모순을 잉태한 과제를 스스로에 부과했다는 뜻이기도 합니다. 따라서 메이지 10년 대 후반 이후, 교육에서 관료화와 자유화의 동시 진행은 메이지 정부와 자유민권운동의 대결에 의해 멈추지 않을 수 없었습니다.

어쨌든 '학제'로 시작된 일본의 의무교육제도가 일본에 자본주의를 성립시킬 필요조건 중 하나로서 일정한 질을 담보하는 균질한 노동력의 공급을 보증했던 것은 의심할 여지가 없습니다.

(4) 대외평화의 확보

메이지 천황에 대한 그랜트의 충고

이미 이야기했듯이, 외국자본(특히 외채)에 의존하지 않는 자립적 자본주의 형성을 가능하게 한 또 하나의 요인은 유신 후 몇 가지 대외적 위기를 외교적으로 처리하면서, 사반세기 이상에 걸쳐 대외전쟁, 특히 청일간의 전쟁을 회피하며, 평화를 유지했던 것입니다. 자립적 자본주의를 지향한 메이지 일본의 경제적 내셔널리즘과 평화가 불가분하다는 것은 국가의 정점에 있는 메이지 천황의 확신이었습니다. 이러한 메이지 천황의 확신을 형성하는 데 커다란 영향을 끼친 것은, 1879년(메이지 12)에 일본을 방문한 미국 제18대 대통령 율리시즈 그랜트(Ulysses S. Grant, 이른바 그랜트 장군)가 직접 천황에 했던 충고였습니다.

그랜트는 링컨 대통령 아래에서 북군 총사령관으로 복무하며, 남북전쟁을 북군의 승리로 이끈 장군으로, 남북전쟁 이후 1868년에 대통령에 선출되었고, 1872년에 재선되었습니다. 그랜트가 대통령으로 첫 번째 재임 중이었던 1872년 1월에는 미국을 방문한 이와쿠라 사절단을 워싱턴 D. C.에서 맞이해, 현직 대통령으로서 사절단 일행을 후하게 대접했습니다. 그는 대통령 임기 종료 후인 1877년에 정부에서 제공한 전용 군함을 타고, 2년에 걸친 세계여행 길에 올라, 유럽 대륙, 아일랜드, 이집트, 인도, 중국을 거쳐 1879년 6월 21일에 나가사키에 도착했습니다. 나가사키에서 세토 내해(瀨戶內海) 항로를 거쳐 요코하마에 상륙해, 토쿄에 입성한 것이 7월 3일이었습니다. 이후 일본에서는 국빈으로 2개월간 머물렀는데, 7월 8일에 우대신으로 천황 측근이었던 이와쿠라의 오찬회에 초대를 받아, 워싱턴 D. C.에서 만난 지 7년 반 만에 재회했습니다.

그랜트는 출국에 즈음해, 같은 해 8월 10일에 천황과 회견했습니다. 거기에서 천황은 그랜트에게 일본을 위한 조언을 요청했습니다. 그때 그랜트는 외채에 의존하지 말라고 충고합니다. 일본 측의 기록에 따르면, 그랜트는 "무릇 한 나라에서 피해야 할 것 중 하나로 외채를 넘어서는 것은 없습니다. (……) 이집트, 스페인 혹은 튀르크를 한번 보십시오. (……) 그 일국의 매우 큰 이익(鴻益)이 될

율리시즈 그랜트

만한 것은 모두 저당 잡혀, 그 궁극에 가서 오늘날 자국 소유라고 할 만한 것은 모두 토지로 값을 치렀습니다. (……) 일본의 (외채가) 많지 않다고 들어 기쁩니다. (……) 장래 일본은 결코 두 번 다시 외채를 기채하지 말아야 합니다."라고 충고했던 것입니다.

이러한 그랜트의 외채에 대한 불신감은, 그가 북군을 지휘했던 남북전쟁의 체험에서 유래했다고 생각합니다. 영국이 남군을 지원하자, 북군 측은 전비를 외채로 조달할 수 없어, 내국채에 의존해야 했습니다. 이런 경험에서 그랜트는 외채를, 그 인수발행국(내지 그 능력을 가진 나라)에 직접적 혹은 간접적 내정간섭과 불가분한 관계를 가진 것으로 파악했다고 생각합니다.

청일 간 전쟁의 위험성

또한 이런 점에서 그랜트는 메이지 천황에 대해 다음과 같이 말했습니다. "어떤 나라는 약소국에 돈을 빌려주는 것을 아주 좋아합니다. 이를 통해 그 위권(威權)을 휘둘러 약소국을 농락합니다. 그 돈을 빌려준 목적은 정권을 장악하는 데 있는 것으로, 항상 돈을 빌려주려고 호시탐탐 노립니다. 대개 동양에서 외국의 지배나 간섭을 겨우 그 절반이라도 벗어나 있는 것은 일본과 청, 두 나라뿐입니다. 따라서 이 두 나라가 전쟁을 벌이는 것은 그들이 좋아하는 바로, 이 기회를 틈타 전횡할 약속을 세워 돈을 빌려주고 제 마음대로 내국 정치에 간섭하려 합니다."

여기서 그랜트는 일부러 청일 간의 전쟁을 상정해, 그러한 사태가 양국의 전비 조달을 위한 외채 발행을 통해, 유럽 여러 나라가 두 나라에 대한 내정 간섭을 유발할 위험성을 강조했습니다. 1874년 (메이지 7) 5월, 표류하다가 타이완에 도착한 류큐 어민에 대한 현지민의 살육 사건을 이유로, 일본은 타이완 출병을 감행합니다. 그때 이래 청일 간에는 류큐의 귀속을 둘러싸고, 전쟁의 위험성을 내포한 대립관계가 있었습니다. 특히 그랜트가 일본을 방문한 해(1879)에 일본이 강행한 이른바 '류큐 처분'은 청일 간의 전쟁 위기를 최고로 고조시켰습니다.

그랜트는 일본 방문을 앞에 두고, 청국에서 두 명의 외교책임자와 회견했습니다. 청국의 외교기관인 총리아문(總理衙門)의 창설자로 최고 책임자였던 황제의 동생 공친왕(恭親王), 그리고 톈진(天津)

주재 직예총독(直隷總督) 겸 북양대신(北洋大臣)인 리훙장(李鴻章)이 그 두 사람이었는데, 그들로부터 류큐를 둘러싼 청일관계의 상황을 청취했습니다. 두 사람은 모두 이해 3월부터 4월에 걸쳐 일본이 강행한 류큐 왕국의 폐절과 오키나와현으로 이행, 군대 파견을 통한 슈리성(首里城)의 접수와 류큐 국왕의 토쿄 이주 및 화족 신분 편입에 크게 반발했습니다. 종래 청국은 류큐를 보호국으로 삼아 류큐 국왕의 조공을 받아왔는데, 그들은 청국과 류큐의 전통적 국제관계를 일본이 군사력으로 폐지했다며, 청국과 일본 사이의 전쟁 유발 위험성을 그랜트에 호소했습니다. 또한 두 사람은 방일을 앞둔 그랜트에게, 청국의 요망에 합치되는 류큐 문제의 평화적 해결, 요컨대 그것은 일본에 의한 '류큐 처분' 이전의 중화제국적 국제질서의 부활로 여겨지는데, 이를 위한 청일 간의 조정이나 개입을 요청했던 것입니다.

　그랜트가 메이지 천황과 회견에서 외채에 의존하지 말 것을 강조했던 것은, 그것이 청일 비전론(非戰論)과 연결되기 때문입니다. 이후 그랜트의 충고는 메이지 천황의 정치적 신조가 되었습니다. 후년 메이지 천황이 청일 개전에 소극적이었고, 청일전쟁 후 재정 방침으로서 외채 비의존을 관철하도록 시종장을 통해 당시의 마츠카타 대장대신에게 지시한 것도, 15년 전 그랜트의 충고에 기초한 메이지 천황의 정치적 신조에서 나왔던 것입니다.

야시마의 '안'과 '밖'

그런데 메이지 정부가 오키나와를 포함한 일본의 영토 관념을 의무교육을 통해 국민 사이에 정착하려 한 시도가, '류큐 처분(그리고 그랜트의 일본 방문)' 2년 후 1881년(메이지 14) 11월에 발행된 문부성 교과서 『소학창가집 초편(小學唱歌集初編)』에 실린 「반딧불」(螢の光, 원제는 '반딧불이螢') 4절의 앞 소절 가사에 보입니다. "치시마 깊은 곳도 오키나와도 야시마(八洲, 즉 일본) 안쪽의 지킴이라오(千島のおくも,おきなわも,やしまのうちのまもりなり)"*라는 것입니다. 지금은 이 가사가 거의 불리지 않으리라 생각하지만, 당시에는 국민에게 북쪽은 치시마, 남쪽은 오키나와로 구획된 남북의 국경을 명확히 보여준다는 의미가 있었습니다.

내친김에 말씀드리면, 이 가사는 원래 "치시마 깊은 곳도 오키나와도 야시마 바깥쪽의 지킴이라오(千島のおくも,おきなわも,やしまのそとのまもりなり)"라 되어 있었다고 합니다.** 치시마 및 오키나와와 일본 사이의 귀속의식(identification)을 강조하려고 가사를 바꾸었을 것입니다.

---

* '반딧불'은 원래 스코틀랜드 민요 〈올드 랭 사인Auld Lang Syne〉으로 한국에서는 〈석별의 정〉 또는 〈작별〉로 졸업식 등에서 불렸다. 한국사적 맥락에서 이 노래가 식민지 하에 안익태가 현재의 애국가 곡조를 작곡하기 전 애국가 가사에 붙여 불렸던 곡으로 유명하다. 일본에서 애국창가로 활용되었던 것과 마찬가지로 한국에서도 어떤 연유인지 애국가 곡조로 불렸던 것은 우연의 일치일까? (역주)

** 山住正己, 『唱歌教育成立過程の研究』(東京大學出版會, 1967).

오쿠보 토시미치의 타이완 출병 수습

이야기를 되돌려, 1874년(메이지 7) 2월에 발발한 에토 신페이(江藤新平)를 주모자로 발생한 사가의 난(佐賀の亂)을 진압한 후, 같은 해 8월, 오쿠보 토시미치는 타이완 출병의 외교적 처리를 위해 일본을 출발해, 9월에 베이징으로 들어갔습니다. 그리고 우여곡절 끝에 10월 31일에 청국과 협정을 조인했습니다. 이 교섭 당시에, 오쿠보를 수행한 외국인 법률고문 구스타프 보아소나드(Gustave Émile Boissonade)가 오쿠보에 제출한 헌언(獻言)을 맨 처음 자료로 활용해 교섭을 분석한 최신 연구로 오쿠보 야스오(大久保泰甫)가 쓴 『보아소나드와 국제법: 타이완 출병 사건의 투시도』*가 있습니다.

청국 측은 조난당한 류큐 어민이 일본의 국가주권 하에 있다는 이유로 강행한 일본 출병의 정당성을 인정하고, 이것을 '의거(義擧)'로 간주해, 다양한 명목을 합쳐서 총액 50만 냥(兩)을 배상금으로 지불하고, 일본 측은 청국 측의 이러한 조치에 맞바꿔 전면 철병할 것을 약속했습니다. 이로써 청일 간의 전쟁은 회피할 수 있었고, 사태가 수습되었습니다. 자립적 자본주의 노선을 선도한 오쿠보는, 그것을 관철하기 위해 필요한 대외평화의 유지를, 사족 반란의 탄압에 대한 반발로 위협받을 국내 평화보다 우선시해, 외교가로서 모든 힘을 그 목적에 투입했던 것입니다.

* 大久保泰甫, 『ボワソナードと國際法 台湾出兵事件の透視圖』(岩波書店, 2016).

조약이 조인된 10월 31일자 일기에서 오쿠보는, "드디어 오늘 화의가 성립되었고, 조약이 조인되었다. 실로 이보다 안심되는 일이 없다. 또한 맡은 바 명을 완수할 수 있었고, 오로지 국가를 위해 경하할 만한 일이다. 지금까지 노심초사한 마음고생이 말로 다할 수가 없었고, 일생 동안 또한 이와 같은 일은 없을 것이다. (……) 오늘을 평생토록 잊을 수 없을 것이다."라고 감개무량한 마음을 토로합니다. 다음 달 11월 1일, 오쿠보는 귀국길에 올라 베이징을 떠났는데, 그날의 일기에도 "베이징을 떠나, 저절로 마음속이 시원함을 느낀다. 아아 이러한 국가 대사를 치루었는데, 고금 희유의 일로서 생애에 다시 없을 일이리라."라고 글을 남겨 성취감을 새롭게 만끽합니다. 그와 함께 "기왕의 일과 장래의 일을 생각하니, 은근히 마음속에 기대되는 것이 있다."고 자신감을 미래에 투영했습니다.

오쿠보의 절정의 순간과 그 종말

그로부터 2년 후 1876년(메이지 9) 5월, 당시 내무성 에키테이가시라(驛遞頭, 우편국장)였던 마에지마 히소카(前島密)가 내무경 오쿠보의 자택을 방문해, 가지고 온 비단에 휘호를 부탁하자, 곧바로 이에 응해 오쿠보가 묵서한 것이 베이징에서 출발한 귀국선에 올라 심경을 노래한 칠언절구였습니다. "천황의 명을 받들어 홀로 항해해 베이징을 향하네, 검은 연기 수북이 쌓여가는 가운데 파도를 치며 나아가네, 화의를 이루고 곧바로 퉁저우(通州)항 바깥을 내려가네, 선실에 한가로이 앉아보니, 꿈은 저절로 평온하구나. 퉁저우를 내려가며 코토(奉勅單航向北京 黑煙堆裏蹴波行 和成忽下通州水 閑臥蓬牕夢自平 下通州甲東.)*가 그것입니다. 마에지마의 자서전『코소콘(鴻爪痕)』4권에 수록된 마에지마의 구술(요시다 토고(吉田東伍) 필기)에 따르면, 휘호하면서 오쿠보는 이 칠언절구를 선택한 이유로 "아마도 지금까지는 이것뿐으로 (지금까지는 잘했다고 자임한 것은 이것뿐이라는 의미) 앞으로도 없을 듯하다."라고 혼잣말하면서 붓을 내려놓았다고 합니다. 스스로 인정한 것처럼, 베이징 조약에 조인해, 청일 간의 전쟁 회피라는 결과를 얻은 1874년(메이지 7) 10월 31일이란 시점이, 오쿠보가 정치적 생애에서 절정을 맛본 순간이었다고 할 수 있습니다. 그리고 동시에 이를 통해 오쿠보는 자신이 주도했던 자립적 자본주의 노선을 가능하게 한 대외 평화를 강구할 수 있었던 것입니다.

이 오쿠보의 칠언절구의 원형은 11월 2일자 일기에 써넣은 '주중우성(舟中偶成)'이라는 제목을 가진 2수 중 1수입니다. 그 기구(起句)는 "천황의 사신이 용을 타고 북경으로 달린다(星使乘龍馳北京)."라는 화려한 자기 이미지를 현시하는 것이었지만, 오쿠보는 나중에 이것을 고쳐, "천황의 명을 받들어 홀로 항해해 베이징을 향하

* 코토(甲東)는 오쿠보의 호. (역주)

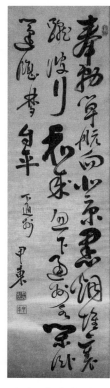

네(奉勅單航向北京)."를 기구로 삼았습니다. 2년 후 마에지마에게 준 휘호는 이 수정된 기구를 쓴 것이라고 할 수 있습니다.

이렇게 1874년에 정치가로서 절정의 순간을 맛본 오쿠보는 그 4년 후인 1878년(메이지 11) 5월 14일 아침, 당시 태정관이 설치된 아카사카카리고쇼(赤坂仮御所, 현재의 영빈관)로 가는 마차에 올라 등청하던 도중, 돌연 키오이자카(紀尾井坂)의 시미즈다니(淸水谷) 부근에 잠복하던 이시카와현(石川縣) 사족 시마다 이치로(島田一郎) 등 6명으로 구성된 암살자의 습격을 받아 예기치 않은 죽음을 맞습니다.* 암살 이유를 기록한 「참간장(斬姦狀)」에는 그 이유 중 하나로 "외국 교제의 길을 잘못 들어 국권을 실추시켰다."라고 되어 있습니다. 구체적으로는 그것이 청일 간의 타협적 평화로 유도한 타이완 출병의 선후처리에 대한 비판에서 출발했다는 것은 의심할 여지가 없을 것입니다.

* 사건과 그 배경에 대해서는 遠矢造規, 『利通暗殺』(行人社, 1986)에 자세히 기술되어 있습니다.

사이고 타카모리의 울분

한편 그 전년(1873), 오쿠보 등에 의해 정한논쟁(征韓論爭)에서 패배해 하야한 사이고 타카모리는, 오쿠보가 주도하는 대청 교섭이 결국 결렬되지 않고 타협을 통해 사태가 수습될 것이라 예견했습니다. 오쿠보가 베이징을 향해 출발한 후, 사이고가 함께 하야한 사츠마의 동지 시노하라 쿠니모토(篠原國幹)에 보낸 서간에 따르면, "파담(破談)에 이를 염려는 없으리라 생각합니다. 그 때문에 오쿠보도 출발하지 않았을까요."라는 것이 사이고의 견해였습니다. 사이고는 글 속에서 "니키타마(和魂)* 녀석들, 어찌 전쟁이 무르익은 시기를 알 턱이 있겠는가, 그럴 리 없다고 생각합니다."라는 신랄한 표현을 교섭에 임했던 오쿠보에 던졌던 것입니다.**

이 사이고의 서간을 인용해, 오쿠보가 베이징에서 교섭한 결말을 묘사한 역사가 하기하라 노부토시(萩原延壽)는 사이고가 품은 오쿠보에 대한 억누를 수 없는 울분에 대해 다음과 같이 썼습니다. "'니키타마 녀석들(평화를 추종하는 녀석들)', 즉 오쿠보에 대한 혐오와 함께 모욕적이라고도 할 수 있는 격한 감정의 어조를 통해 분출되었다는 느낌이 든다. (······) 사이고의 편지로는 드물게, 읽고 나서 뭔가

---

* 니키타마(和魂)는 평화, 인애, 겸손 등의 작용을 하는 신령. (역주)
** 사이고 타카모리 서간의 해석에는 연세대 노혜경 교수님의 지도를 받았다. (역주)

개운치 않은 느낌이 드는 문장이라는 점은 부정할 수 없다."*

오쿠보 암살을 결행한 시마다 이치로 등은 사이고의 정한론에 공명했고, 그 패배와 사이고의 하야에 분개했으며, 또한 그 반란을 지지했습니다.** 타이완 출병의 선후처리에 대해서도, 사이고가 말한 '니키타마 녀석들'로서 오쿠보가 수행한 교섭을 통한 평화에 강한 불만을 가졌고, 그것이 오쿠보를 암살한 이유 중 하나였다고 생각합니다.

덧붙여 이야기하면, 하기하라가 언급하는 것처럼, 당시 타이완 출병을 주도해야 할 참의(參議) 겸 해군경(海軍卿)이었던 카츠 카이슈(勝海舟)는 타이완 출병 자체를 반대하며 각의(閣議) 출석을 거부했습니다. 그 이유는 타이완 출병이 청일간 전쟁의 도화선이 될 사태에 대한 염려와, 전쟁 발발 시 외채와 인플레가 초래할 국가 재정의 위기적 영향 때문이었습니다. 이것은 그로부터 5년 후에 타이완 출병을 원인으로 청일 양국 간의 충돌 위기가 닥쳤을 때, 그랜트가 메이지 천황에 충고한 내용과 일치합니다. 메이지 천황이 이에 크게 영향을 받았음을 이미 말씀드린 대로입니다. 메이지 천황은 뒤에 일어난 청일전쟁에 대해 적어도 개전 당초에는 극히 소극적이었고, 또한 전후 국가재정에 대해서도 크게 우려했습니다. 카츠 카

---

*   萩原延壽, 『北京交涉 遠い崖―アーネスと・サトウ日記抄 11』(朝日新聞社, 2001).
** 遠矢造規, 앞의 책.

이슈는 훗날 공공연하게 청일전쟁 반대론을 주장했는데, 그 논거는 타이완 출병 반대론 속에서 찾아볼 수 있습니다.

3. 자립적 자본주의의 재정 노선

마츠카타 재정의 두 개의 기둥

이상에서 말씀드린 것처럼, 오쿠보가 초석을 놓은 메이지 국가의 자립적 자본주의의 특징은 소극적 외채정책, 보호주의적 산업정책 그리고 대외적 타협정책입니다. 이 일국 자본주의를 재정 부문에서 실질적인 것으로 만든 것은, 메이지 14년(1881) 정변으로 등장한 경제 지도자로서 오쿠보의 후계자인 마츠카타 마사요시(松方正義)의 재정이었습니다. 마츠카타는 메이지 14년 정변 이전에 재정을 담당했던 오쿠마 시게노부의 기본 노선을 근본적으로 바꿉니다. 오쿠마는 불환지폐 증발이란 형태로 이루어진 세이난 전쟁(西南戰爭)의 전비 조달과 '식산흥업' 정책에 동반한 재정지출에 기인하는 정화(正貨) 부족에 대응하기 위해, 거액의 외채 발행을 제안했습니다. 이에 대해 오쿠마를 정부에서 내쫓은 메이지 14년 정변후, 오쿠마를 대신해 재정을 담당하게 된 마츠카타는 바로 메이지 천황에 그랜트가 한 권고를 모방이라도 한 듯이, 불평등조약 체제 하에서 외채 의존의 위험성을 이집트, 튀르크, 인도 등의 선례를 들어 강조했습니다.

마츠카타가 외채 발행을 대신할 선택지로서 삼은 것이 다음 두 가지입니다. 첫째, 이른바 초균형 재정의 강행입니다. 즉 한편에서는 엄격한 긴축정책을 펴고, 세출을 억제함과 동시에, 다른 한편으로는 증세를 시행해, 가능한 한 세입 잉여를 많이 만들어내고자 했습니다. 그렇게 만들어낸 세입 잉여로 불환지폐 상각과 정화 준비 이월에 충당했습니다. 마츠카타 재정은 후대의 이노우에(준노스케) 재정(井上(準之助)財政)과 함께, 또는 태평양전쟁 후 점령정책의 일환으로 긴축재정을 강행했던 다지 라인(Dodge Line)과 함께 일본 재정사에서는 예외적인 디플레 재정이었습니다.

마츠카타가 취한 두 번째 선택지는, 적극적인 정화 공급 정책이었습니다. 정부 '준비금'이란 명목의 재정 자금을 운용함으로써, 일종의 무역관리 및 외환 관리 정책을 실시해, 정화 준비의 증대를 도

마츠카타 마사요시

모했습니다. 이것은 정부가 '준비금'을 통해 자금을 수출업자에 지폐로 대부해, 수출업자가 판매대금을 외국에서 수령할 때, 그것을 정부계 대외금융기관인 요코하마 정금은행(橫浜正金銀行)을 통해 외화로 회수한다는 것입니다. 이 시스템을 통해 정부는 지폐를 외화로 전환해, 정화 축적을 추진했습니다. 이에 더해 정부는 적극적으로 관영무역을 추진해, 이 방면에서도 정화 흡수를 시도했습니다. 이렇게 마츠카타의 대장경(大藏卿) 취임(메이지 14년 10월) 이전에, 869만 엔까지 격감된 상태였던 정화 보유액은 대장경 취임 후 약 3년이 지난 1885년(메이지 18)에는 4배가 넘는 3,832만 엔으로 늘어납니다.

위에서 들었던 두 가지 재정정책에 더해, 마츠카타는 1882년(메이지 15) 일본은행 설립을 통한 신용체계 정비를 추진해, 대장성 지폐(大藏省札)라는 형태의 정부 발행 지폐와, 여타 국립은행 발행 지폐를 점차 일본은행권으로 일원화해, 재정과 금융의 분리를 추진했습니다. 이렇게 마츠카타 재정은 외화에 의존하지 않고, 정화 준비를 증대해, 통화가치의 안정과 신용제도의 확립을 가져왔습니다. 그리고 동시에 그것을 통해 메이지 14년 정변에 의해 메이지 정부의 분열을 초래한 정치적 위기 수습에 공헌했던 것입니다.

정부 주도의 산업화 노선과 마에다 마사나

또한 1881년(메이지 14) 4월에는 내무성 권농국(勸農局)과 대장성 권상국(勸商局)을 합쳐서 새롭게 농상무성이 발족했지만, 그렇다고 이전부터 추구해온 정부 주도의 보호주의적 산업정책을 확대발전시킬 거점이 되지는 못했습니다. 오쿠보가 죽은 후, 내무성 권농국장 자리에 있었던 마츠카타는 오쿠보 시대의 관영 시설의 폐지와 민영화를 시사하고, 그 방침을 권업정책 전반으로 확대합니다.* 마츠카타 재정의 기본 노선은 농상무 행정에도 관철되었습니다.

농상무성 내부에는 「흥업 의견(興業意見)」의 원안을 기초한 사츠마 출신의 마에다 마사나(前田正名)처럼, 오쿠보의 훈도를 받은 후진으로 정부 주도의 산업화 노선을 계승하고, 그것을 더욱 확대 발전시키려는 강력한 지향도 존재했습니다. 마에다는 농상무성을 그 추진기관으로서 개혁하려고 시도했습니다. 특히 마에다는 농상무성 서기관으로서 서기국으로 권한집중을 도모하면서, 부현(府縣)의 산업행정에 농상무성의 진출을 강행하려고 했습니다. 이것이 농상무성의 안팎에서 저항을 야기해, 마에다는 1885년(메이지 18) 12월, 강고한 반사츠마 감정을 가진 타니 타테키(谷干城) 농상무대신에 의해 비직처분(非職處分)**을 당해, 일단 농상무성 바깥으로

---

* 梅村又次 · 中村隆英 편, 『松方財政と殖産興業政策』(國際連合大學, 1983), 제8장.
** 관리가 지위는 그대로 유지한 채 직무만을 폐지하는 것. 질병에 의한 휴직과 면직이 있다. 징벌이나 징계처분과는 다름. (역주)

마에다 마사나

쫓겨났던 것입니다.[*]

　마에다의 재임 중, 네 살 연하인 타카하시 코레키요(高橋是淸)는 농상무성에서 「흥업 의견」을 기초했던 마에다의 부하로 조사과장으로 근무하면서, 마에다에게 직접 지도를 받았습니다. 타카하시는 마에다에 깊이 공감했고, 그 영향은 뒷날 재정경제 지도자로서 사명감과 가치관에도 영향을 주었습니다. 하라 타카시(原敬)를 수상으로 한 정우회 내각의 대장대신이 된 타카하시는, 자서전에서 "하라 내각 시대에도 '자네는 항상 근본이라든지 국가라는 말만 한다.'는 말을 들었는데, 그것은 농상무성에서 마에다 군을 처음 만났을 당시에 느꼈던 것에서 비롯했다."고 쓰고 있습니다.

[*]　梅村又次 · 中村隆英 편, 같은 책.

마에다와 하라 사이의 갈등

마에다는 비직처분 이후 야마나시현(山梨縣) 지사와 농상무차관을 역임했습니다. 그사이에 뒷날 수상이 되는 하라 타카시도 또한 농상무성에 있었고, 같은 성에서 마에다와 조우했습니다. 그러나 하라는 타카하시와는 대조적으로 농상무성 행정에서 마에다와 사이가 좋지 않았습니다. 하라는 주프랑스 공사관 서기관 재직 후, 1889년(메이지 22) 4월, 당시 농상무대신 이노우에 카오루(井上馨)의 천거로, 농상무성 참사관으로서 옮겨왔습니다. 그 후 하라는 이노우에의 후임이 된 이와무라 미치토시(岩村通俊) 농상무대신 휘하에서 대신 비서관으로 근무했는데, 마에다와 그 지지자 그룹에 의해 활동 범위를 제한받고, 충분히 자기 재능을 발휘할 수 없었습니다. 당시 일기에 하라는 마에다와 마에다 일파에 대한 울분을 여러 번 다음과 같이 한탄합니다.

이노우에 백작이 대신직을 그만둔 후에, 농상무성 안의 형세가 일변해 일종의 당파가 생겨(우리들은 이를 떼거리라고 부른다), 차관인 마에다 마사나를 추대해 파당의 우두머리로 삼고, (……) 늙은이들이 뭔가 빈번히 일을 꾸미고, (……) 나와 같은 비서관은 사무에 관여하지 않아야 한다는 등의 구실로 완전히 구석에 몰아넣고, 사소한 잡무 이외에는 할 일이 없고, 관청을 나와 종일토록 각 신문을 열독하며 소설이나 삼면기사까지만 정독할 뿐, 불평하려 해도 할 곳이 없고, 나와 같은 경우에 있는 자 중 농상무성 내에 많은 그들 당파 이외의 사람 즉 관청에 근무하는 관리 중 거의 절반은 전혀 할 일이 없었다.*

그 후 3개월이 지나지 않아, 이와무라 농상무대신은 병으로 사임하는데, 하라는 비서관으로서 또 하나의 사임 이유가 마에다 차관에 있다고 추측해, "차관 마에다 등이 소당파를 결성해 여러 가지 획책을 했고 (……) 이것도 사직을 결심한 한 원인이 되었다고 생각하므로, 구태여 이를 적어두는 것을 숨기지 않는다."**라고 기록합니다. 메이지 10년대 후반의 농상무성에서 산업화 정책 추진과 이를 위한 농상무성 개혁에 몰두하던 마에다의 정열과 사명감에 감동한 타카하시와는 달리, 하라는 메이지 20년대의 농상무성에서 마에다와 마에다 일파를 단지 수구파로서 사츠마 일파 이상의 것으로는 보지 않았고, 한번은 현상을 "다른 날 뭔가 이룰 수 있는 기초를 만들 수가 없다."고 판단해, 농상무성을 떠나기로 결심합니다.

이러한 상황을 일변시켜, 하라의 전도를 열었던 것이 주미공사로 이와무라의 후임자가 된 무츠 무네미츠(陸奧宗光)의 농상무대신 취임이었습니다. 무츠는 하라에게 비서관 유임을 요구하고, 그 위

* 『原敬日記』 제1권(福村出版, 1965), 메이지 23년(1890) 2월 24일 조.
** 위의 자료, 메이지 23년(1890) 5월 7일 조.

하라 타카시

에 농상무성 내 행정에서 비서관의 권한을 확대했습니다. "관리의
진퇴처분에 관한 사무는 모두 비서관의 사무로 함에 따라, 나는 전
형위원으로 임명되었다."* 그리고 무츠가 취임한 13일 후에는 마에
다가 차관을 사임합니다. 하라는 스스로 준비한 관제 개정으로 사
실상 인사권을 장악하고, 한편으로 농상무성 내의 마에다 일파를
비직처분으로 내몹니다[메이지 23년 6월 21일자 하라의 일기의
기사에 따르면 "늙고 썩은 것(老朽)을 도태시킴"]. 그와 함께, 다른
한편으로 하라 카메타로(原龜太郎, 하라 요시미치原嘉道 이후 사법대신,
추밀원 의장) 등 5인의 법과대학 졸업예정자를 시보(試補)로 채용했
습니다. 그 이유를 "요새 대학생을 채용하는 일이 적었기 때문에,
유능한 젊은이를 차차 가르치고자 함에 있다."**라고 썼습니다. 요

---

* 위의 자료, 메이지 24년(1891) 5월 24일 조.
** 위의 자료, 메이지 23년(1890) 6월 9일 조.

컨대 하라는 무츠와 같이 반번벌 감정을 품고, 그것을 쵸슈파의 이노우에 카오루나 이토 히로부미에게가 아니라, 오로지 사츠마파의 마에다 마사나에 투사해, 이를 배제하기 위한 인사정책으로서 '노후도태(老朽淘汰)', '신진채용'을 주요 정치전략으로 삼았던 것입니다.

또한 하라는 농상무성으로 마에다가 복귀할 가능성을 근절하기 위해, 마에다가 차관 재임 중에 교장을 겸임했던 농상무성 직할 농림학교를 문부성으로 이관해 제국대학 농과대학에 편입시켰습니다. 그 정치 전략적 의미에 대해서, 하라는 메이지 23년(1890) 6월 13일자 일기에 상세하게 기록했습니다.

농림학교장은 지난달 30일 차관 마에다 마사나가 사직한 후 결원상태로 있다. (……) (이 학교는) 일종의 사츠마 학교와 같은 분위기라 해도 전혀 이상하지 않다. 이미 마에다가 사직한 이후 임학, 농학, 수의학 등 세 학과장은 마에다를 교장에 복귀시키려는 모의에 분주하고, (……) 무츠 대신에게 간원해도 채용되지 않자, 어쩔 수 없이 사츠마 출신(원로원) 의관 카이에다 노부요시(海江田信義)를 교장으로 추대하는 운동을 벌인다. 이로써 사츠마 세력이 지배하는 학교와 같다는 일단을 알 수 있다. (……) 마에다가 농림학교에 인연을 맺다가 후일 대신이 되려는 야심을 가지고, 몰래 교원 등을 사주해 운동하도록 한다고 평하는 자마저 있다. 어쨌든 이 학교는 농상무성에 속하기보다는 학문의 계통상으로 보아도 문부성에 속하는 편이 적당하고 또한 득책이라고 여겨, 이런 처분을 내린 것이다. (……) 그리하여 결행까지는 아무도 이를 모르게 했다가, 갑자기 실행했다.

이렇게 농상무성 관할 하에 있던 농림학교를 문부성으로 이관해 제국대학 농과대학에 편입시킨 것도, 하라의 의도는 농상무성의 사츠마 파벌의 거점을 일소하는 데 있었다고 생각합니다. 덧붙여 이야기하자면, 타카하시 코레키요는 농상무성에서 특허국장 재임 당시, 농림학교장을 겸임했습니다. 타카하시의 친사츠마 파벌, 친마에다 파벌적 위치를 알 수 있습니다.

오쿠보 이후의 두 가지 노선

그러면 이야기를 원래로 되돌리겠습니다. 메이지 10년대 후반의 농상무성에서, 마에다가 전성기에 구상했던 「흥업의견」 원안을 청사진으로 한 정부 주도의 적극적 산업화는 실현되었던 것일까요? 결론부터 말하면, 마츠카타의 비외채정책을 전제로 하는 이상, 산업화 정책을 추진하기 위한 산업자금의 안정된 공급원이 모자라, 결국 마츠카타의 긴축재정 요청으로 인해 붕괴하지 않을 수 없었습니다. 오쿠보 사후에 비외채정책에서 오쿠보를 계승한 마츠카타와, 마찬가지로 오쿠보의 적극적 산업화 정책을 마찬가지로 계승한 마에다 사이에는 양자의 노선이 서로 대립했던 것입니다.

메이지 14년 정변 후에 재편성된 메이지 정부에서 재정위기를 수습하며 재정경제의 리더 지위를 확립한 마츠카타는, 성안이 되지 않은 채 미정고로 끝난 「흥업의견」 원안 속에서, 산업금융기관인 '흥업은행' 융자를 통한 수출산업 진흥과 교통수단 개발을 설파하며, 마츠카타의 디플레 정책을 비판한 마에다를 힘으로 굴복시켰던 것입니다.

4. 청일전쟁과 자립적 자본주의로부터 전환

마츠카다에 의한 외자 도입

불평등조약 아래 놓인 일본에서 자립적 자본주의의 획기적 전환기가 되었던 것은 청일전쟁입니다. 1894년(메이지 27) 8월 1일 발발한 청일전쟁을 앞에 둔, 7월 16일에 일본은 영일통상항해조약에 조인해, 영사재판권 폐지 등 사법권 회복과 수입관세 인상이란 길을 열었습니다. 이것이 불평등조약 해소의 첫걸음이 되었던 제1차 조약 개정입니다. 이것이 실시되었던 것은 5년 후인 1899년이었지만, 이해 일본은 1873년 이래, 실로 26년 만에 신규로 외채 모집을 단행했습니다. 당시 그 이니셔티브를 잡은 것은 제2차 야마가타 아리토모(山縣有朋) 내각의 마츠카타 대장대신이었습니다. 이전의 마

츠카타 재정은, 청일전쟁 후 마츠카타 그 자신에 의해 그 기본노선
이 전환되었던 것입니다.

메이지 천황의 청일전쟁관

메이지 천황은 청일전쟁 발발 후인 1895년 4월 21일, 토쿠다이
지 사네츠네(德大寺實則) 시종장을 통해 마츠카타 대장대신에게, 전
후 재정의 기본방침에 대한 지시 하나를 내렸습니다. 그것은 전후
의 수입재원으로 외채를 회피해야 한다는 천황이 이전부터 가졌던
소신이었습니다. 시종장이 마츠카타에게 전달한 천황의 「지시」는
다음과 같았습니다. "전쟁의 결과로, 육해군 확장론도 일어날 테고,
또한 점령지 비용도 생기리라 여겨, 거액의 비용이 청구되더라도,
국가재정의 기초를 확고히 해, 외채를 빌리지 말고, 내국채로 변상
하는 것이 중요하다고 생각하신 바, (……) 외채를 얻는 폐해는 과
거 그랜트 장군 의견에도 있었다."*

이것은 16년 전에 그랜트 전 미국 대통령의 충고로 고취되어, 이
후 유지되었던 천황의 강고한 소신이었습니다. 이렇게 메이지 천
황의 직접적인 지시를 받았지만, 마츠카타 재정의 기본전제였던
비외채정책은 청일전쟁 이후 근본적으로 전환됩니다. 메이지 천황
의 소신은 변하지 않았으나, 마츠카타의 소신이 변했다고 할 수 있

* 大久保達正 감수, 『松方財政關係文書』 제8권(大東文化大學 東洋研究所, 1987).

습니다. 청일전쟁이 발발하자 이세 신궁에 전쟁 개시 보고를 위한 칙사파견 재가를 요청한 히지카타 히사모토(土方久元) 궁내대신에게 격분해, 천황이 청일전쟁을 "신하가 일으킨 전쟁"이라 단정했다는 사실이, 『메이지 천황기(明治天皇紀)』 제8권에 기재되어 있습니다. 이러한 청일전쟁 그 자체에 대한 천황의 소극적(내지 부정적) 태도와, 전시 재정에 지도적 역할을 한 마츠카타의 청일전쟁관 사이에 커다란 차이가 있었다고 볼 수 있습니다.

국제적 자본주의로

이상에서 말한 것처럼, 경제적 내셔널리즘의 체현이라고 할 만한 청일전쟁 이전의 비외채정책을 기본전제로 한 자립적 자본주의는, 청일전쟁 이후 일본이 비외채정책을 내던짐으로써 일대 변화가 발생합니다. 그것을 가능케 했던 것은, 조약 개정으로 생긴 관세 수입의 증대와 전쟁 배상금에 의한 금본위제의 확립과 동반하여, 외자 도입에 유리한 조건이 정비되었다는 점이었습니다. 바꿔 말하면, 불평등조약에서 부분적인 이탈과 청일전쟁의 승리가 일본의 경제적 대외신용을 증대했다는 점입니다. 이러한 상황 변화에 대응해, 일본 자본주의의 대외 의존도는 외채 의존도를 시작으로 현저하게 증대됩니다. 여기에 일본 자본주의의 두 번째 유형으로서 국제적 자본주의가 등장합니다. 이 유형적 발전을 더욱 본격적으로 촉진했던 것이 러일전쟁입니다.

5. 러일전쟁과 국제적 자본주의로 가는 결정적 변화

소세키가 본 부채국가 일본

1904년(메이지 37) 2월 10일에 러일전쟁이 발발하자, 2월 17일 각의에서 전쟁 비용을 조달하려고 2,000만 파운드를 한도로 외채발행 방침이 결정되었습니다. 그리고 당시 일본은행 부총재였던 타카하시 코레키요가 채권모집 교섭과 계약체결을 위해 뉴욕과 런던에 파견되었습니다. 타카하시는 다음 해 2월 직무수행을 하기 위해, 신설된 제국정부 특파 재정위원으로 임명되었습니다. 이후 3년간에 걸친 타카하시의 해외활동에서, 외채발행 횟수는 6회, 외채총액은 1억 3,000만 파운드(13억 엔)에 달했습니다. 이런 외채의 누적으로 일본의 외채 의존도는 양적 측면이나 질적 측면 모두 러일전쟁 이전과 비교해 비약적으로 증대했습니다.

그 의미에 대해, 나츠메 소세키(夏目漱石)는 1909년(메이지 42)에 『토쿄아사히신문(東京朝日新聞)』에 연재 중이었던 소설 『그 후(それから)』에서 주인공인 나가이 다이스케(長井代助)를 통해 다음과 같이 말합니다.

일본만큼 빚을 얻어, 체신없이 목에 힘주는(貧乏震い) 나라도 없을 것이다.* 자네, 이 빚을 언제가 되어야 갚을 수 있다고 생각하나? 그거야 외채 정도는 갚을 수 있겠지. 그러나 그것만이 빚은 아니야. 일본은 서양에서 빚이라도 얻지 않으면, 도저히 운용이 안 되는 나라야. 그러면서도 일등국이라고 자임하고 있어. 그렇게 무리해서라도 일등국의 무리에 끼어들려고 하지. 그래서 모든 방면에서 심오함은 사라지고, 앞에다 일등국만 붙여놓았지. 어중간하게 붙여놓았기 때문에 더욱 비참한 거야. 소와 경쟁하는 개구리와 같은 격으로, 이제 자네의 배는 부풀다 못해 터져버릴 거야.**

국제적 자본주의의 양상

이것이 당시 나츠메 소세키의 눈에 비친 일본의 국제적 자본주의의 현실이었습니다. 첫째로, 외채는 양적으로 6배 이상 팽창했을 뿐 아니라, 이미 발행한 외채를 갚기 위한 새로운 외채 발행을 유발해, 일본의 재정과 경제를 외채에 의존하도록 고정화시켰습니다.

---

* 본문은 "日本ほど借金を拵らえて貧乏震いをしている国はありゃしない"이다. 한국의 일반적인 번역은 "일본만큼 빚을 져서 가난에 허덕이는 나라는 없을 거야."[나쓰메 소세키, 윤상인 옮김, 『그 후』(민음사, 2003), 103쪽]로 되어 있다. 여기서는 이 문장을 武者震い와 대비한 것이라 해석하여, 貧乏震い를 별로 강하지도 않으면서 애써서 강한 척 몸을 떠는 행위를 의미하는 것으로 번역했다. 이 번역에 중요한 코멘트를 한 이종원 선생님께 감사드린다.
** 『東京朝日新聞』 1909. 7. 29.; 『朝日新聞』 2015. 5. 18. 재게재.

게다가 전쟁으로 획득한 남만주 권익 등의 유지를 위해 외채에 의존할 필요를 더욱 강화했습니다. 그로 인해 필연적으로 일본은 국제금융망과 그에 밀착한 국제정치망에 포섭되었습니다.

또한 둘째로, 러일전쟁 전에는 영국에만 국한되었던 채권모집 대상이, 러일전쟁을 계기로 영국뿐 아니라 미국, 독일, 프랑스 3국으로 확대되었습니다. 1904년 5월에 제1회 이자율 6% 공채 발행에 즈음해, 미국은행단이 쿤 뢰브 상회(Kuhn Loeb & Co.)의 주재자인 독일계 유태인 J. H. 쉬프(Jacob H. Schiff)가 주도한 공채발행에 협력한 이래, 미국은행단은 이후 4회에 걸친 공채발행을 인수합니다. 더욱이 1905년 7월에 제2회 이자율 4% 공채 발행에는 영국, 미국과 함께 독일은행단이 참가했습니다. 이는 쉬프의 친척인 함부르크의 은행가 M. 바르부르크(Max M. Warburg)가 주도했습니다. 또한 러일전쟁 종료 후인 1905년 11월 발행된 이자율 4% 공채 발행에는 영국, 미국, 독일과 함께 러시아의 동맹국인 프랑스의 은행단도 참가했습니다. 또한 1907년 3월에는 1905년 제1회 및 제2회 이자율 6% 공채 1,200만 파운드의 상환을 위해 이자율 5% 공채 1,300만 파운드가 발행되어, 프랑스 은행단은 영국 은행단과 똑같이 이에 참가했습니다. 이것은 같은 해 6월에 성립한 일본-프랑스 협상, 그로부터 7월에 성립한 일본-러시아 협상과 밀접한 인과관계가 있습니다. 기존의 러시아-프랑스 동맹과 영일동맹을 연결하는 영국-러시아 협상을 실현하려는 포석으로, 프랑스는 일본-러시아 및 러시아-프랑스 협상을 실현하기를 바랐습니다. 당시 난항을 보였던 러일교섭을 촉진하기 위해, 공채발행 인수를 협상의 타결 조건으로 해 그 전망이 실현될 수 있게 했던 것으로, 프랑스 정부는 프랑스 은행단이 일본의 공채발행을 인수할 수 있도록 승인했습니다.

국제금융가 타카하시 코레키요

러일전쟁을 경계로 일본의 외채의존도는 양적, 질적으로 증대했지만, 그 과정에서 또한 그 결과로 타카하시 코레키요를 비롯한 국제금융가를 등장시켰습니다. 이미 기술했듯이, 타카하시는 오쿠보 토시미치가 선도한 불평등조약하의 자립적 자본주의의 태내에서 육성된 경제전문가이고, 그 가치관과 사고양식을 깊게 내면에 정착시켰습니다. 따라서 자본의 국제적인 자유이동에 적극적인 자유무역에 부정적이었습니다. 1907년 3월, 외채발행이라는 최후 임무를 마친 후, 같은 해 겨울에 청나라를 방문합니다. 그때, 그랜트가 메이지천황에게 준 충고를 원용해, "외국에 대해서 결코 차관을 하지 말라."고 충고했습니다.[*]

자립적 자본주의의 기본 원칙을 신조로 한 마츠카타나 타카하

---

[*] 高橋是清,『随想錄』, 千倉書房, 1936.

시가 청일·러일전쟁이 초래한 국제정치경제 상황의 변화에 적응하는 형태로, 자립적 자본주의의 전환을 선도한 것입니다. 특히 자신의 본래 신조에 반해, 솔선해서 일본의 외채의존도를 공전의 레벨로 높였던 타카하시는 의도치 않게 자립적 자본주의에서 국제적 자본주의로 유형적 발전을 이끈 과도기의 경제리더라고 할 수 있습니다.

6. 국제적 자본주의 지도자의 등장

이노우에 준노스케의 대두

러일전쟁 후 일본은행 내부에서 타카하시의 눈에 들어, 국제금융가로 두각을 나타낸 사람은 이노우에 준노스케(井上準之助)였습니다. 1908년 타카하시는 당시 영업국장이었던 이노우에를 통상적인 순서에 따라 이사로 승진시키지 않고, 일부러 뉴욕 주재 일본은행 감독역으로 전출시켰습니다. 타카하시가 뒷날 회고한 바에 따르면, 이런 이례적인 인사는 이노우에를 발탁해, 일본은행 내부에 국제금융가를 양성하기 위한 인사였습니다. 이것은 당시에도 후일에도 '좌천' 인사로 간주되어, 이노우에 자신도 이사 승진이 유보되었던 이 인사에 불만을 가졌지만, 뉴욕 근무가 적어도 결과적으로는 이노우에에게 국제금융가라는 전도를 열어주었다는 것은 분명합니다.

그로부터 3년 후, 타카하시는 일본은행 총재와 요코하마 정금은행 두취를 겸임하게 되자, 정금은행 두취에 사츠마 계열의 미시마 야타로(三島彌太郎)를 임명하며, 사실상 정금은행의 실무를 주재하는 부두취에 이노우에를 추천합니다. 미시마는 메이지 10년대 중반에 후쿠시마 현령으로서 현지의 저항을 배제하며 지방의 산업 기반 구축을 강행했습니다, 또한 보안조례 집행을 두고 자유민권파와 대결했던 경시총감 미시마 미치츠네(三島通庸)의 장남입니다. 요코하마 정금은행은 외국환을 전문으로 하는 정부감독 하의 금융기관으로, 일본은행으로부터 특별융자를 받아, 일본은행의 활동을 대외적으로 보좌하는 특수은행이었습니다. 이후 이노우에는 타카하시와 미시마의 뒤를 이어 점차 승진했습니다. 1913년에 타카하시가 정우회(政友會)에 입당해 일본은행 총재에서 제1차 야마모토 곤베 내각의 대장대신이 됩니다. 이후 미시마가 타카하시의 후임으로 일본은행 총재가 되자, 이노우에는 미시마의 뒤를 이어 정금은행 두취가 됩니다. 타카하시가 다시 한번 하라 내각의 대장대신이 되고, 미시마가 1919년에 병사하자, 이노우에는 미시마의 뒤를 이어 일본은행 총재로 임명됩니다.

그러나 이노우에는 타카하시의 모태가 된 사츠마 계열과 인적 및 정책적 친근성은 없었습니다. 그것은 메이지 2년(1869)에 태어난 이노우에가, 카에이 7년(嘉永7, 1854)에 태어난 타카하시가 젊어지고 있던 불평등조약 하 자립적 자본주의 노선의 전통과 단절되었기 때문입니다. 타카하시와 달리, 이노우에의 기점은 청일전쟁 이후의 국제적 자본주의였습니다.

게다가 타카하시는 러일전쟁 중 외채모집을 통해 독일 유태계 투자은행 쿤 뢰브 상회(특히 그 주재자인 J. H. 쉬프)와 깊은 신뢰관계를 가졌습니다. 이에 대해 이노우에는 제1차 세계대전에서 연합국측에 자금과 물자를 조달해 연합국측의 승리에 공헌했고, 전후 국제금융에 압도적인 영향력을 행사한 앵글로색슨계 투자은행 모건 상회와 깊은 관계를 가졌습니다. 이것이 제1차 세계대전 이후 같은 국제금융가라 해도 타카하시와 이노우에는 서로 다른 면모를 보여주게 됩니다.

4개국 차관단과 이노우에·라몬트

이렇게 타카하시가 제1차 세계대전 이후 대외금융의 일선에서 물러난 반면, 이노우에는 모건 상회, 특히 그 중심적 리더였던 T. W. 라몬트(Thomas W. Lamont)의 신뢰와 지지를 받아, 일본의 대외금융 리더 지위를 차지했습니다. 국제금융가로서 이노우에가 했던 역할은, 라몬트와 협력해, 1920년에 성립한 중국에 대한 미·영·프일 4개국 차관단에 일본을 가입시켜, 그것을 매개로 영미의 국제금

융자본과의 제휴를 강화했던 것입니다. 이에 따라, 1920년대 일본
은 결정적으로 국제적 자본주의로 전환합니다.

　중국에 대한 미·영·프·일 4개국 차관단 결성을 위한 교섭에서,
일본이 특권적 지위를 주장하는 남만주 동부내몽고(이른바 만몽) 지
역을 그 활동 범위에서 제외할지 여부를 놓고, 만몽 제외(만몽유보)
를 요구하는 일본과 나머지 3개국 사이의 교섭은 난항을 거듭했습
니다. 1920년 3월부터 5월에 걸쳐 국면 타개를 위해, 미국 국무부
의 요청을 받은 라몬트가 미국 은행단을 대표해 방일했습니다. 일
본 측을 대표해 당시 일본은행 총재 이노우에 준노스케가 라몬트
와 교섭했습니다. 양자의 교섭 결과, 일본 측은 차관단의 활동 범
위에 예외를 두지 않는다는 원칙을 받아들이고, 미·영·프 3국 측은
만몽지역에 일본이 특권적 지위를 가진다는 현실을 받아들여, 실

이노우에 준노스케

제적으로는 그 지역에서 차관단의 공동사업은 벌이지 않는다는 일본과의 암묵적 양해 아래 4개국 차관단이 결성되었습니다.

라몬트는 대일교섭 타결 후, 국무부에 보낸 전보에서 교섭 중 이노우에의 역할을 다음과 같이 평가했습니다.

나는 일본은행단의 진지한 협력을 얻었다. 그러나 일본은행단의 개별 멤버는, 그들의 견해를 강력하게 국민과 정부에 제시할 용기를 내지 못했다. 그런데 일본은행 총재 이노우에 준노스케만은 예외였다. 그 때문에 부담은 이노우에가 지게 되었다. 그는 이른바 근대 일본의 자유주의자 그룹의 뛰어난 타입에 속한다. 그는 만몽 유보방식에 집요하게 매달려, 지금도 여전히 정부를 움직이는 군벌을 해체할 필요를 정부가 인식할 수 있도록, 그는 지치지 않고 일했다.

이노우에가 그 성립에 중요한 역할을 한 중국에 대한 4개국 차관단은, 1922년 워싱턴 회의를 거쳐 그 틀이 형성되었던 워싱턴 체제의 중요한 부분을 구성하게 되었습니다. 은행단 관계자들은 물론 각국 정부도 4개국 차관협정과 워싱턴 체제가 가진 관련성을 명확하게 인식했습니다. 요컨대 워싱턴 체제의 성립에 앞서, 그 경제적 부분을 형성했다고 할 수 있습니다. 제1차 세계대전 이후, 파리 평화회의에 미국 사절단 수행원으로 참가한 라몬트는, 후에 4개국 차관단을 '작은 국제연맹(A little League of Nations)'이라고 불렀습니다. 그것은 전후 국제정치 체제의 불가결한 부분이라며 4개국 차관단에 의미를 부여했던 것입니다.

미일 간의 '새로운 동맹'

이러한 정치적 성격을 가진 4개국 차관단을 매개로, 이노우에는 미영자본(특히 미국자본)을 일본 국내에 도입하는 데 관여합니다. 그것은 1920년대부터 만주사변 직전까지 집중적으로 이루어졌습니다. 라몬트-이노우에 루트가 미영자본 도입의 주요 루트가 되었습니다. 그것은 특히 중국시장에 대한 미영 국제금융자본의 관심 상실과 반비례적으로 증대했습니다. 즉 투자대상으로서 중국의 정치적, 경제적 불안정화가 일본의 상대적 안정성에 대한 평가를 높여주었던 것입니다.

1923년에는 약 2,000만 달러에 달하는 한반도 '개발'을 목적으로 발행한 동양척식회사 회사채가 내셔널시티은행 등에 인수되었습니다. 또한 칸토 대지진이 일어난 다음 해인 1924년에는, 지진복구를 위해 발행한 정부공채가 모건 상회를 위시한 미영 은행단에 의해 인수되었습니다. 이어서 토쿄, 요코하마 두 도시의 시채(市債)가 모건 상회 등을 거쳐 뉴욕 시장에서 발행되었습니다. 이런 미영 자본의 유입은 1930년대까지 계속되었고, 그사이에 1928년 라몬트를 통해 이루어진 토쿄전력의 전신인 토쿄전등의 회사채 인수 발행, 금해금의 준비로서 2,500만 달러에 달하는 1929년 크레디트 설정, 1930년 타이완전력 회사채의 인수 발행 등이 이루어졌습니다. 이런 미일 간의 밀접한 국제금융 관계에 대해, 모건 상회 중심의 은행단에 의한 지진복구 공채의 인수 발행이 결정되었을 때, 그 교섭을 담당했던 대장성 해외주차 재무관 모리 켄고(森賢吾)는 라몬트에 대해 이것을 '새로운 동맹(A new alliance)'라고 표현했습니다.

이상에서 본 것처럼, 이노우에는 국제금융가라는 역할을 충실히 수행함으로써, 워싱턴 체제의 틀에 맞추어, 제1차 세계대전 이후 일본의 경제외교를 사실상 주재했습니다. 1927년에 라몬트는 금융공황 이후 일본경제를 진단하기 위해 재차 일본을 방문해 이노우에의 제안을 바탕으로, 남만주철도주식회사 달러화 회사채 발행 문제를 거론했습니다. 당시 이노우에는 타나카 기이치(田中義一) 정우회 내각 하에서 금융공황의 수습을 담당했던 일본은행 총재였는데, 타나카는 이노우에를 외무대신으로 기용해, '경제외교'를 전개할 의향이 있었다고 합니다. 이노우에가 실현을 기대한, 만철에 대한 미국자본 도입을 목적으로 한 만철 달러화 회사채발행 계획은 그 일환이었습니다.

국제금융 '제국'

1927년 금융 공황 이후 일본의 경제상황을 시찰하려고 재차 일본을 방문한 라몬트는, 만철 회사채 발행 계획과 일본의 금융정세에 대한 이노우에의 견해를 본국에 소개한 전보에서, 그것을 아주 신뢰할 만하다고 평가하며 이렇게 말했습니다. "이노우에는 노먼(Montagu Norman), 스트롱(Benjamin Strong), 우리들 모두와 동일한 금융언어(financial language)로 말합니다. 나는 그가 일관된 원칙에서 벗어난 것을 본 적이 없습니다." 여기서 언급한 노먼은 잉글랜드은행 총재이고, 스트롱은 뉴욕 연방준비은행 총재이며, '우리들 모두'는 모건 상회를 구성하는 공동출자자들을 가리킵니다. 국제정치경제사 연구자인 허버트 파이스(Herbert Feis)는 노먼과 스트롱에 대해 "국제금융계는 그들의 제국이고, 그들은 제국에 대한 모든 야만인의 침입을 저지하고자 했다."라고 말했습니다.

이노우에는 바로 스트롱과 노먼에 의해 지도받는 '제국'의 가치체계를 공유했던 것으로, 그것이 국제금융가로서 이노우에가 가진 신용의 기초였습니다. 그리고 이노우에가 공유한 가치체계의 기본적 요소가 금본위제였고, 이노우에가 국제금융가 및 정당정치가로서 금해금에 목숨을 건 이유였습니다. 따라서 이노우에는 금본위제의 성립과 유지의 필요조건인 금을 축적하기 위해 긴축정책을 지향했습니다. 긴축정책(retrenchment policy)은 제1차 세계대전 이후 국제금융 '제국'의 기본정책이었습니다. 이것이 일본의 금해금에 대한 국제금융자본의 지지(즉 단기 크레디트 공여)를 얻는 조건이었습니다. 국제금융자본은 일본에 대한 투자 증대에 따라, 일본의 대외신용에 큰 관심을 가지고, 정부재정만이 아니라 사기업 경영에 대해서도 긴축정책을 요구했습니다. 일본이 이 시기에 수행했던 군축도, 또한 긴축정책의 일환이었고, 금본위제를 기본정책으로 한 국제금융자본 논리의 필연적 요청이었습니다. 이노우에가 미국의 월 스트리트와 런던의 롬바드 스트리트의 국제적 투자은행으로부터 전면적인 지지를 받았던 것도, 금본위제가 요청하는 긴축재정에 대한 신념과 그것을 실행할 수 있는 정치적 실력을 갖추었기 때문입니다. 즉 미영의 국제금융자본에게 이노우에의 존재는 일본에 대한 채권의 가장 큰 담보를 의미했습니다.

금해금의 의미

이상에서 말한 바와 같이, 1920년에 이노우에가 라몬트와 협력해 성립시킨 중국에 대한 4개국 차관단을 매개로, 이노우에가 추진한 국제금융 제휴, 특히 일·미·영의 국제금융 제휴의 논리적 귀결이 금해금이었습니다. 이 경우 일본의 금해금(제1차 세계대전 중에 일본이 했던 엔의 금태환을 정지하는 금수출 금지의 해금)은, 엔과 금을 다시 연결하는 금환본위제(gold exchange standard) 도입이었습니다. 그것은 일본이 전후 국제금융, 나아가서는 국제사회의 기본전제를 받아들였다는 사실을 의미합니다.

금해금이 실시되었던 것은, 1930년 1월 11일이었습니다. 그로부터 열흘 후인 1월 21일부터 런던에서 해군군축회의가 보조함(補助艦) 제한을 목적으로 개최되었고, 여기에 일본도 참가했습니다. 이들 두 가지의 중대한 사건이 이 시기에 동시에 연속해 일어났다는 것은, 금본위제와 긴축정책, 특히 그 커다란 부분을 점하는 군축정책이 긴밀하게 관련되었다는 점을 보여줍니다.

7. 국제적 자본주의의 몰락

국제금융가 시대의 종언

하마구치 오사치(浜口雄幸) 민정당 내각의 대장대신이었던 이노우에는 당시 현안이었던 금해금 정책을 시행했는데, 이것은 세계 공황의 파도와 겹쳐, 국내에 경제불황을 가져왔습니다. 더욱이 금해금을 실시한 다음 해인 1931년 9월, 남만주 권익의 확대를 도모한 관동군이 도발해 중국 동북부 일원을 제압한 군사행동, 즉 만주사변에 의해, 금본위제를 지탱한 긴축재정의 근간인 군축에 동요가 발생해, 결과적으로 이노우에의 금해금 정책은 실패로 끝났습니다. 동시에 그것을 촉진하고 지지했던 국제금융자본의 존립 기반도 동요하기 시작했습니다.

그것은 한편에서는 금본위제(및 그 신앙)의 붕괴로서 나타났고, 다른 한편에서는 세계적인 자유무역의 수축과 관세장벽의 강화, 더욱이 각국에서 국가자본 및 경제 내셔널리즘의 대두로 나타났습니다. 영국은 만주사변이 발발한 사흘 후인 9월 21일에 금본위제를 이탈했고, 미국에서도 1933년 3월 6일 프랭클린 루스벨트 대통령이 취임한 다다음날, 금수출이 금지되었습니다. 또한 같은 해 미국에서는 은행업법(Banking Act)에 의해 상업은행과 투자은행이 분리되어, 4개국 차관단에 참가한 미국은행단 멤버 중 다수가 증권 인수 및 매출 기능을 상실했습니다. 더욱이 루스벨트 정권 하 미국에서는, 뉴딜정책을 견인한 부흥금융공사(RFC, Reconstruction Finance Corporation)와 같은 국가금융기관을 통해 대외금융에 대한 국가의 직접적 주도권이 강화되었습니다. 즉 국제금융의 중추였던 월 스트리트의 투자 활동은 쇠퇴하고, 국제금융망은 토막토막 끊겼습니다. 이로써 국제금융가의 시대는 막을 내리고, 국가자본의 시대가 시작되었습니다.

국가자본의 시대로

일본에서도 1931년 12월 13일에, 이노우에 준노스케를 대장대신으로 하는 와카츠키 레이지로(若槻禮次郎) 민정당 내각을 대신해,

타카하시 코레키요를 대장대신으로 하는 이누카이 츠요시 정우회 내각이 발족함과 동시에, 금수출 재금지가 결정되었습니다. 다음 달인 1932년 1월 28일 중일 양군의 충돌로 시작된 제1차 상하이 사변에 기인한 영미 자본의 일본 이탈과, 같은 해 2월 9일 우익 테러리스트에 의한 이노우에 암살은, 일본의 국제적 자본주의 시대의 종언을 의미했습니다.

이노우에가 죽은 후, 타카하시의 재정 및 경제 지도자 역할은 필연적으로 커졌지만, 그것은 국제금융가로서 타카하시의 부활을 의미하는 것이 아니라, 새로운 모습의 '자립적 자본주의'를 주도하는 국가자본의 옹호자로 타카하시가 등장했다는 것을 의미했습니다.* 뒷날 세계공황에서 조기 탈출한 실례를 보여준, 사실상 '케인스' 이론을 연상시키는 정책적 대응이었다고 평가받은 타카하시 재정은, 공공사업비의 확대, 수출력 강화를 위한 적극적 지출이란 면에서, 메이지 초기 일본의 '식산흥업'을 추진한 정부주도의 적극재정 정책으로 회귀했다고 할 수 있습니다. 이미 지적한 바와 같이, 젊은 날의 타카하시는 오쿠보 토시미치에서 시작하는 사츠마 계열 경제 지도자의 '식산흥업' 정책을 관철하는 자립적 자본주의 사상에 깊이 공명했기 때문입니다.

* 지금까지 서술한 일본에서 '자립적 자본주의'의 형성과 그 '국제적 자본주의'로의 전화, 및 '국제적 자본주의'의 몰락에 관해서는, 三谷太一郎, 『ウォール・ストリートと極東─政治における國際金融資本』(東京大學出版會, 2009). 특히 Ⅱ-3 참조.

그러나 정당정치의 부활 의도를 품으며 타카하시가 시도한 1930년대의 자립적 자본주의 실험은, 탈정당정치의 귀결이라고 할 2·26 사건에 휘말린 타카하시의 죽음과 운명을 같이했고, 그 후 전쟁체제에 종속된 자본주의로 변질했습니다. 그것은 자립적 자본주의에서 배외적 자본주의로 전화하는 과정이었습니다.

자유 '무역'과 그 종말

서장에서 지적한 것처럼, 월터 바지호트는 영국 근대의 막을 연 '토의에 의한 통치'의 추진력 중 하나로서 '무역'을 거론했습니다. 바지호트는 '무역'을 자유로운 커뮤니케이션의 확대라고 파악했습니다. 그러나 19세기 후반에 들어선 영국에서 '자유무역'은 무역 상대국(특히, 불평등한 통상조약에 구속된 후진국)의 '자유무역'을 의미하지는 않았습니다. 훗날 영국의 경제사가들은 그것을 두고 '자유무역 제국주의'라고 불렀습니다. 이에 대항해 타카하시가 자신의 선배 격인 경제 지도자(동시에 정치 지도자)들의 노선을 계승해 내세운 것이, '타카하시 재정'이란 이름으로 불린 새로운 모습의 '자립적 자본주의'였습니다.

바지호트가 적극적으로 추천한 자유 '무역'의 논리에 더욱 충실했던 사람은, 일본의 자립적 자본주의 시대의 마지막 지도자였던 타카하시를 대신해, 제1차 세계대전 이후 '타이쇼 데모크라시' 시기에 일본의 국제적 자본주의 시대의 지도자가 되었던 이노우에였습니다. 이노우에는 일본에서는 국제적 자본주의의 가치관(금본위제와 국제협조주의)에 가장 헌신적인 금융가이자 정치가였습니다. 1930년대 초 오랫동안 금본위제를 지지했던 영국이 여기서 이탈하고, 만주사변 이후 일본이 동아시아의 평화를 지탱했던 국제협조주의를 방기함으로써, 국제적 자본주의 그 자체가 붕괴합니다. 그때 이노우에는 경제지도자 및 정치지도자의 기반을 상실했습니다. 그리고 위기는 일본의 '토론에 의한 통치' 그 자체에까지 미쳤던 것입니다.

3장

왜, 어떻게 식민지제국이 되었는가?

1. 식민지제국으로 발을 내딛은 일본

식민지란 무엇인가?

일본은 아시아 역사상 최초로 그리고 아마 유일하면서도 마지막으로 식민지를 영유한 국가가 되었습니다. 이 경우 '식민지'란 특정의 국가 주권에 종속되면서도, 본국과 달리, 본국에서 시행되는 헌법, 기타 법률이 시행되지 않는 차별적인 영토를 말합니다.

일본의 '식민지'에 대해서는, 종종 현지에서만 적용되는 특수한 입법이, 제국의회 이외의 입법기관인 추밀원이나 군부가 영향력을 가진 현지 출선기관(예를 들면 타이완총독부라든지 조선총독부)에 의해 시행되었습니다. 헌법학자 미노베 타츠키치(美濃部達吉)는 '식민지'를 헌법상의 '이법구역(異法区域)'이라든지, '특수통치구역'이라고 불렀습니다. 또한 정치학자 요시노 사쿠조(吉野作造)가 주창한 식민지 개혁은 먼저 '이법구역'에 대해 본국과 동일한 '법의 지배'—다른 말로 하면 다양한 근대헌법에 공통원리로서 '헌정의 본의(憲政の本義)'—를 미치게 했습니다.

요컨대 본국의 '법의 지배'로부터 소외된 영토를 포함한 국가가 '식민지제국'이었습니다. 그런 의미의 '식민지'에 대해서 '법의 지배'에서 해방된 본국에 의한 제약 없는 정치적, 경제적, 군사적 지배가 미쳤던 것은 말할 것도 없습니다.

식민지제국 일본의 지도

일본이 식민지제국으로서 첫걸음을 내디딘 것은 청일전쟁 전후입니다. 그것은 앞에서 다룬 장에서도 보았듯이, 일본의 자본주의가 불평등조약 아래 자립적 자본주의에서 조약 개정 후의 국제적 자본주의로 전환한 시기였습니다. 일본은 청일전쟁으로 타이완과 펑후열도(澎湖列島)를 식민지로 삼았고, 이에 따라 일본의 지도가 변경되었습니다.

메이지헌법 발포와 같은 날인 1889년(메이지 22) 2월 11일에, 쿠가 카츠난(陸羯南)이 주필을 맡은 신문 『니혼(日本)』이 창간되었습니다. 거기에는 제1면 오른쪽 구석에 게재된 신문 이름인 『니혼』의 배경으로 당시 '일본'을 상징하는 홋카이도, 혼슈, 시코쿠, 큐슈 등 4개 섬과 부속 도서가 표시되었습니다. 그것이 청일전쟁 후에는 타이완이 추가되어, 디자인이 일신되었습니다. 『니혼』이라는 신문 이름의 배경이 되었던 일본 지도가 개정되어, 그 하단에 괄호로 둘러싼 부분에 타이완섬이 표시되었습니다.

이 새로운 디자인이 등장한 것은, 20세기에 들어선 첫해인 1901년(메이지 34) 11월 3일 즉, 당시의 천장절(메이지 천황 생일) 지면부터였습니다. 제1면에는 '제왕이란 것(帝王の事)'이란 제목으로 세계의 제왕 중 메이지 천황을 높은 위상에 두려고 시도하는 논설이 게재되었습니다. 거기에는 "[다른 나라에서는 (역자)] 미카도(ミカド, 즉 帝)라고 칭하고, 코테이(コーテー, 즉 皇帝)라고 부르며, 텐노(テンノー, 즉 天皇)라고 하는 자는 아직 없지만, 그럼에도 천황폐하가 제왕 중에 가장 걸출한 자라고 생각하는 것은, 신민의 억지스러운 편견은 아닐 것이다."라고 씌어 있습니다. '제왕 중에 가장 걸출한 자'라는 메이지 천황의 평가에 들어맞는 배경으로서, 식민지 타이완을 포함해, 유럽 식민지제국과 어깨를 나란히 한 식민지제국 일본의 디자인을 새롭게 고안한 것이겠지요.

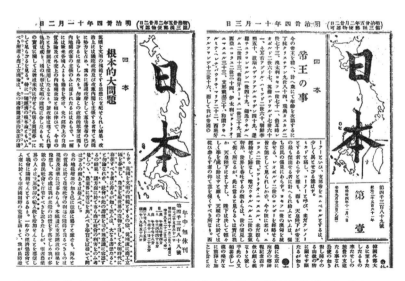

신문 『니혼』의 제1면. 왼쪽이 메이지 34년(1901) 11월 2일, 오른쪽이 같은 해 11월 3일. (토쿄대학 법학부 부속 메이지신문잡지문고 소장)

삼국간섭과 토쿠토미 소호

일본이 새롭게 식민지제국으로 등장한 시기에, 동아시아의 권력정치에서 지배적 영향력을 행사한 것은 유럽의 선진 식민지제국이었습니다. 일본은 이들 여러 제국의 압력 하에서 자신의 행동을 제약받았습니다. 그 단적인 예가 독일, 러시아, 프랑스 3국 공동의 대일권고로 청국으로부터 일단 할양받은 랴오둥반도를 반환해야 했다는 이른바 삼국간섭입니다.

삼국간섭에 의해 랴오둥반도 반환이 결정되었을 때, 민우사와 국민신문사를 주재하던 선진적 언론인이었던 토쿠토미 소호는, 당시 그의 휘하에서 국제관계 담당 기자로 활동했고 훗날 일본은행 총재가 되는 후카이 에이고(深井英五)와 함께, 카와카미 소로쿠(川上操六) 참모차장, 카바야마 스케노리(樺山資紀) 군령부장 등을 따라 랴오둥반도를 시찰여행 중 그 요충지였던 뤼순(旅順)에 있었습니다. 그때 토쿠토미는 비분을 누르지 못하고, 뤼순 항구 해안에서 조약돌 한 주먹과 모래를 손수건에 담아서 돌아왔습니다. 돌아오는 도중 석양에 비친 뤼순의 산맥을 바라보던 토쿠토미는 후카이를 돌아보며, "후카이 군, 잘 생각해보면, 러시아 황제(니콜라이 2세)도 독일 황제(빌헬름 2세)도 우리들을 개종시킨 은인이네."라고 말했다고 합니다.* 일찍이 1886년(메이지 19) 베스트셀러가 되었던 『장

---

* 深井英五, 『回顧七十年』(岩波書店, 1941); 早川喜代次, 『德富蘇峰』(德富蘇峰傳記編纂會, 1968).

래의 일본(將來之日本)』에서 경제적 시점에서 국제적 평화주의를 주창했던 토쿠토미는, 삼국간섭과 우연히 만난 후, 일변해 군사적 시점에 선 '제국주의'로 '개종'했던 것입니다.

제국적 팽창의 동기

또한 토쿠토미가 '개종' 당할 정도로 충격을 준 삼국간섭은 미디어를 통해 더욱 국민에게 널리 퍼져나가 충격을 주었습니다. 당시 소학생으로, 나중에 여성해방운동가가 되는 히라츠카 라이쵸(平塚らいてう)는 당시의 추억을 다음과 같이 말합니다.

잊을 수 없는 것은, 랴오둥반도 반환에 대해, 교실에서 어떤 시간에 특별히 이야기를 들었을 때의 이야기입니다. 전승국인 일본이 당연히 청국으로부터 할양받았어야 할 랴오둥반도를, 러시아, 독일, 프랑스 삼국간섭 때문에, 눈물을 머금고 반환해야 했던 상황을, 선생님은 아이들도 알기 쉽게 그리고 진지하게 말씀하시고, '와신상담(臥薪嘗膽)'이라고 칠판에 크게 써서, 아이들에게 강하게 호소했던 것입니다. 교실에는 랴오둥반도가 있는 곳만을 빨갛게 덧칠한 극동 지도가 그 후에도 오랫동안 걸려 있었습니다. 선생님이 칠판에 커다랗게 쓰신 '와신상담'이란 네 글자는 곧 지워졌지만, 아직까지 내 눈에는 확연히 남아 있습니다.[*]

[*] 平塚らいてう, 『元始,女性は太陽であった　平塚らいてう自傳』(大月書店, 1973).

랴오둥반도 반환이 일본 정부와 국민에게 준 깊은 좌절감은 청일전쟁 이후 출현한 식민지제국의 실체 그 자체(이른바 즉자적인 식민지제국)를 자각적인 식민지제국(이른바 대자적인 식민지제국)으로 바꾸는 내면적 동기가 되었습니다. 이로써 일본은 동아시아에서 유럽 열강과 어깨를 나란히 할 권력정치의 주체가 되고자 했습니다. 그러한 청일전쟁이 초래한 국제정치상의 변화가 러일전쟁 이후 식민지제국 일본의 팽창 방향을 확정합니다.

2. 일본은 왜 식민지제국이 되었는가?

'비공식제국'이었던 대영제국

막말 이래 일본은 불평등조약을 강요받았습니다. 이미 말한 바와 같이, 일본은 통상조약에 의해 무역 상대국의 영사재판권을 인정하고, 관세 자주권을 박탈당했습니다. 이것은 정치적, 경제적 우위를 전제로 구미 제국이 일본에 자유무역을 강제한 결과였습니다. 최대의 식민지제국 영국은 솔선해 그 방법을 창출해, 중국과 일본 등에 적용했습니다. 후세의 영국 경제사가는 그 방법을 '자유무역 제국주의'라고 불렀습니다.* 이것은 식민지 없는 식민지제국을

---

* John Gallagher and Ronald Robinson, "The Imperialism of Free Trade," *The Economic History Review*, 6-1(1953).

구축하는 방법으로, 식민지 획득과 경영에 드는 비용이 필요 없는 '비공식제국'의 확대를 목적으로 한 것이었습니다. 불평등조약 하의 일본 자본주의가, 앞장에서 본 것처럼, 외채 의존도를 극소화하는 '자립적 자본주의'의 형태를 취한 것은 영국을 시작으로 한 구미 제국의 '자유무역 제국주의'에 대항한 일종의 경제적 내셔널리즘에서 나온 대항 전략이었습니다.

일본은 불평등조약을 벗어나, 자본주의의 형태가 '자립적 자본주의'에서 '국제적 자본주의'로 전화하는 단계에서, 식민지를 영유하는 식민지제국의 구축을 목표로 한 전략을 취했습니다. 어째서 구미 제국을 모방해 '자유무역 제국주의'에 의한 '비공식제국'의 확대를 목표로 삼지 않고, 더 큰 비용이 드는 군사력 의존도가 높은 '공식제국'의 길을 걸었을까요?

왜 '비공식제국'이 되지 않았던 것일까?

거기에는 두 가지 이유가 있습니다. 첫 번째 이유는 당시 일본이 선진 식민지제국과 어깨를 겨룰 실질적 의미에서 국제사회의 구성원이 아니었기 때문입니다. '비공식제국'은 최혜국조항(most favored nation clause), 즉 어느 한 나라가 무역 상대국에 대해 보유하는 통상 상의 권리를 다른 나라 또한 누린다는 조약상의 조항에 따라, 불평등조약이 초래한 경제적 이익을 공유하는 구미 제국의

'집단 비공식제국'이었습니다. 일본은 아직 아웃사이더에 머물렀습니다.

　당시 일본은 구미 제국과 아직 대사 교환을 인정받지 못했는데, 이들 제국에 일본이 두었던 재외공관은 대사관(Embassy)이 아니라, 공사관(Legation) 수준에 머물렀습니다. 당시 유럽 중심의 국제사회는 격차사회였습니다. 대사의 교환은 이른바 일등국(The First Class Powers) 상호 간에서만 인정하는 것이 국제적 관습이었습니다. 일본이 구미 제국과 대사 교환을 인정받은 것은 러일전쟁 이후의 일입니다. 러일전쟁의 승리로 일본은 국제사회에 처음으로 일등국으로 인지되어, 실질적 의미의 구성원이 되었습니다. 중국의 경우에는, 구미 제국 및 일본과 대사 교환이 이루어지고, 각각 대사관이 개설되었던 것은 1934년의 일입니다. 불평등조약을 국제법적 무기로 한 '자유무역 제국주의'는 국제사회의 실질적 구성원이었던 일등국에만 허용되는 식민지제국의 확대 전략이었습니다.

　일본이 '자유무역 제국주의'를 통한 '비공식제국'의 확대보다도, 현실의 식민지 영유를 우선한 또 하나의 이유는, 일본의 식민지제국 구상이 경제적 이익에 관심을 두기보다 군사적 안전 보장에 관심을 두었기 때문으로, 일본 본국의 국경선의 안전 확보에 관한 관심과 불가분했습니다. 유럽의 식민지가 본국과 인접하지 않는 원격지에 조성되었던 것에 비해, 식민지제국 일본의 팽창은 본국의 국경선이 곧바로 연결된 남방 및 북방 지역의 공간적 확대로 이루어졌습니다. 바꿔 말하면, 일본의 경우 내셔널리즘의 발단이 제국주의와 결합했고 그것이 구미 제국과는 다른 일본의 식민지제국이란 특성을 초래했습니다.

야마가타 아리토모의 연설

이상에서 살펴보았듯이, 일본 특유의 식민지제국 개념의 맹아는 일본이 아직 식민지가 없는 국가였던 시대에, 헌법 시행 직후 제1회 제국의회 중의원에서 메이지 24년(1891)도 예산안에 대한 내각총리대신 야마가타 아리토모의 연설에서 이미 발견할 수 있습니다. 당시 총선거로 선출된 국민의 대표자로 구성된 중의원에서 내각총리대신이 직접 시정방침을 설명하는 것 자체가, 메이지 정부

야마가타 아리토모

가 출범한 이래 획기적 의의가 있는 새로운 사례로서 주목받았습니다. 신문 『니혼』 1890년(메이지 23) 12월 6일자에 「시정의 방침, 총리대신의 연설」이란 제목으로 다음과 같은 기사가 실렸습니다. "오호, 이제 메이지 정부 출범 이래, 처음으로 당국자가 정략을 밝혀 공시하는 시대이니, 이는 결코 일상적인 일로 간주해버릴 수 없는 것으로, 전제(專制)에 대한 우려는 국민에 대해 정부의 방침을 밝히지 않는 것보다 더 큰 것은 없다. (……) 지금 국민은 대의기관을 얻어 의사를 표현하는 편의를 얻고, 정부는 의사를 공시해 국민에 묻는 기회를 만났다."

현재는 국회가 개원하는 첫머리에 내각총리대신이 시정방침 연설을 하는 것은 형식 및 내용 양면에서 반쯤은 의례화되고, 관례화되어 있지만, 제국의회 개설 당시에는 의회제의 역사적 의의를 상징하는 사실로서 주목받았습니다.

'주권선'과 '이익선'

야마가타는 이 연설에서, 당시 예산안 중, 육해군비를 위한 세출액이 큰 부분을 차지하는 이유를 설명합니다. 그것이 국가의 독립 자위를 위해서라는 것, 그것을 위해서는 첫째로 '주권선' 즉 '국경선'을 방어하는 것과 함께, 두 번째로 '주권선의 안위에 밀착된 관계를 맺은 구역'을 획정한 '이익선'을 확보할 필요가 있다는 것을 강조했습니다. '세력범위(sphere of influence)'라든지, '이익범위 (sphere of interest)'라는 제국주의 개념이 국제법상의 개념으로서 국제사회에 인지되었던 것은, 1884년부터 1885년에 걸쳐 구미 열강에 의한 아프리카 분할 원칙을 정한 베를린 회의 때문입니다. '이 익선'의 중요성을 강조한 야마가타 연설은, 이 시기에 확립된 최신의 제국주의 개념으로 일본 대외정책의 기본선을 설명한 것입니다.

단 야마가타 연설에서 보이는 일본의 '이익선(이익범위)' 개념은 구미열강의 아프리카 분할에 적용된 개념과는 달리, 일본이 국경선의 안전에 밀접하게 관련되었다고 간주한 지역에 적용되었습니다. 요컨대 일본의 '이익범위'는 구미의 경우보다도, 훨씬 군사적인 의미가 있는 '이익범위'였습니다. 일본의 경우 '이익범위'는 국경선과 인접한 지역을 상정했고, '이익선'은 뒷날 '생명선'에 가까운 개념이었습니다. 야마가타 연설에 앞서 정부 부내에 제출된 야마가타 의견서에서 '이익선의 초점'으로 상정된 곳은 한반도였습니다. 야마가타가 육해군비의 사용처를 설명하면서, '이익선'의 확보를 강조한 이유는 바로 여기에 있습니다.

이렇게 1890년 단계에서 아직 가상의 점선에 머물렀던 '이익선'이 현실의 실선으로 전화해간 상황을 만든 것은 러일전쟁이었습니다. 러일전쟁으로, 그에 앞서 이미 '이익선의 초점'으로 상정되었던 한반도 식민지화의 시동이 걸립니다. 그리고 중국 동북부에서는 남만주를 중심으로 '조차지'라는 형태로 실질적인 식민지화가 진행됩니다.

이하에서는 실질적 식민지화를 포함한 광의의 식민지화가 어떻게 진행되었는지, 또한 그것이 어떻게 변용되었는지, 그에 대응하는 입법과정을 통해 개관하겠습니다.

3. 일본은 어떻게 식민지제국을 형성했는가?

추밀원이란 존재

일본 식민지 통치의 기본적인 법적 틀은 어떻게 만들어졌을까요? 헌법에 직접 근거를 가지고, 천황이 수권한 국가기관과 구별되는 '국민의 대표기관(미노베 타츠키치)'인 제국의회가 실질적으로 그것에 관여하는 일은 없었습니다. 오로지 정부와 군부의 주도하에서 제정되고 개정되었습니다. 그러나 정부와 군부 이외에, 제국의회가 본래 해야 할 역할을 대체하는 형태로 식민지 입법에 관여하고, 그 내용과 방향에 적지 않은 영향력을 미친 국가기관이 있었습니다. 제국의회처럼 헌법에 규정된 추밀고문에 의해 구성된 천황의 최고자문기관인 추밀원입니다.

추밀원은 1888년(메이지 21) 5월, 제국의회 개설에 앞서 황실전범 및 헌법안의 심의를 담당할 목적으로 창설되었습니다. 그로부터 국내정치에 강력한 발언력을 가지고, 헌법해석이나 법령(법률 및 칙령)의 제정이나 개정에 대한 채결(採決)을 동반하는 천황(실제로는 정부)에 대한 의견 구신(具申)을 통해, 사실상 정부의 정책결정에 커다란 영향을 주었습니다. 정부는 주요한 법령, 예를 들면 헌법 부속 법령으로 간주한 중의원의원선거법과 귀족원령, 의원법 등을 개정할 때는, 제국의회에 개정안을 제출하기에 앞서 천황의 이름으로 추밀원에 자문 즉 '자순(諮詢)'을 행해, 그 승인을 얻어야만 했습니다. 게다가 칙령안의 경우에는 귀족원의 구성방식을 규정한 귀족원령에 관해서는 귀족원이 심의권을 갖는 것을 예외로 하면, 제국의회에는 추밀원에 부여된 것과 같은 심의권이 없었습니다. 그런 의미에서 메이지 헌법 체제하의 일본 의회제는 추밀원과 제국의회라는 이중구조를 가졌다고 할 수 있습니다. 그것은 오히려 추밀원을 최상원으로 해, 그 아래에 제국의회의 양원(귀족원과 중의원)이 기능하는 일종의 삼원제였습니다.

또한 추밀원에는, 정부가 조인한 국제조약에 대해, 그것을 심의하고 비준 여부를 둘러싼 채결을 행해, 최종 의견을 구신하는 기능이 있었습니다. 이것은 미국 상원에 필적하는 기능입니다.

덧붙이면, 제국의회에는 부여되지 않았던 칙령안의 심의권을 가지고 있던 추밀원에는, 많은 것이 칙령의 형태를 취하는 식민지 입법에 대해서도 커다란 영향력이 있었습니다. 따라서 추밀원이 관여한 중요한 식민지 입법 과정을 통해, 식민지제국의 형성 과정을 추적할 수 있습니다. 이하에서는 세 시기로 나누어 그 과정을 살펴보고자 합니다.

(1) 러일전쟁 후: 조선과 관동주조차지 통치체제의 형성

통감부 및 이사청 관제안

러일강화조약 조인으로부터 3개월가량 지난 1905년(메이지 38) 12월 20일에는, 이미 11월 17일에 조인된 (제2차) 한일협약을 바탕으로, 일본이 한국 통치의 중심기관으로 예정했던 통감부 및 이사청 관제안이, 천황의 명으로 추밀원에 자문('諮詢')되었습니다. 관제라는 것은 국가기관의 조직과 권한 같은 윤곽을 규정한 칙령을 말합니다. 당시 추밀원 의장은 이토 히로부미였습니다. 이토는 이미 이 단계에서 일본에서 한국으로 파견될 초대 통감이 되어 한국의 외교권을 관리하도록 예정되었습니다.

본회의 모두발언을 통해, 이토는 자순된 관제안이 이토 자신의 의견을 바탕으로, 내각과 육해군 당국자의 협의를 거쳐 기초된 것이라고 설명하고, 긴급을 요하는 현안이므로 즉결(卽決)을 주장했습니다. 츠즈키 케이로쿠(都筑馨六) 추밀원 서기관장도 이 관제안이 기초단계에서 추밀원 당국에 의한 사실상의 심의를 거쳤다고

이토 히로부미

지적하고, 실질적으로 즉결할 수 있는 요건을 충족했다고 강조했습니다.

요컨대 이토는 추밀원관제(1888년 4월 28일 공포) 제8조에 "행정 및 입법의 일에 관해 천황의 지고한 고문이라고 해도 시정에 관여할 수 없다."고 규정된 추밀원회의를 주재하는 의장이면서도, 러일전쟁 중부터 한국에 대한 정책입안의 주도권을 쥐고 있었습니다. 그 때문에, 추밀원 당국은 러일전쟁 후 대한정책의 기본적인 대강을 결정하는 데 사실상 깊이 관여했습니다.

통감의 권한을 둘러싸고

이 통감부 및 이사청 관제안에 관련해 추밀원의 심의에서 주목할 만한 점이 있습니다. 통감이 한국의 외교권 관리를 담당한다는 것은 관제안에 입법사항으로 포함되었지만, 동시에 실제로는 이

관제안 속에 명시적으로는 들어가 있지 않았던 통감의 또 하나의 중대한 권한 즉, 한국 내정의 감독 권한이, 추밀원 레벨에서는 일본 측의 암묵적 동의가 있었다는 것입니다. 이토는 한국 내정에 대한 통감의 권한을 언급하며, 이를 깊이 우려한 한국 황제와 대신들이 통감이 내정에 간여하지 않는다는 조항을 한일협약에 넣어달라고 청구했지만, 그러한 조항은 절대로 첨가할 수 없다고 추밀원 본회의 석상에서 말했습니다.

더욱이 관제안 제3조 제1항 "통감은 (……) 한국의 시정사무로 외국인과 관계있는 것을 감독한다."에 대해, 오토리 케이스케(大鳥圭介) 고문관(전 조선주차공사)이 "한국 시정사무의 범위 여부는 내정을 포함하는 것으로 하면 어떤가?"라고 따져 물었습니다. 이에 대해 이토는 "이것을 설명하지 않기로 하자. 이것은 대정략을 포함하는 바, 정략을 운용하는 기계다. 이것은 오늘 제한하기 어렵다. 일본 정부의 정략에 일임할 수밖에 없다."고 답해, 이 조항의 '정략'적 의미를 강조했습니다. 즉 이토는 관제안 제3조 제1항에서 말하는 통감의 '시정사무'를 한국의 외교를 넘어서 그 내정을 포함한 넓은 범위에 걸칠 수 있다는 점을 시사했습니다.

또한 주목해야 할 점은, 관제안 제4조에 따르면, 통감에게는 한반도에 주둔하는 일본 군대, 즉 일본의 한국수비군 사령관에 대해서 병력 사용을 명령할 권한이 부여되어 있다는 것입니다. 이토는 말할 것도 없이 문관(civilian)입니다. 그 이토의 통감 취임은 이미 정해진 방침이었기 때문에, 제4조는 사실상 문관에게 군대통솔권을 인정한다는 뜻이 됩니다. 이것은 전례가 전혀 없던 것으로, 정당한 것으로 인식되었던 '통수권의 독립'이라는 헌법 해석상의 관념에 정면으로 저촉된다는 뜻입니다.

사실은 이 관제안이 작성되는 과정에서, 군대 통솔권을 둘러싸고 한국통감 예정자인 이토 히로부미와 육해군 당국 사이에 양측 다 존재 이유를 건 긴박한 교섭이 이루어졌습니다. 이토는 이점에 대해 추밀원 본회의 석상에서 "군대에 관련해 문관이 지휘하는 것은 매우 곤란한 것으로, 오늘까지 이 해결이 이루어지지 않았다. 본관 (이토)이 임무를 받들게 되었으므로, 수비군 사령관이 명령을 듣는 것으로 했다"고 설명했습니다. 요컨대 관제안 제4조의 취지는 문관 일반이 아니라 이른바 천황 대행으로 문관과 무관을 겸무하는 존재로 간주한 원로 중 제일가는 지위를 점한 이토에 대해, 법의 지배 범위 바깥에 있는 한반도에 특권적 임시적으로 군대 통솔권이 인정된다는 취지였습니다. 그것은 말하자면 일신전속(一身專屬)적인 것에 가까운 것이라고 자타공히 이해한 사실이었다고 할 수 있겠지요.

육군의 반격

그러나 아무리 원로라고 해도, 문관에게 군대 통솔권을 인정한다는 것은, 군부의 입장에서 그 책무에 위협이 되는 아주 커다란 문제였습니다. 장래에 '통수권의 독립'을 유명무실할 위험성을 내포했기 때문입니다. 그 지점에서 군부는 조선의 이러한 선례를 중국 동북부의 조차지와 철도 부속지에 적용하는 것을 있는 힘껏 저지하고자 노력했습니다. 그것은 다음 해 1906년 7월 추밀원에 제출된 관동도독부 관제안에서 드러났습니다.

러일전쟁의 결과, 일본은 러시아가 중국 동북부와 남만주철도에 대해서 갖고 있던 조차권을 획득했습니다. 구러시아 조차권이 대상으로 한 관동주조차지 행정과 남만주철도 부속지 방위를 담당하는 관동도독에 육군대장 혹은 중장을 충당하고자 했습니다. 한국통감과 마찬가지로 관동도독에게도 문무 양면의 관할 권한을 부여하기로 했었는데, 관동도독부 관제안에 따르면 관동도독은 한국통감과 달리, 문관 임용이 배제된 관직이라는 점을 명확히 했던 것입니다.

이 관제안에 들어 있는 관동도독육군장관제(關東都督陸軍將官制)에 대해서는 추밀고문관 중에서 강력한 반론이 나왔습니다. 만약 이것을 명기한다면, 일본이 그 지역을 군사적으로 지배하려 한다는 영미의 비판도 예상되므로, 일본에 불이익이 된다는 지적도 있었습니다.

당시 육군대신이었던 쵸슈 출신인 테라우치 마사타케(寺內正毅)는, 같은 쵸슈 출신으로 초창기의 육군을 만든 원로 야마가타 아리토모의 지지에 힘입어, 다음과 같이 주장했습니다. 관동도독부가 관할하는 남만주의 치안상, 또한 북만주를 사이에 두고 대치하는 러시아와의 관계상, 관동도독은 군대 통솔권을 가질 필요가 있고, 관동도독이 유사시에 군대 통솔권을 유효하게 행사하기 위해서는, 관동도독은 무관(사실상 육군무관)이어야 한다고 했습니다. 그러면서 조선에서 군대 통솔권을 가진 문관총독의 선례에 대해서는 전혀 언급하지 않았던 것입니다. 즉 테라우치는, 이토 같은 문관이 군대 통솔권을 갖는 것은 어디까지나 예외적인 것으로, 선례로 따로 언급할 필요가 없다는 의사 표명을 했다고 볼 수 있습니다.

　이렇게 육군은 희망한 바대로, 먼저 관동도독의 육군장관제를 실현했고, 일단은 조선에서 빼앗겼던 '통수권의 독립'을 완전히 회복하기 위한 교두보를 쌓았습니다. 통감부 및 이사청 관제가 공포된 5년 후 1910년에 한국이 일본에 병합되자, 마지막 한국통감이었던 육군대장 테라우치 마사타케를 초대 조선총독으로 하는 일본의 조선에 대한 식민지 통치가 시작됩니다. 그것을 기회로 제2차 카츠라 타로 내각은 새롭게 제정된 조선총독부 관제에서 무관총독제를 도입하고, 이전에 조선에서 2대(4년 5개월)에 걸쳐 문관통감인 이토 히로부미, 소네 아라스케(曾禰荒助)—이들은 모두 쵸슈 출신—에 부여되었던 군대통솔권을 육해군대장인 무관총독의 수중으로 회수했던 것입니다.

추밀원의 다른 의견

그런데 이런 조선총독부 관제 제정에 즈음해, 추밀원에서 강력한 이견이 존재했습니다. 본회의를 주재한 추밀원의장은 육군의 실질적 제일인자였던 야마가타 아리토모였습니다. 야마가타는 1년 전인 1909년에 이토 히로부미가 조선의 독립운동가 안중근에 의해 사망한 이후에는 원로 제일인자의 지위에 있었습니다. 야마가타 의장은 의안에 수정의견을 제출할 수 있는 제일 독회 및 제이 독회를 무수정으로 돌파하기 위해, 시간 여유를 두지 않고 심의를 최종단계인 제삼 독회로 무리해서 끌고 가려고 했습니다. 즉 충분히 심의를 마치지 않고, "이의 제기가 없으므로, 제삼 독회로 넘어간다."고 선언했던 것입니다.

이에 대해 사츠마 출신 문관인 원로 마츠카타 마사요시는 "이의 있음."이라고 외친 후, "(조선총독부 관제) 제2조는 총독은 친임으로 한다고만 하고, 이하 육해군대신으로 이를 충당한다는 문제를 삭제하면 어떤가? 왜냐하면, 종래의 통감은 이토와 소네 둘 다 문관이기 때문이다. 지금에 와서 이것을 무관으로 제한해 좁게 할 필요를 느끼지 못한다."고 수정 의견을 제출했습니다. 이것은 무관에 대한 문관으로부터의 비판임과 동시에 타이완, 관동주 조차지, 조선에 걸친 전 식민지 체제를 육군을 통해 사실상 농단하려는 쵸슈 계열 번벌에 대해, 육군의 뒷전으로 밀려나 있던 해군을 포함한 사츠마 계열 번벌의 대표자가 낸 반론이었습니다.

그러나 마츠카타의 수정 의견을 그 자리에서 지지했던 것은, 같은 사츠마 출신인 전 외무대신 니시 토쿠지로(西德二郎) 뿐이었습니다. 추밀원 의사 세칙 제10조에 의해, 제이 독회에 제출된 수정 의견은 다른 3명 이상의 찬성이 없으면 의안이 성립될 수 없었습니다. 거기서 야마가카 의장은 "6번(마츠카타)에서 수정 의견이 나왔으나, 소정의 찬성을 얻지 못해 소멸한다."고 선언했습니다. 그 결과, 제삼 독회로 넘어간 원안이 만장일치로 가결되었습니다.

미노베 타츠키치의 『헌법강화(憲法講話)』

한국병합 이후, 일본의 헌법학자 사이에는, 식민지를 어떠한 법 개념으로 파악해야 할 것인가라는 문제가 의식되기 시작했습니다. 메이지 헌법이 제정되었던 당시에 일본은 아직 해외 식민지를 가지지 못했고, 따라서 메이지 헌법에 식민지에 대한 조항은 없었습니다. 청일전쟁 후, 일본은 타이완을 시작으로 식민지를 가진 국가가 되었지만, 헌법상 식민지의 위상을 어떻게 파악할지에 대한 문제가 제기되었던 것은, 해외 식민지 체제가 확립되어, 국내 헌법체제와 모순이 드러났던 러일전쟁 이후(특히 한국병합 이후)였습니다.

헌법과 관련해서, 식민지의 법적 위상 문제를 가장 처음으로 언급한 것은 미노베 타츠키치가 1912년(메이지 45)에 공간한 『헌법강화』일 것입니다. 이 책은 그 1년 전인 1911년 여름에 문부성이 전국의 중등교원을 소집해 개최한 하계강습회에서 10회 연속강연한 것을 정리한 것입니다. 미노베에게 중요한 의미를 가진 첫 번째 헌법교과서였습니다.

1911년 하계휴가 중에 중등교원을 대상으로 하계강습회를 주최한 문부성의 의도는 무엇이었을까요? 이해 1월에 코토쿠 슈스이(幸德秋水) 이하 피고 12명의 사형을 집행했던 대역사건과, 2월에 국정역사교과서 서술을 통해 정치문제가 된 남북조 정윤 문제(南北朝正閏問題)에 대응해 문부성에서는, 국민도덕을 강화해야 할 교육목적이 있었습니다. 따라서 문부성이 미노베에 위촉했던 것은 "국헌을 중시하고, 국법을 준수한다."고 밝힌 교육칙어에 따라, 국민도덕교육의 일환으로 헌법의 개요에 관한 강연이었습니다. 그런데

미노베 타츠키치

국가법인설에 바탕을 둔 미노베의『헌법강화』는 문부성의 의도와 달리, 이후 천황기관설 사건의 기점이 되었습니다.

『헌법강화』의 본래 목적은 '메이지 45년 기원절' 즉 제24회 헌법 발포일(2월 11일)에 쓴 서문에 명확히 드러나 있습니다. "우리나라에 헌정을 시행한 지 이미 20여 년이 지났지만, 헌정의 지식이 아직 일반에 보급되지 않았다는 사실은 거의 예상밖이었다. 전문 학자로서 헌법을 논하는 자들조차 오히려 국체라는 말을 빌려 그저 전제적 사상을 고취하고, 국민의 권리를 억제해 그 절대적 복종을 요구하고, 입헌정치란 가상 하에 그 실제로는 전제정치를 하려는 자들의 주장을 듣는 일도 드물지 않다."

이렇게 미노베는 일본의 정치 현상을 개탄하며, "헌법의 근본적 정신을 밝히고, 일부 사람들 사이에 유포된 변장적 전제정치(變裝的專制政治)의 주장을 배격하는 것이 내가 가장 노력하는 부분"이라고 저술 의도를 설명했습니다.

'이법구역'으로서 식민지

미노베는 이러한 입헌주의적 가치관을 배반하는 가장 현저한 현실로 식민지를 거론했습니다. 미노베에 따르면, '입헌정치'의 설명이 적용되는 범위는 일본 내지(內地)만으로, 해외 식민지에는 적용되지 않습니다. 해외 식민지에는 '입헌정치'가 실시되지 않는다는 것으로, 당시까지도 '전제정치'의 상태였습니다. 요컨대 식민지는 국가통치구역의 일부이면서, 내지와 국법을 달리하는데, 특히 헌법을 달리합니다. 최고 통치조직에 관한 부분을 제외해서는 헌법을 시행할 수 없는 구역입니다. 미노베는 그것을 '이법구역(異法區域)' 혹은 '특수통치구역'이라고 불렀습니다. 이것이 1911년부터 1912년 당시의 헌법학자 미노베 타츠키치가 가진 식민지관이었습니다. 그것은 식민지를 입헌주의의 타당범위를 제한하는 비입헌적 정치공간으로 파악했던 것으로, 헌법학자로서 미노베의 규범의식에 전면적으로 저촉되었습니다.

이러한 미노베의 식민지에 관한 법 개념은, 단지 법실증주의적 인식의 결과에 그치지 않고, 입헌주의의 보편성을 신봉하는 입장에서 나온 근원적인 식민지 비판이라고 이해할 수 있습니다. 그것은 1935년 천황기관설 사건의 결과로 발행금지가 된 '타이쇼 데모크라시' 시기의 가장 대표적인 헌법 교과서 『헌법촬요(憲法撮要)』에도 이어져 있습니다.

해외 식민지인 조선, 타이완, 카라후토(사할린)와 관동주 조차지의 인민은, 제국의회에 대표자를 보낼 권리가 부여되지 않았고, 또한 헌법상의 자유권도 인정받지 못했습니다. '사법권의 독립'도 완전하지 않고, 행정권과 입법권 사이의 분립도 존재하지 않았습니다.

더욱이 대단히 포괄적이고 일반적인 입법권의 위임이 식민지와 조차지에서 이루어졌습니다. 그러한 입법권의 위임은 헌법을 전제로 하는 한 생각할 수 없습니다. 만약 헌법이 조선이나 타이완에도 효력을 미친다고 한다면, 제국의회의 협찬*을 거치지 않는 총독에 의한 입법은 명백한 헌법 위반입니다. 실제로 1896년(메이지 29) 제국의회에서 성립한 법률 제63호에 의해, 타이완 총독은 그 관할구역에서 법률의 효력을 갖는 명령을 발할 수 있었습니다. 이에 대해서는 미노베와, 정부에 가까운 입장에 있었던 호즈미 야츠카(穗積八束)를 포함한 헌법학자들 사이에 위헌설이 제기되었습니다. 이것은 법률 제63호가 야기한 이른바 '6·3문제'로서 헌법상의 문제로 남게 된 것이었습니다. 이러한 식민지 입법이라는 위헌 상태는, 헌법이 식민지에 시행되고 있지 않다는 전제에 의해서만, 즉 식민지가 '이법구역'이라는 개념을 전제로 해야만, 설명할 수 있다는 것이 미노베의 학설입니다.

(2) 타이쇼 전반기: 주도권 확립을 노리는 육군

육군 주도의 동요
타이쇼 전반기, 특히 테라우치 마사타케 내각 하에서 이루어진

---

* 메이지 헌법하에서, 제국회의가 법률안 및 예산안을 유효하게 성립시키기 위해 통치권자인 천황에 대해서 필요한 의사표시를 하는 행위. (역주)

다양한 식민지 관제는 기본적으로는 메이지기의 그것을 보강하고, 식민지 통치에서 육군의 주도권을 확립하려는 지향 때문에 관철되었습니다. 단 타이쇼 전반기에도 그에 상반된 지향이 보이지 않았던 것은 아닙니다. 먼저 그것을 살펴보고자 합니다.

1913년(타이쇼 2)부터 1914년에 걸쳐 출현한 제1차 야마모토 곤베(山本權兵衛) 내각은 사츠마 출신의 해군대장 야마모토 곤베 수상 아래에, 사츠마 및 해군과, 타이쇼 초두에 제1차 헌정옹호운동의 일익을 담당했던 정우회가 제휴한 사실상의 연합정권입니다. 따라서 반쵸슈, 반육군이란 지향이 강한 정권이었습니다.

이 정권하에서 지금까지 식민지행정을 장악했던 내각총리대신 소관의 척식국이 행정정리 결과 폐지되어, 한국병합 이래 쵸슈 출신이자 육군 출신인 카츠라 타로 수상 아래에서 구축된 일원적인 육군 주도의 식민지 통치 체제가 붕괴합니다. 관동주 조차지는 외무대신의 관할이 되었고 조선, 타이완, 카라후토는 내무대신이 총괄하게 되었습니다.

식민지 통치에서 육군이 주도권을 장악했던 제도적 조건은 제1차 헌정옹호운동으로 인해 제3차 카츠라 내각이 붕괴한 후에 등장한 제1차 야마모토 내각 아래에서 일시적으로 개편되었습니다. 이것은 한반도에 상주할 예정으로 제안된 육군 2개 사단 증설안이 헌정옹호운동으로 좌절된 결과였습니다. 즉 타이쇼 초두의 정변으로 쵸슈 파벌 및 육군이 맛본 정치적 패배가, 그들과 대립하는 정권이 추진한 식민지 관제 개정에 반영되었습니다.

카라후토 통치의 변화

식민지 통치에서 육군의 주도권을 동요시킨 이러한 동향은 카라후토 통치에도 나타났습니다. 1913년 12월 17일에 추밀원 본회의에 제출된 카라후토청 관제 개정안에 의해, 카라후토 수비대 사령관인 육군 장관을 행정책임자인 카라후토청 장관으로 삼을 수 있다는 규정의 삭제가 제안되었습니다. 그 이유에 대해서 솔선해 그 개정을 추진한 하라 타카시(原敬) 내무대신은 다음과 같이 설명했습니다.

> 메이지 39년도(러일전쟁 종결 다음 연도, 즉 1906년)에는 (……) (군사) 점령 당시 상태에서 육군이 지휘했다. 메이지 40년도 초에 이르러 (카라후토청) 관제를 만들어, 행정부 관장(管掌)으로 옮겼다. 오늘날 현행 관제의 일부는 즉 당시에 정해진 것이었다. 결국 보통 행정을 시행하게 되어 장관을 문관이 할 수 있게 되었다. 그렇지만 수비대를 두고 그 사령관은 소장 이상으로 해 사령관을 장관으로 삼을 수 있다는 것이 이 취지의 규정이다. (……) 제1차 장관은 이 규정을 적용해, 당시 사령관이었던 현임 육군대신(쿠스노세 유키히코楠瀬幸彦)을 장관에 임명하게

되었다. (……) 이것은 특별한 경우로, 그 주된 의의는 문관으로 임명한다는 정신이라고 할 수 있다.*

이에 앞서 카라후토 수비대 사령부는 폐지되어, 일찍이 육군 장관이 임명되었던 사령관직은 소멸했습니다. 그에 따라 카라후토에서 육군의 비중은 현저히 저하했고, 카라후토 행정에서 육군은 완전히 퇴진했습니다. 이러한 상황을 배경으로 하라 내무대신의 제안설명이 추밀원 본회의에서 인정되어, 1913년 12월 23일부 카라후토청 관제 개정이 칙령 제309호로서 공포되었습니다. 이것은 러일전쟁으로 일본의 영토에 편입되었던 카라후토(남사할린)의 통치 주도권을 둘러싼 정당과 군부의 대립(civil-military rivalry), 특히 하라로 대표되는 내무성을 거점으로 한 정우회 세력과, 원로 야마가타 아리토모의 비호를 받으며 조선총독과 육군대신을 역임한 테라우치 마사타케로 대표되는 쵸슈 파벌 육군 사이에 있던 권력투쟁의 결과였습니다.

육군 주도의 확립

이렇게 쵸슈 파벌 육군에 반대하는 색채가 강한 제1차 야마모토 내각 아래에서, 육군이 일시적으로 후퇴했지만, 타이쇼 전반기

* 『樞密院會議議事錄』17(東京大學出版會).

식민지, 특히 조선과 관동주 조차지 통치에서 육군의 주도권 확립 지향은 변하지 않았습니다. 특히 그것이 현저하게 드러났던 것은 1916년부터 1918년에 걸쳐 존속했던 초대 조선총독 육군대장 테라우치 마사타케를 수반으로 한 내각 아래에서였습니다. 1917년에는 테라우치 내각 아래에서, 제1차 야마모토 내각에 의해 일단 폐지되었던 척식국이 부활했고, 내각총리대신의 관리 하에 일원적인 식민지 통치 체제가 재생했습니다. 그리고 그와 함께, 관동주 조차지에서는 육군대장·중장인 관동도독에 의해 총괄되는 관동도독부의 권한이 강화되었습니다.

테라우치는 평소부터 남만주의 관동도독부, 만철 그리고 외무성 산하 각 영사관 등 이른바 3두 정치를 관동도독부의 주도체제 하에 재편성해, 아울러 남만주통치와 조선통치가 일체화된 식민지 통치 체제를 확립하고자 기도했습니다. 그리고 테라우치는 1917년 6월에 제출된 관동도독부 관제 개정 등 7건의 칙령안을 통해, 그러한 의도를 실현하고자 했습니다. 이를 추밀원 등에서 한 논의를 바탕으로 다음 네 가지로 정리하고자 합니다.

첫째는 관동도독과 도독을 보좌하는 민정부문의 책임자인 민정장관이 각각 만철 총재와 부총재를 겸임하는 안입니다. 그러나 이에 대해서는 추밀원 본회의에 앞선 심의위원회 보고에서 "관리인 도독 및 민정장관으로 회사의 중역을 겸임시키는 것은 마치 대장대신이 일본은행 총재를 겸하는 것처럼 관기(官紀)를 문란케 하고, 직책을 혼효시킬 위험이 있다."는 이견이 나왔기 때문에, 정부는 원안을 단념했습니다. 게다가 도독은 만철에 대한 '지휘감독 기관이란 지위'에 그치고, "도독은 남만주철도주식회사의 업무를 통재(統裁)한다."고 개정한 추밀원 수정안에 동의했습니다. 민정장관의 부총재 겸임안이 삭제되었던 것은 말할 것도 없습니다.

둘째는 남만주 주재 각 영사관이 외무대신의 내훈(內訓)에 의해 육군 대장 중장인 관동도독의 요청을 받아, 그 집행방법을 강구하는 체제를 확립하는 것입니다. 요컨대 이것은 본래 외무대신의 지휘 하에 있던 각 영사관이 사실상 관동도독의 명령에 따르는 체제입니다. 원래 테라우치는 외무사무를 제외하고, 도독이 직접적이고 일반적인 영사지휘권 확보를 바랐지만, 외무성이 이에 강력히 반대했기 때문에, 외무대신의 내훈을 바탕으로 각 영사관이 도독에 협력(사실상 강제를 동반하는 협력)하는 정도에서 합의해야 했습니다.

셋째는 관동도독부와 각 영사관의 유기적 결합을 도모하기 위한 영사관 직원 특별임용제―영사 부영사에 관해서는 외교관 및 영사관 시험위원에 의한 전형임용, 외무서기생에 대해서는 문관보통시험위원에 의한 전형임용―를 도입하는 안입니다. 구체적으로는 영사·부영사의 임용자격은, 원안에서는 "2년 이상 관동도독부 고등행정관의 직에 있는 자" 외에 "5년 이상 만주에 재주 혹은 사업을 경영하는 자로 상당하는 학식과 경험이 있는 자"로 되어 있었지만, 추밀원 측에서는 후자의 요건을 수정해, "5년 이상 만주에서 업무에 종사해, 상당하는 학식과 경험이 있는 자"로 했습니다. 또한 외무성 서기생의 임용자격은 원안에서는 "관동도독부 속(屬) 또는 남만주철도주식회사의 사무원으로 상당의 학식을 가진 자"로 했지만, 추밀원에서는 "관동도독부 속"을 "2년 이상 관동도독부 판임관의 직에 있는 자"로, "남만주철도주식회사의 사무원"을 "3년 이상 남만주철도주식회사의 사무원"으로 각각 수정했습니다. 수정 취지는 요건의 한정이었지만, 영사관 직원의 특별임용 그 자체에 대해서는, 추밀원에서는 별다른 이견이 없었습니다. 이에 따라, 본래 외무성 지휘 하에 있어야 할 영사관(領事官)이 육군의 지휘 하에 들어갈 가능성이 열렸습니다.

넷째는 군사경찰 주도의 경찰제도 도입입니다. 이것은 조선총독부의 선례를 모방한 것으로, 구체적으로는 남만주 주차 헌병의 장인 육군장교를 경찰관의 장인 경무총장 자리에 임명해, 보통경찰 이외에 헌병장교를 관동도독부 경시(警視)로, 헌병 준사관, 하사관을 관동도독부 경부(警部)로 각각 임용하는 길을 열었습니다. 추밀원은 이에 대해 조선의 선례를 답습해 문제 삼지 않고, "대체로 지장 없는 것으로 인정한다."는 견해를 보였습니다.

추밀원의 저항

반면 민정부에서 경무부가 독립함에 따라, 민정부 그 자체의 권한 축소로 인해 정부 원안이 민정장관의 지위 권한에 변경을 가해, 종래에는 도독의 행정사무 일반의 보좌기관이었던 것을 단지 민정부에 국한한 사무를 처리하는 데 불과한 내용으로 고치려 하자, 추밀원은 다음과 같이 이의를 제기했습니다. "무관을 도독에 임명하는 현행 제도 아래에서는 민정장관이 그 행정사무 일반에 대해 보좌기관이 되는 것이 타당한 조치였는데, 현재 조선총독에 대한 정무총감, 타이완총독에 대한 민정장관에서 그 예를 볼 수 있다. 따라서 (……) 현행대로 (민정장관은) 도독을 도와 민정부 사무를 총리할 수 있다고 인정한다."

요컨대 이것은 추밀원 내부에 응어리져 있던 무관에 대한 문관의 지위, 영역 확보 요구입니다. 식민지 통치에서 정·군관계의 세력균형유지의 필요성을 주장했다고 할 수 있겠지요.

추밀원 내부에서는 테라우치 수상의 최대 후견인이었던 의장 야마가타 아리토모를 시작으로, 야마가타 계열 고문관들을 중심으로 정부 원안을 지지하는 자도 적지 않았지만, 결국 반대가 다수를 점해 관동도독을 통해 남만주 통치에서 육군의 주도권을 확립하고자 한 테라우치의 의도는 전면적으로는 실현되지 못했습니다. 천황의 최고자문기관으로서, 특정 국가기관의 우월을 본능적으로 경계하는 추밀원의 보수적인 저항이, 테라우치 내각과 육군의 의도가 완전히 관철되지 않도록 했다고 할 수 있을 것입니다.*

그런데 추밀원의 '심사보고' 중 특히 거론되었던 것이 조선철도 경영의 만철위탁안과 이에 동반한 조선철도 직원의 만철 직원 겸 직안이었습니다. 추밀원은 조선철도 경영의 만철위탁안 그 자체에 대해서는 "선만철도 연락 통일의 1안"이라 해 지지했지만, 국유기관인 조선철도의 직원이 주식회사인 만철의 직원을 겸직하는 것을 인정하는 안에 대해서는 이의를 제기했습니다. 그래서 결국 2년 기한으로 이 안을 시행하도록 원안을 수정할 것을 정부가 공약하게 했습니다.**

(3) 타이쇼 후반기: 조선의 3·1 독립운동과 그 대응

탈군사화와 동화

타이쇼 후반기에는 특히 1918년(타이쇼 7)에 성립된 하라 정우회 내각 시기 이후, 메이지기에 성립된 식민지 관제의 내용에 적지 않은 개정이 이루어졌습니다. 그리고 그 많은 안이 추밀원에 부의되

---

* 이상 1917년 관동도독부 관제 개정과 그 배경에 대해서는, 北岡伸一, 『日本陸軍と大陸政策』(東京大學出版會, 1978) 참조.
** 선만 양철도 통일경영안에 대해서는 北岡伸一, 위의 책 참조.

었고, 추밀원은 개정 여부에 대한 입장을 결정해야 했습니다. 식민지 관제 개정의 기본적 방향은, 하나는 식민지 통치의 탈군사화, 특히 탈육군화였고, 또 하나는 식민지와 본국의 '동화'였습니다. 그러한 식민지 입법 개정의 방향을 내세운 것은 반드시 일본의 자발적인 기획이라고 할 수는 없습니다. 이는 1919년(타이쇼 8)에 조선에서 폭발한 3·1 독립운동으로 상징되는 조선의 내셔널리즘을 시작으로, 남만주 등 다양한 내셔널리즘에 직면한 일본 정부의 이른바 불가피한 대응에 다름 아니었던 것입니다.

게다가 그러한 대응은 제1차 세계대전 이후 구미 제국과의 국제협조를 유지하기 위해서도 필요했습니다. 제1차 세계대전 이후 국제협조와 내셔널리즘이란 두 가지의 시대적 요청에 대응해, 제국주의의 유산을 어떻게 지킬 것인가라는 문제의식에서 발생했던 것이, 타이쇼 후반기에 있었던 일련의 식민지 관제 개정 시도였습니다.

관동청 설치와 문민장관

단 이미 하라 내각은 3·1 독립운동에 앞서, 남만주 통치의 개혁에 착수해, 관동청 관제를 제안했습니다. 종래 육군 대장·중장인 관동도독에 집중되었던 군사, 행정, 경제의 3권을 분리해, 행정과 경제의 분야에도 미치는 육군의 주도권 폐절을 기획했던 것입니다. 구체적으로는 관동도독부를 폐지하고, 행정부문을 독립시켜,

이를 담당할 관동청을 설치하고, 그 최고책임자인 관동청 장관의 문민화와 자유 임용을 가능하게 했습니다.

이 개혁의 첫 번째 의도는, 관동도독의 문민화에 있었습니다. 그 것을 실현하기 위해, 관동청 관제 제정을 단행했던 것입니다. 그 외에도 하라는 그것을 육군부 내부에서 올라온 자발적인 제안이란 형태로 만들려 했습니다. 그러기 위해서, 야마가타의 추천으로 취임한 육군대신 타나카 기이치(田中義一)에게 주도권을 맡겨, 타나카가 테라우치 전 수상을 설득하게 했습니다. 그와 함께 종래 관동도독부의 육군부라는 형식을 취했던 군대 부문을 독립시켜, 새롭게 관동군사령부를 설치했습니다. 그럼으로써, 관동군사령관이 관동청장관과는 별도로 군대를 통솔하는 체제를 깔았던 것입니다. 요컨대 이것은 관동청과 관동군사령부라는 2원 체제에 의한 정군 분리를 위한 제도화의 시도였습니다.

단 이 경우 관동군 독립이란 제도개혁의 이유는, 육군의 입장에서 보면, 북만주, 즉 관동주 조차지의 바깥 및 만철부속지의 바깥에 대한 장래의 작전을 상정하고, 남만주 행정에 구속되지 않는 군사행동의 자유를 확보하는 데 있다고 설명했습니다.

이런 점에 대해서, 관동청 관제안 심사를 담당했던 카네코 켄타로(金子堅太郎) 추밀원 심사위원장은, 심사보고 속에서 "시세의 움직임(推運)과 함께 관동도독을 북만주로 이동시킬 필요가 있다. 문관

무관을 서로 겸무하는 것이 불편한 경우가 적지 않기 때문에, (……) 별도로 관동군사령부를 설치해, 오로지 군사행동의 임무를 담당시키고, 행정 전반은 문관인 관동장관이 이를 통할한다."고 설명한다.

물론 당시 육군이 현실적인 가능성으로서, 북만주 작전을 상정했다고는 할 수 없지만, 요컨대 그것은 관동도독부의 폐지에 따른 정군 분리를 육군이 받아들일 수 있도록, 아마 타나카 육군대신 등이 구실을 고안했을 것입니다. 그러나 그러한 관동군사령부의 설치 구실이 실제로, 그로부터 12년 후에 발발한 만주사변에서 관동군의 군사행동 확대를 촉진한 요인이 되었던 것은 주목할 만합니다.

문관 주도권 확보를 목표로

조선에서 3·1 독립운동 이후, 식민지 통치체제 개혁의 기본적 방향으로서 나온 것이 문화적 '동화', 특히 교육에 중점을 둔 문화적 '동화'정책이었습니다. 그리고 이를 보증하고자 했던 것이 식민지 통치에서 문관의 주도권 확보였습니다.

특히 조선총독부 관제 개정에서 하라가 기대했던 것은 문관 총독의 실현이었습니다. 하라는 정치적 계략을 구사해, 구체적으로는 야마가타 아리토모의 양사자(養嗣子)로 조선총독부의 최고위 문관인 정무총감 자리에 있던 야마가타 이사부로(山縣伊三郎)의 총독 기용으로 문관 총독을 실현하고자 했는데, 역시 야마가타 아리토모는 이를 받아들이지 않았고, 테라우치 전 수상도 동의하지 않았습니다.

그래서 하라는 본의는 아니나, 타나카 육군대신의 권고에 따라, 이른바 타협적인 조치로써 종래의 총독 임용 자격(현역 육해군대장)을 철폐하고, 문관총독 기용도 가능하도록 제도를 개혁했습니다. 한편으로 실제로는 메이지 말기부터 타이쇼 초기에 걸쳐 하라가 내무대신을 역임했던 같은 내각(제1차, 제2차 사이온지 내각 및 제1차 야마모토 내각)의 해군대신을 역임한, 해군의 장로이며 해군 예비역 대장이었던 사이토 마코토(齋藤實)를 특별히 현역으로 복귀시켜 총독으로 임용했습니다.

조선총독부 관제와 타이완총독부 관제 등 두 개정안은, 40일 이상 걸린 심사위원회를 거쳐, 1919년(타이쇼 8) 8월 8일에 추밀원 본회의에 상정되었습니다. 심사위원회는 그 보고에 임해 두 개정안의 2대 주안점인 조선 및 타이완에서 두 총독의 무관제(조선총독은 육해군대장, 타이완총독은 육해군대장, 중장) 철폐와 조선의 헌병경찰 폐지에 관해서는, 3·1 독립운동을 염두에 두고, "특히 최근의 정황을 고려해, 시폐(時弊)를 교정함에 있어서 필수적인 개혁(須要の釐革)"이라고 인정했습니다. 개정 원안에 대해서는 두 가지 실질적인 수정을 추가했습니다. 하나는 조선총독의 지위에 관한 수정입니다. 즉 조선총독은 현행 관제에서는 천황에 '직예(直隷)'하고, 정무에

관해서는 "내각총리대신을 거쳐 상주를 해 재가를 받는다."고 규정되었습니다. 이에 대해서, 개정안은 조선총독을 천황이 아니라 내각총리대신의 예하에 두어, 타이완총독과 마찬가지로 "내각총리대신의 감독을 받아 제반 정무를 통리한다."고 규정했습니다.

원안의 수정

그런데 심사위원장 이토 미요지(伊東巳代治)는 이를 "온당한 제도라 할 수 없다."고 비판하며, 다음과 같은 견해를 피력했습니다.

총독은 일찍이 일국을 형성했고, 현재 1만 5천 평방리의 면적과 천수백만을 포함하는 신부한 특수지역(新附の殊域)* 통치의 중임에 임하는 자다. 이를 두고 마치 내각총리대신의 요속(僚屬) 같은 지위에 두는 것은 내외에 대해 총독의 위망을 더하는 바가 되지 못한다. 그리고 조선과 타이완은 우리 제국 판도에 속하게 된 역사적 경로에서, 또한 민중의 감정에 있어 본디부터 그 궤를 같이하지 않는다. 따라서 두 총독의 지위에 저절로 차별을 두는 것은 통치상 불가결하다는 것이 요체라고 할 것이다.

즉 조선총독의 지위를 타이완총독보다 우위에 두고, 또한 내각

---

* 신부(新附)는, 새롭게 일본의 영토에 귀속되어 복종한다는 의미. (역자)

총리대신에 독립해 천황에 직속하는 국무대신에 준하는 지위를 부여해야 한다고 주장했습니다.

이상에서 본 견해에 입각해, 이토는 추밀원 측의 개정원안인 "(총독은) 내각총리대신의 감독을 받아 제반 정무를 통리한다."를 삭제하고, 이에 대신하는 형태로 현행규정을 거의 답습한 "총독은 제반 정무를 통리하고, 내각총리대신을 거쳐 상주해 재가를 받는다."라는 조문으로 수정했습니다. 조선총독이 내각총리대신이 아니라, 천황에 '직예(直隷)'한다는 위상을 견지하고, '궁중석차'에서 조선총독을 국무대신의 다음에 배열해, 타이완총독보다 우월하다는 것을 명확히 했습니다.

이렇게 조선과 타이완 양 총독 지위의 격차가 유지된 결과, 타이완에 대해서는 문관 총독이 출현할 가능성이 커졌습니다. 신관제 시행 후 1919년(타이쇼 8) 10월, 타이완총독이었던 육군대장 아카시 모토지로(明石元二郎)가 사망해, 후임 인사가 필요했습니다. 이때 하라는 문관 임용을 단행해, 야마가타 계열의 귀족원 의원으로 테라우치 내각에서 체신대신을 역임한 덴 켄지로(田健治郎)를 타이완총독에 임명했습니다. 조선총독에 야마가타 아리토모의 양사자였던 야마가타 이사부로의 기용을 시도했던 것과 동일한 발상에서 나온 인사였습니다. 육군에 군림하는 야마가타 아리토모 및 테라우치 마사타케와의 마찰을, 당면한 구체적 인사로 최소한으로 억

제하면서, 장래에 문관 총독의 일반화를 도모하려는 것이 하라의
의도였습니다.

이후 조선에서는 단 한 번도 문관 총독이 출현하지 않았던 것과
대조적으로, 타이완총독에는 9대에 걸쳐 문관이 임용되었습니다.
2·26 사건 이후 히로타 코키(廣田弘毅) 내각이 남방 진출을 내세운
'국책 기준'에 맞추어, 1936년 9월, 코바야시 세이조(小林躋造) 해군
대장이 취임할 때까지 17년간 문관 총독이 지속되었습니다.

추밀원 측이 개정원안에 부여한 두 번째 수정은, 조선과 타이완
양 총독의 군대통솔권에 대한 수정이었습니다. 개정 원안에 따르
면, 양 총독이 무관일 경우에는 이에 군대통솔권을 부여하며, 따라
서 무관 총독의 요건은 현역이었지만, 추밀원 측은 군대 통솔권을
가진 총독과 가지지 않은 총독이란 두 종류의 총독을 두는 것에 반
대해, 결국 무관 총독의 경우에도 당연히 군대 통솔권을 부여하지
않기로 했던 것입니다. 이 수정으로 양 총독이 무관 총독인 경우에
도 현역을 요건으로 할 필요가 없게 되고, 양 총독의 현역 무관제
는 소멸했습니다. 총독에는 군 사령관(조선군 사령관 또는 타이완군 사
령관)에 대해, 병력 사용을 청구할 수 있는 권한을 인정했지만, 병력
사용이 필요한지 여부를 판단하는 것은 무관이건 문관이건 상관없
이 총독에 유보되었습니다.

조선 중추원의 개혁

이상과 같이 양 관제 개정을 출발점으로 조선과 타이완에 대해 '동화' 정책이 구체적으로 전개되기 시작했습니다. 그러나 '동화'를 직선적으로 관철하는 것은 쉽지 않았고, 다양한 우회로를 준비해야 했습니다.

먼저 조선총독의 자문기관으로, 극히 제한된 형태라고는 해도, 조선 측의 여론을 공식적으로 반영할 유일한 총독부 소속기관인 중추원의 지위 및 권한을 높이는 관제 개정안이 1921년(타이쇼 10) 3월 6일 추밀원 본회의에 상정되었습니다. 중추원은 의장인 정무총감을 제외하면, 부의장 이하 전 구성원이 조선인으로 채워져 있었습니다. 종래 의장, 부의장을 제외한 중추원 구성원에는 세 계급이 존재하는데, 첫 번째가 고문(顧問)으로 정원 15명, 두 번째가 찬의(贊議)로 정원 20명, 세 번째가 부찬의(副贊議)로 정원 35명으로 되어 있었습니다. 고문의 정원을 10명 삭감하면서, 동시에 찬의, 부찬의의 구별을 폐지하고, 고문 삭감분을 더해 정원 65명인 참의(參議)을 두어, 신설된 참의에는 찬의, 부찬의가 갖지 못한 표결권을 부여했습니다.

원안 심사를 한 후타가미 효지(二上兵治) 추밀원 서기관장은 보고에서, "본안의 주안점은 조선에서 일어난 최근의 변화에 순응해 동원(同院) 설치의 취지를 철저히 하기 위해 필요한 개정을 부가하려는 것"이라고 설명했습니다. 중추원을 '동화'로의 우회로로써 이용하는 것이 필요하다고 판단했던 것입니다.

더욱이 1922년(타이쇼 11) 12월 13일 추밀원 본회의에서는 중추원 서기관으로 사실상 조선인을 임용한다는 취지를 집어넣은 관제 개정안이 가결되었습니다. 그러나 10세기 말 고려 왕조이래 내려온 전통을 이어, 예전에 조선 왕조의 명실상부한 중추기관이었던 역사를 가졌으며, 일본의 추밀원보다 훨씬 앞서서 '추밀원'이란 명칭을 사용한 적도 있었던 중추원도, 조선의 구관·제도(舊慣·制度) 조사기관이란 부차적인 역할 이상은 하는 일이 거의 없었습니다.

교육을 통한 '동화' 정책

또한 교과서 편수관 증원을 목적으로 한 조선총독부 관제 개정안이 1921년(타이쇼 10) 7월 13일 추밀원 본회의에 상정되었습니다. 이와 관련해 조선의 교육정책에 관해 질문받은 정부 당국자는 근본방침을 '동화'에 둔다고 강조하면서, 교과서 편찬에 조선인을 활용하고, 일본과 조선의 문화적 차이에 근거해서 그에 상응하는 내용 변경을 일본 교과서에 부가할 것, 조선인에 대해서 바른 조선어 및 언문(諺文 즉 한글)을 가르칠 필요가 있다는 것, 역사교육에 관해서는 "일본의 역사를 배우는 동안 조선에 관련된 사항을 다소 상세하게 가르친다는 방침이 옳다는 것, 일본과 조선의 관련 사항에 대해서는 사실을 왜곡함이 없이 있는 그대로 교수할 것"을 명확히 했습니다. 당시의 일본 정부 당국자가 교육에서 '동화' 정책의 한계를 인정했다고 볼 수 있습니다.

조선과 타이완에 대해서 교육을 통한 '동화'의 제도적 기반을 만들어내고자 한 것이 1922년(타이쇼 11) 1월 25일 추밀원 본회의에서 가결된 조선교육령(1911년 8월 제정) 개정과 타이완교육령(1919년 1월 제정) 개정이었습니다. 두 개정안에서 공통된 주안점은 조선과 타이완 교육에 관해서 일본인과 현지인을 나누지 않고, 동일 칙령에 의해 규정하면서, 실질적으로는 일본인과 현지인 사이에 일정 범위의 공학(共學)을 실시함과 동시에, 대학교육의 도입 등 현지인에 대한 교육수준의 향상을 도모했다는 점에 있습니다.

먼저 조선교육령을 알아보겠습니다. 현지인에게 대학교육과 사범교육 기회의 제공, 이들 고등교육과 전문교육 나아가 실업교육에서 일본인과 공학 실시, 중학교와 고등여학교에 각각 상당하는 고등보통학교와 여자고등보통학교의 수업연한을 1년 연장, 고등보통학교와 여자고등보통학교의 입학자격을 소학교에 상당하는 보통학교 4학년 수료에서 6학년 수료로 2년 연장 등이 주된 내용이었습니다.

더욱이 주목할 만한 것은, 종래 조선교육령에 들어 있던 "교육은 교육에 관한 칙어의 취지에 입각해 충량한 국민을 육성하는 것을 본의로 하고, 시세 및 민도에 적합하도록 해야 한다는 취지의 규정"이 삭제되었다는 것입니다. 이에 관해서 심사위원장 하마오 아라타(濱尾新, 전 토쿄제국대학 총장)는 정부당국의 설명을 소개하며, "이와 같은 조항을 본령에 존치할 경우에는 왕왕 조선인의 반감을 도리어 사서, 통치에 불리함을 가져올 위험이 있으므로, 오히려 이를 삭제하는 것이 좋다고 함에 있다."라고 보고했습니다. '동화' 정책이라 해도, '교육칙어'에 의한 '동화'는 오히려 정책 자체의 목적을 저해하는 것이라며, 당시의 타카하시 코레키요 정우회 내각[문부대신 나카하시 토쿠고로(中橋德五郎)]은 이를 배제했습니다.

다음으로 타이완교육령 개정을 보면, 이것 또한 '동화'를 목적으로 하는 제도 개정이라는 점에서 조선의 경우와 대체로 공통점이 많지만, 약간 이질적인 면이 있습니다. 먼저 공통점으로 현지인에 대해 대학교육 기회를 부여했다는 것, 대학교육을 시작으로 사범교육, 전문교육 및 실업교육은 일본인과 현지인 사이의 공학을 인정했다는 것, 또한 교육칙어에 의한 '동화'를 배제했다는 점 등이 있습니다.

이질적인 면으로 다음과 같은 것이 있었습니다. 첫째로 소학교 수준의 초등보통학교에서 조선과 타이완 모두 일본인과 현지인 사이에 '특별한 사정이 있는 경우'를 제외하고 공학을 시행하지 않는 것을 원칙으로 했지만, 중학교, 고등여학교 수준의 고등보통학교, 여자고등보통학교에서 조선에는 공학을 인정하지 않았으나, 타이완에는 공학을 인정했습니다. 그리고 타이완에는 종래의 고등보통학교와 여자고등보통학교라는 명칭을 고쳐, 각각 중학교령과 고등여학교령에 준거한 중학교와 고등여학교로 했던 것입니다. 따라서 양자 모두 수학 연한을 연장하고, 사립학교의 설립을 인정했습니다. 적어도 제도면에서 보면, 타이완은 조선보다 고등보통교육에서 '동화'가 더 진행되었습니다.

이렇게 당시의 교육당국(타카하시 정우회 내각)이 조선과 타이완 사이에 제도상 차별을 두었던 이유에 대해서, 하마오 심사위원장은 일본과 조선의 문화적 이질성이 크다는 것, 이에 유래하는 '양자 어느 쪽도 일반적으로 공학을 원치 않는 경향' 등을 거론하지만, 동시에 "양자공학의 경우, 조선인 교원이 일본인 학생을 교육할 경우에 국민사상의 양성상 유감스러운 바가 적지 않다."고 지적했습니다. 일본 정부 당국은 일본인과 조선인의 공학을 시행할 경우, 조선 내 셔널리즘이 일본인 생도에 미칠 사상적 영향에 불안감을 가졌다고 볼 수 있습니다.

또한 정부 당국은 타이완에는 고등학교령에 의한 고등학교(타이베이고등학교台北高等學校) 설치를 인정했지만, 조선에는 설치하지 않았습니다. 이 조치는 조선에 관해서는 고등보통교육에서 일본인과 조선인의 공학을 인정하지 않은 것과 동일한 취지에서 나왔다고 생각합니다.

제국대학의 설치

이러한 조선교육령 개정을 거쳐, 1924년(타이쇼 13) 4월 30일 추밀원 본회의에서 경성제국대학을 설치하는 칙령안이 제출되었습니다. 이 안에는 1926년(타이쇼 15)부터 법문학부와 의학부로 구성될 경성제국대학을 발족하고, 1924년부터 예과 2년을 개설한다는 계획이 포함되었습니다. 3·1 독립운동 발발 후 등장한 '동화' 정책 중 최초의 문화적 지주(支柱) 역할을 기대하며 경성제국대학을 설치했던 것입니다. 타이완에 타이베이제국대학(台北帝國大學)을 설치하는 칙령이 공포되었던 것은 1928년(쇼와 3)이었습니다.

경성제국대학의 청사진에 의문이 제기되었던 것은, 주로 그 법문학부 설치에 대해서였습니다. 고문관 이시구로 타다노리(石黑忠悳, 전 육군군의총감, 정치학자 오노즈카 키헤이지小野塚喜平次의 장인)는 이를 문제 삼아 정부 당국자에 대해 다음과 같이 질문했습니다. "신부(新附)의 땅에 대학을 설치해 고등 교육을 실시함에 있어서, 당국자는 물질적인 과학에 마음을 집중하도록 가능한 유도하고 법률, 정치, 철학 같은 것에는 가능한 유도하지 않는 것이 좋다는 설이 있다. 조선에 세울 대학에는 의학부를 두면서도, 공학·이학과 같은 물질적 과학의 학부를 두지 않았다. 일부러 법문학부를 둔 것은 어떠한 의도에서 나온 조치인가?"

이에 대해서 나가노 미키(長野幹) 조선총독부 학무국장은 조선청년 사이에 특히 법학 지망자가 많다는 점을 지적한 다음, 다음과 같이 응답합니다. "이번 대학 설립에서 학부에 법학을 개설하지 않는다면 반드시 조선 학생을 크게 실망시킬 것이다. 그들은 '(……) 법학을 가르치면, 시끄럽게 토론하는 자를 낳을 위험이 있고, 또한 그 졸업생을 관리로 채용해야 할 위험성이 있어, 학부에 법학을 개설하지 않았다'라는 등의 말로 당국자를 공격할 수도 있다. (……) 강요받아 어쩔 수 없이 학부에 법학을 개설하는 것보다는 오히려 처음부터 (……) 조선인에게 자유롭게 법학을 연구토록 하는 것이 조선 통치의 대국적 차원에서 보아 극히 필요하다고 사료되기 때문에 (……) 법학의 학과를 배울 수 있도록 계획했던 것이다."

'학문의 자유'는 식민지 통치의 안정화라는 정치적 전략 목적에서 보아도 중요한 요인이라는 인식을, 당시 조선총독부 당국자조차도 공유했던 것을 알 수 있습니다.

법리학자로 고문관인 호즈미 노부시게(穗積陳重)도, 조선에서 법학, 정치학 교육의 필요를 강조하며, "메이지 14년(1881)에 내가 부족하나마 토쿄대학 법학부장으로 있었을 때, 민권자유의 논의가 천하를 떠들썩하게 했다. 혹자는 법과의 학문을 장려하는 것은 좋지 않고, 가능한 한 이공과의 학문으로 실업 방면에 유치해야 한다고 설파하는 자가 있었다. 이와 같은 것은 실로 낡은 사상이다. 정치, 법률의 학문은 이를 잘 선도해야 한다."라고 말했습니다. 덧붙여 말하면, 일찌기 1879년(메이지 12)에 이노우에 코와시(井上毅)가 기초하고, 이토 히로부미의 이름으로 천황에 제출된 「교육의(敎育議)」라는 문서는, 고등교육기관 학생이 '정담의 무리(政談の徒)'가 되는 것을 경계하는 뜻을 표명하고, 이들을 '과학' 방면으로 나아가게 해야 한다고 주장했습니다. 그리고 "생각컨대 과학은 실로 정담(政談)과 완전히 반비례해서 성쇠하는 관계이다. 따라서 법학·정치학에 대해서는 그 시험방법을 엄격히 해, 합격자수를 제한하고, 다만 우등 생도만 그 입학을 허용해야 한다."라고 제언합니다. 호즈미의 기억에 있었던 것은, 아마 이 「교육의」에 나온 문구였을지도 모릅니다. 호즈미는 당시 자신의 경험에 비추어, 자유민권운동에 끼친 토쿄대학 법학부의 의의를 가지고, 조선 내셔널리즘에 대한 경성제국대학 법문학부의 의의를 이해하고자 했을 것입니다.

그러나 '동화' 정책은 최대한의 선의와 최고도의 세련됨을 가지고서도, 조선과 타이완의 내셔널리즘을 진정시킬 수 없었습니다. 일본 측은 '동화' 정책으로 조선과 타이완의 내셔널리즘을 잠들게 하려 했지만, 반대로 이에 의해 잠들어버린 것은 일본 측이었습니다. 그럼에도, 일본 측은 깊고 평안한 잠을 잘 수 없었습니다. 조선, 타이완 그리고 남만주에서 내셔널리즘은 여전히 식민지제국 일본을 내부에서 위협하는 부단한 잠재적 위협이었습니다. 당시 일본 정치체제의 근원적 불안정성은 적대적 내셔널리즘을 내부에 품었던 식민지제국 일본이란 존재 그 자체에 기인했다는 점을 부정할 수 없습니다.

'척무성' 명칭의 의도

3·1 독립운동 이후 '동화' 정책의 특징을 현저하게 보여주는 것이 1929년(쇼와 4) 6월에 타나카 기이치 정우회 내각 하에서 발포된 척무성 관제입니다. 이것을 심의했던 추밀원 본회의 의사록을 보면, 식민지화를 관장하는 관청의 명칭으로써는 이미 타이완 영유 이후, 1896년부터 1897에 걸쳐 설치되었던 '척식무성(拓殖務省)'이라는 명칭이 적절하다는 의견이 고문관 중에 있었고, 당초에는 정부원안에도 '척식무성'이라는 명칭을 채택하고 있었습니다. 이 문제를 둘러싼 질의가 추밀원 본회의에 제출되었습니다. 이에 대해 타나카 기이치 수상은 '척식무성'이 아닌 '척무성'을 채택한 이유를 다음과 같이 설명합니다.

척식성(拓殖省)의 명칭을 척무(拓務)로 고치는 데는, 다 아시는 바와 같이, 해당 관제 안에 조선부(조선총독부에 관한 사항을 주관하는 부국)를 설치했기 때문이다. 따라서 척식성이라 칭해, 조선을 식민지(殖民地)로 보는 것과 같은 감정과 생각(感念)을 신부(新附)한 백성에게 주는 것은 온당하지 않다. 조선인의 감정을 해칠 것을 고려해서, 식민지의 식이란 글자를 떼어, 척무성이라 한 것이다.

이 설명에 대해, 질의자가, "그렇다면 조선인의 감정을 고려해 척무성으로 했다고 하지만, 척무라 해도 개척만을 담당한다는 뜻은 아니다. 즉 문자는 재미없으나 조선인의 감정을 고려해 이렇게 정한 것이라고 해석해도 좋은 것인가?"라며 확인을 요구하자, 타나카 수상은 "해석하신 그대로입니다."라고 대답했습니다.

요컨대 타이쇼 후반기 이후, 주로 1920년대 '동화' 정책과 관련해, 일본의 정부 당국자는 식민지라는 명칭을 공식 명칭으로 사용하는 것은 물론, 그것을 연상하는 것도 피하고자 했던 것입니다. 거기에 '동화' 정책의 특징이 현저하게 드러납니다.

예를 들면, '척무성'의 영어 표기도 '동화' 정책과 관련되어 문제가 되었습니다. 일본 정부 당국자는 공식 번역어로서는 'Colony'라든지 'Colonial Affairs'라는 어구를 포함하지 않는 번역어가 바람직하다고 생각해, 결국 'The Ministry of Overseas Affairs'라는 명칭을 채용했다고 합니다.

이처럼, 일본의 식민지 통치체제에도 제1차 세계대전 이후의 탈제국주의 시대의 영향이 작용했습니다. '동화' 정책은 그것을 체현했던 것입니다. 제국주의의 유산을 탈제국주의 시대에 적합한 형태로 어떻게 유지할 것인가라는 문제의식이, '동화' 정책의 근저에는 있었습니다. 척무성 관제는 이러한 문제의식의 산물이었습니다.

그런데 같은 문제의식에 바탕을 두고, 1930년대 이후에 '지역주의'가 국제정치 이데올로기로서 제국주의를 대신해 등장했습니다. 그것으로 탈제국주의 시대의 영향을 불식하고, 만주사변 이후 일본이 주도한 동아시아 국제정치 변동이 초래한 결과를 정당화하고자 했습니다.

이하에서는 1930년대 이후 식민지제국 일본의 새로운(그리고 그 마지막) 이데올로기가 되었던, '대동아공영권'에 이르는 '지역주의'의 전개를 추적하겠습니다.

4. 새로운 국제질서 이데올로기로 등장한 '지역주의'

로야마 마사미치의 '지역주의'

일본에 국제적 지역주의 개념이 등장한 것은 만주사변 이후인 1930년대 전반입니다. 1933년 1월에 정치학자 로야마 마사미치(蠟山政道)가 잡지 『코쿠사이치시키(國際知識)』(국제연맹협회 발행)에 발표한 논문 「세계의 재인식과 지방적(regional) 국제연맹(世界の再認識と地方的國際連盟)」은 아마 일본에서 처음으로 국제적 지역주의 개념을 제시하고, 그것을 당시의 일본이 처한 국제상황에 적용해야 한다고 주장한 선구적인 논문입니다. 로야마는 가까운 장래에 일본이 국제연맹을 탈퇴할 것이라 예견하고, 그 후에 일본이 의거해야 할 국제질서의 원리로 국제적 지역주의를 주창했습니다. 이 논문에서 로야마는, 일본이 설령 국제연맹을 탈퇴한 뒤에도, 단순한 '국가주의'로 회귀하는 것이 아니라, '태평양의 지방적 평화기구'나 '국제연맹의 극동지방조직'과 같은 '지역주의'에 입각한 '신국제평화기구'를 거점으로 삼아야 한다고 주장했습니다. 그것은 국제연맹의 지역주의적 재편성 구상이었습니다.*

　제1차 세계대전 이후 국제연맹에 체현된 '국제주의'의 세례를 받은 로야마에게, 1931년 이후에 대두한 '국가주의'와의 사이에서 현실적인 선택지는 '국제주의'를 수정한 '지역주의'였습니다. 로야마는 국제적 지역주의를 그 시원이라고 할 국내 지역주의에 비유해, "그것은 마치 한 국가 내의 지역제가, 현행의 지방제도가 가지는 결함에 대응해, 새롭게 국가의 지방조직을 안출하려는 것과 비슷하다."고 지적했는데, 동시에 "그 경우에도 국가 그 자체의 통일에는 어떠한 변경도 일어나지 않는 것과 마찬가지로, 세계조직으로서 지역제도 세계평화기구의 원리에 배치되어서는 안 된다."라고 단언했습니다.

* 로야마는 이 논문에서는 'Regionalism'을 '지방주의'로, 'Regional'을 '지방적'이라 번역했는데, 1938년에 이 논문을 『세계의 변국과 일본의 세계정책(世界の変局と日本の世界政策)』이란 저서에 다시 수록하면서, '지방주의'를 '지역주의'로, '지방적'을 '지역적'으로 고쳤습니다.

그러나 이러한 목적의식으로 도입된 '지역주의'는 격변하는 국제상황 속에서 종래의 보편주의적인 국제질서의 수정 원리라는 수준을 뛰어넘어, 일본의 대외 팽창으로 만들어진 기성 사실을 추인하고, 정당화하는 이데올로기 역할을 하게 됩니다. 1930년대에서 1940년대 전반의 일본 '지역주의'는 한편에서는 군사력을 주요 수단으로 한 일본의 정치적, 경제적 지배에 저항하는 중국 등 여타 민족주의를 부정함과 동시에, 다른 한편에서는 동아시아, 나중에는 동남아시아를 포함한 '대동아'에서 구미의 선진적 제국주의에 대항하는 의미가 부여되었습니다.

(1) 1930년대: '제국주의'를 대신할 '지역주의'의 대두

국제주의에서 지역주의로

1920년대에 일본은 기본방침으로 보편주의적 국제주의, 환언하면 구미 선진국 주도의 글로벌리즘을 채택했습니다. 당시의 글로벌리즘을 형성한 글로벌 스탠다드는 정치적으로는 군축조약이었고, 경제적으로는 금(환)본위제였습니다. 전자가 정치적 국제주의를, 후자가 경제적 국제주의를 지탱하는 각각의 토대였습니다. 1930년 1월에 일본은 금해금을 실시하면서, 제1차 세계대전 중에 이탈한 금본위제로 복귀했습니다. 이와 보조를 맞추어 1922년에는 워싱턴 해군군축조약을 보완하는 런던 해군군축조약을 성립시켰습니다. 이것은 1920년대 일본의 방향을 결정한 글로벌리즘의 도달점이었습니다.

그런데 불과 1년 만에 일본과 세계는 급변하게 됩니다. 1931년을 기점으로 일본과 세계에 제1차 세계대전의 '전후'는 종말을 고합니다. 그리고 1931년부터 일본 군부에 의해 일어난 국제환경의 변동과 함께, 종래 일본에서는 비주류 내지 저류에 머물렀던 '지역주의'가 외국의 사례를 모델로 하면서 시대의 주류로 바뀌게 됩니다. '지역주의'는, 일본이 국제연맹을 탈퇴하는 원인이 되었던 만주사변 이후, 동아시아의 국제적 현실을 정당화하는 새로운 개념으로서 유통되기에 이르렀던 것입니다.

그것은 첫째로 국제연맹이란 조직으로 체현된 글로벌리즘의 부정을 의미했습니다. '지역주의'는 일본의 국제연맹 탈퇴로 인해, 동아시아에서는 글로벌리즘이 현실적인 기초를 상실했다는 견해에 바탕을 두었습니다. 둘째로 '지역주의'는 '민족주의'의 대립개념으로 제시되어, '민족주의'를 넘어서는 새로운 국제질서 원리로 간주되었습니다. 보편주의적 국제법으로는 설명할 수 없는 일본과의 특수 관계를 가진 '만주국'의 출현은 통일적 주권국가의 확립을 추구한 중국 민족주의에 명확히 저촉되었습니다. 중국 민족주의에 대항해 일본과 만주 사이의 특수한 관계를 정당화하려면, '민족주의'가 아닌 '민족주의'를 넘어선 '지역주의' 원리를 대치시킬 필요가 있었습니다. 셋째로 국제연맹 탈퇴 이후 국제적 고립화를 두려워했던 당시 일본은 국제연맹을 대신할 어떤 국제기관이 필요했습니다. 글로벌한 국제조직을 대신할 지역적 국제조직에서 일본이 생존할 방어벽을 찾아내려고 했던 것이, '지역주의'를 도입한 당초의 근본적 동기였습니다.

범유럽주의라는 모델

당시 '지역주의'의 유력한 모델 중 하나는, 리하르트 쿠덴호베-칼레르기(Richard Coudenhove-Kalergi)의 '범유럽주의'였습니다. 그것을 아시아에 적용해 '범아시아주의'를 주장한 사람도 있었습니다. 쿠덴호베-칼레르기 자신도 당시 '범유럽주의' 모델을 아시아에 적용할 수 있다는 점을 인정했습니다. 그는 1931년 11월에 범유럽주의 운동의 기관지 『범유럽(Pan Europa)』에 게재한 논문 「일본의 먼로주의」*에서, 일본의 '동아 먼로주의'는 미국 및 대영제국의 각각의 선례를 따른 '제3의 먼로주의'이고, 범유럽주의와도 완전히 양립한다고 진술합니다. 그리고 이 논문은 국제연맹이 미국 및 영국의 '먼로주의'를 인정하는 것처럼, 아시아 및 유럽의 '먼로주의'를 인정해, 국제연맹의 지역주의적 재편성을 도모해야 한다고 주장합니다.

* 『國際知識』(1932년 1월)에 번역 전재됨.

'동아신질서'

중일전쟁이 발발하자, 1938년 11월에는 일본이 '동아신질서'를 전쟁목적으로 주창하게 되었고, '지역주의'는 '동아신질서'의 기초를 이루는 원리가 되었습니다. 제1차 코노에 후미마로 내각의 외무대신 아리타 하치로(有田八郎)는 주일 영국대사에게 중국의 상황이 크게 달라졌다며, '동아경제블록'론을 주장했습니다. 아리타가 염두에 두었던 것은 역시 범유럽주의 모델이었고, 그는 이에 준거해 '동아신질서'의 경제적 부분으로서 '동아경제블록'의 존재를 정당화했습니다. 또한 '동아신질서'의 지도원칙으로 '동아협동체주의'를 거론하는 이들도 있었는데, 이것은 '동아신질서' 모델을 미국을 중심으로 한 아메리카 대륙의 국제질서에서 구한 것이었습니다.

이렇게 중일전쟁 이전에 국제연맹을 중심으로 한 종래의 국제법질서의 수정원리 내지 보완원리로서 주창된 '지역주의'는, 중일전쟁 발발 이후에는 이미 그러한 예외적이고 국지적인 질서원리에 그치지 않고, 그 자체로 세계적인 일반적 질서원리로 간주되기에 이르렀던 것입니다. 자연과 문화의 유기적 통합을 도모한다면, 지구는 균형 잡힌 몇 개의 지역으로 분할될 것이라는 전망에서, '지역주의'에 의한 '지역적 협동체를 근간으로 하는 세계신질서'가 구상되었습니다. 유럽에서 독일, 이탈리아 두 나라를 중심으로 만들어질 '구주신질서(歐洲新秩序)', 그리고 동아시아에서 일본을 중심으로 만들어질 '동아신질서'는 둘 다 '지역주의'에 바탕을 둔 '세계신질서'를 구성하는 일환으로 자리매김되었습니다. 당시의 '지역주의'론자는 '서구적 질서의 기본적 요소 중 하나인 주권적으로 독립한 민족국가의 해소'를 '구주신질서'의 '혁명'적 의의라고 평가했던 것인데, 그것과 동일한 과정이 중일전쟁을 통해, 동아시아에서도 진행 중에 있다고 인식했던 것입니다.

지역주의의 대항자

당시 '지역주의'론자가 지향한 '동아신질서'에 대항한 주요 장애물은 두 가지였습니다. 하나는 중국 민족주의, 또 하나는 중국 민족주의를 이용해 이와 제휴한 구미 제국주의였습니다.

'지역주의'론자는 국민국가의 확립을 지향하는 민족주의(내셔널리즘)가 일찍이 유럽 세계에 만들어낸 보편적 국제질서 원리로서의 역사적 역할을 상실했다고 보았습니다. 비유럽 세계에서 일본이 국민국가의 건설에 성공했던 것은, 일본 특유의 몇 가지 조건에 덕을 본 결과라며 그 예외성을 강조했습니다. 따라서 '지역주의'론자는 민족주의는 더 이상 아시아를 구제할 원리가 될 수 없다는 견해를 취했던 것입니다. '지역주의'론자에 따르면, 중국 민족이 살아가기 위해서는 민족을 초월해, 일본을 중심으로 하는 지역적 연대에 눈을 떠야 할 필요가 있고, 여기에서 그들은 중일전쟁을 수행해야 할 중요한 이유를 찾았습니다. 요컨대, 그들에 의하면, 중일전쟁의 궁극적인 목적의 하나는 민족주의의 초극에 있었던 것입니다.

또한 '지역주의'론자들에게, '지역주의'에 대립하는 질서원리는 민족주의와 함께 '제국주의'였습니다. '제국주의'는 본래 구미 제국주의라고 생각되었습니다. 이것이 최종적으로 미국이나 영국과의 전쟁을 정당화한 '지역주의' 논리였습니다.

'지역주의'론자 중에는 일본의 대륙정책 자체에 들어 있는 '제국주의'적 경향을 인식해, 구미 제국주의와 구별되는 대륙정책, 즉 '민족이 협동관계에 입각한 지역적 운명 공동체'를 육성할 정책을 일본이 준비해야 한다고 주장한 자도 있었습니다. 그러나 당시 '지역주의'의 반제국주의적 측면은 압도적으로 구미 제국주의를 표적으로 한 것으로, 자국 정책에 대한 비판으로써는 너무나 미약했습니다. 그리고 이 반민족주의적 측면이 사실상 제국주의적 측면을 형성했던 것입니다.

1940년대의 '대동아'

이러한 '지역주의'의 이데올로기적 영향은 일본의 국제법학에도 미쳤습니다. 1940년에 '대동아신질서(나아가 '대동아공영권')'가 제창되자, 일본의 국제법학계는 이에 호응해 '대동아국제법' 구축에 나섰습니다. 그때 모델로 중시되었던 것 중 하나는 당시 나치 독일의 공법학자들, 특히 칼 슈미트(Carl Schmitt)가 제창한 구주 광역국제법 이론이었습니다. 또 하나는 먼로 독트린으로 표현된 미국 중심의 아메리카 대륙의 국제법 질서였습니다. 이들 두 가지 사례는 '지역주의'적 국제법 원리를 제시한 것으로, '대동아국제법'의 선구로 간주되었습니다.

이상에서 본 것처럼, 1930년대부터 1940년대에 걸쳐, 일본의 지배적 이데올로기가 된 '지역주의'는 일본의 군사력에 의해 선도된 정치적·경제적 의미의 '지역주의'로, 문화적 의미가 거의 없었습니다. '지역주의'가 배격한 민족주의를 보아도, 주요 표적은 군사적·정치적·경제적 민족주의였으며, 문화적 민족주의에 대해서 '지역주의'는 거의 무관심했고, 또한 무기력했습니다. 요컨대 이 시기 일본 주도의 '지역주의'는 문화적 기초를 갖지 못했습니다.

(2) 태평양전쟁 이후: 미국의 '지역주의' 구상과 그 후

냉전 전략으로서 '아시아 지역주의'

일본의 패전은 일본 자국 중심의 '지역주의' 특히 1930년대 전반 이후의 '지역주의'에 종지부를 찍었습니다. 패전 후 일본은 더 이상 독자적인 '지역주의'를 갖지 못했습니다.

그것이 패전 후 일본이 어떤 '지역주의'와도 관계가 없었다는 것을 의미하지는 않습니다. 냉전기 미국 대외 정책에 관한 내외의 연구에 따르면, 일본 패전 후 아시아에서는 일본 패전 전의 '지역주의'에서 해방된 다양한 민족주의가 자기주장을 개시했다고 할 수 있습니다. 그러나 다른 한편으로, 영국과 일본을 대신해 비공산권 아시아에 대한 지배적 영향력을 획득한 미국이 냉전의 전개에 대응해, 독자적인 '지역주의'적 국제질서를 구상하고, 그 속에서 일본의 위상을 결정했기 때문입니다. 그것은 아시아의 경제적인 지역적 중심축으로 일본을 옹립해, 공산주의 특히 중국 공산주의의 진출을 억지할 아시아의 독자적인 국제질서를 만들어내고자 한 것입니다.

그것은 구체적으로는 일본의 공업력을 중점적으로 재건하고 증강하기 위해, 여타 아시아 지역(특히 한국, 타이완)을 원료 공급지와 시장으로 일본에 결합시켜, 비공산권 아시아 지역이 일종의 '수직적 국제분업' 시스템 속에서 기능하도록 합니다. 그럼으로써 미국이 과중한 재정 부담을 지지 않고, 공산주의에 대항할 수 있는 강고한 지역체제를 실현하고자 했던 것입니다. 1948년경부터 시작된 미국의 대일 점령 정책 전환의 배경으로, 이를 지지하고 추진했던 것이 미국의 아시아 지역주의 구상이었습니다.

미국이 냉전 전략의 일환으로 부과하려 했던 전후 아시아의 '지역주의'는, 방공(防共) 이데올로기와 일본 중심의 '수직적 국제분업' 구상에서, 일찍이 일본이 부과했던 '지역주의'—'대동아신질서', '대동아공영권'—를 연상시켰습니다. 그것은 당연히 아시아 여러 나라의 민족주의, 특히 자립적 공업화를 통한 탈식민지화를 목표로 한 경제적 민족주의와 충돌했습니다. 특히 한국의 이승만 정권의 반일민족주의가 대표적 사례였습니다.

이상과 같은 형태로, 일본은 미국의 냉전 전략에 편입됨으로써, 일본이 일찍이 동아시아와 동남아시아에 퍼져 있던 식민지제국이었다는 역사적 사실은 의식 저편에 방치되었습니다. 그것이 냉전 후 일본이 다시 한번 '탈식민지제국화'라는 과제에 직면하게 된 이유라고 생각합니다.

냉전의 종언과 지역주의의 변용

1970년대에 들어와 그때까지 미국의 아시아 '지역주의' 구상을 성립시킨 조건이 급변합니다. 첫째로는 아시아 냉전(특히 미중 냉전)의 종언입니다. 1971년 중국의 유엔 대표권 획득, 1972년 닉슨의 방중과 그 후 우여곡절을 거쳐 1979년 초에 실현된 미중 국교 정상화, 또한 이에 따라 종래의 일본을 중심으로 하는 아시아 지역주의는 적어도 냉전 전략으로써는 의미를 잃게 되었습니다.

둘째로는 아시아 냉전의 종언에 따라, 이데올로기로 분단되었던 이 지역을 글로벌리즘의 격류가 관통하기 시작했던 것입니다. 일찍이 냉전에 대처할 정치경제전략이란 역할을 요구받았던 '지역주의' 시스템은 냉전 후에는 글로벌리즘에 의해 발생한 지역공통의 제 문제에 대처할 것을 요구받았던 것입니다.

셋째로는 패권국이 강요한 '지역주의'에 반발했던 아시아의 다양한 민족주의가 경제력을 뒷받침으로, 미국이 기획한 일본 중심의 '수직적 국제 분업' 시스템을 더는 받아들일 가능성이 거의 없어졌다는 것입니다. 이렇게 아시아 여러 나라는, 전전과 전중에는 지역적 패권국인 일본이 강요했고, 전후에는 세계적 패권국인 미국이 강요한 '지역주의'에서 해방되어, 이제는 상호 대등성을 전제로 한 '수평적 통합'을 지향하는 새로운 '지역주의'를 모색하고 있습니다. 그것은 아시아에서는 처음 있는 역사적 실험입니다. 이 새로운 단계의 '지역주의'가 직면한 것이 문화적 측면입니다.

아시아 문화는 존재하는 것인가?

타케야마 미치오(竹山道雄)의 소설 『버마의 수금(ビルマの竪琴)』에서 다음 장면이 나옵니다, 패전 후 버마 현지에 남기로 결심한 미즈시마(水島) 상등병이 승려의 모습으로 변장한 채, 일본으로 귀환을 하루 앞둔 일본 병사들을 수용소의 울타리 너머에서 몰래 전송합니다. 병사들이 〈즐거운 나의 집〉*을 합창하는 가운데, 미즈시마 상

* 일본어로는 '오두막집(埴生の宿)'. 원곡은 헨리 비숍이 작곡한 곡조를 존 하워드

등병은 수금으로 반주하면서, 마지막으로는 석별의 정을 담아, 원곡이 19세기 미국에서 지어진 '졸업의 노래'라고 여겨지는 〈우러러보니 존귀한(仰げば尊し)〉이란 선율을 연주합니다. 당초 타케야마는 이 장면에서 버마를 포함한 아시아 지역에 공통적으로 널리 친숙한 가곡의 선율을 고르려고 생각했지만, 적당한 것이 떠오르지 않았다고 합니다. 그래서 저자는 결국 버마의 구종주국인 영국과 미국에서 만들어져, 일본의 『소학창가집(小學唱歌集)』에 수록된 두 가곡의 선율을 골랐던 것입니다. 버마와 일본에는 공통의 노래가 없었던 것입니다.

버마와 일본만 그렇지 않습니다. 옛날부터 더 밀접한 관계를 유지했던 일본과 중국 사이에도 마찬가지였다고 생각합니다. 타케야마는 당시 일본과 중국 사이에서도 공통으로 친숙한 가곡을 찾아내기 어려웠다고 진술합니다.

아시아의 국경을 넘나드는 음악문화의 부재는 적어도 '유럽 문화'와 동일한 의미의 '아시아 문화'가 존재하는지 여부에 의문을 품게 합니다. 츠다 소키치(津田左右吉)가 『지나사상과 일본(支那思想と日本)』(1938)이란 저서에서, 정치사상, 도덕사상, 종교, 문학 등의 비교를 통해, 일본과 중국 사이의 문화적 동일성(나아가 '동양문화'의 개념)을 부정하고, 오히려 일본문화와 '서양문화'의 공통성을 지적했

페인이 가사를 붙인 〈Home, Sweet Home〉이다. (역자)

습니다. 이 견해는 당시 국책의 근거가 된 '동아신질서'라는 이념을 부정했다 해서 강한 반발을 샀는데, 동시에 그것은 강한 설득력을 가진 것이기도 했습니다.

그러나 종래 '아시아 문화'의 존재가 희박하다는 여러 역사적 사실에도 불구하고, '아시아 문화'를 오늘날의 과제로 논의하는 것은 절대 무의미하지 않습니다. 특히 일본에게 아시아는 단순한 지리적 개념이 아닙니다. 오늘날 일본이 아시아 이웃 국가의 여론과 경제의 동향에 크게 영향을 받는 것은 일본인이라면 누구라도 실감했을 것입니다. 그런 의미에서, '아시아'는 일본에게는 생활 현실에 의해서 뒷받침된 개념입니다. '문화'는 이러한 생활 현실에서 발생합니다. 즈다 소키치가 사상사가로서 중요시했던 것은 생활 현실과 결부된 '사상'이었고, 그러한 '사상'을 구성요소로 한 '문화'였습니다.

새로운 '지역주의' 모색을 향해

지금까지 아시아에도 나름대로 공통된 생활 현실이 있었지만, 그것을 형성한 것은 주로 전근대의 중화제국, 근대 이후의 유럽 여러 나라, 일본과 같은 식민지제국 그리고 냉전 하의 미국과 중·소 양국과 같은 패권국을 발신자로 하는 수직적 커뮤니케이션이었습니다. 거기에는 상호 대등한 다양한 행위자(actor) 사이의 수평적 커뮤니케이션에 바탕을 둔 문화는 발생하지 않았습니다. 공통의 노래는 그러한 '문화'의 표현입니다. 오늘날 아시아 특히 한·중·일 삼국의 젊은 세대 사이에 몇 가지 공통되는 몇 곡의 노래가 생기고 있다는 것은, '아시아 문화'가 점차 그 실질을 확보했다는 하나의 징후로 파악할 수 있을지도 모릅니다.

한·중·일 삼국 간의 '역사인식'이 냉전의 종언에 따라 정치문제로 변한 것도 각각의 민족주의가 마찰하는 측면이 있다는 것은 부정할 수 없습니다. 일본도 한국도, 각각의 근대사를 일국사로서 쓸 수는 없습니다. 적어도 일본의 근대는, 한국 그리고 한반도 전체의 근대와 불가분의 관계에 있습니다. 일본의 근대에 가장 중요한 특질 중 하나는 아시아에서는 예외적인 식민지제국의 시대를 가졌다는 것에 있지만, 그 시대의 인식은 같은 시대의 한반도 전체의 현실—오늘날 이야기되는 한국에서 '식민지 근대'의 현실—에 대한 인식 없이는 존재할 수 없습니다. 그런 의미에서 한일 양국 근대의 불가분성을 구체적으로 인식하는 것이, 양국이 역사를 공유하는 첫걸음입니다. 이것은 또한 중국에 대해서도 마찬가지입니다.

4장

일본 근대에서 천황제는 무엇인가?

1. 일본 근대를 관통하는 기능주의적 사고양식

유럽화라는 과제

일본 근대는 명확한 의도와 계획을 가지고 수행된 전례 없는 역사 형성의 결과였습니다. 전근대 일본에서는 아마도 이에 비교할 현저한 역사 형성이란 목적 의식성을 찾아내기 어려울 것입니다. 그러나 그것이 반드시 일본 근대의 역사적 독창성을 의미하지는 않습니다. 막말에 개국으로 시작한 일본 근대는 당시 유럽에서 이미 확립되었던 국민적 생산력 발전 정도를 기준으로 한 가치관, 세계 자본주의를 받아들일 것을 전제로 형성되었기 때문입니다. 그것은 역사가 E. J. 홉스봄이 묘사한 1848년 이후의 세계적인 '자본의 시대'의 가치관입니다. 이미 서장에서 언급한 마르크스의 『자본』제1판(1867) 서문에 담긴 명제, 즉 19세기 후반의 세계는 산업화한 선진국의 이미지가 후진국의 장래 이미지를 보여주었다는 명제는 당시 일본에서는 자명했습니다. 일본은 당시 세계의 중심이었던 유럽 선진국 특히 영국에서 형성된 후진국의 장래 이미지에 따라, 근대의 역사 형성에 착수했습니다. 그 모델이 유럽 선진국이었습니다.

그러나 당시 일본이 장래에 도달해야 할 목표는 자명했지만, 그것에 도달할 과정과 방법은 명확하지 않았고 알 수도 없었습니다.

유럽이라는 모델이 있었으나, 유럽화 모델은 없었습니다. 만약 일본의 근대에서 역사적 독창성을 인정할 만한 것이 있다면, 적어도 동아시아에서 그것은 전례 없는 유럽화 실험이었습니다.

그런데 유럽 자체는 반복 불가능한 일회적인 역사적 실체입니다. 일본이 그것을 그대로 재생할 수는 없었습니다. 일본은 자신을 유럽화할 실험에 앞서, 그것을 가능케 할 유럽이란 이미지를 가지고 있어야만 했습니다. 그것은 유럽의 역사적 실체성을 최대한 사상(捨象)하고 조작 가능한 것이어야 했던 것입니다. 일본 유럽화의 선구자들은 역사적 실체로서 유럽을 도입 가능한 기능들의 체계(시스템)로 간주했습니다. 그리고 제도, 기술, 기계, 기타 상품을 통해, 19세기 후반의 유럽 선진국이 구비했던 각각의 기능을 도입해, 그것을 일본에서 작동시켜 일본의 유럽화를 도모했던 것입니다.

기능주의적 사고의 계보

그런데 이러한 기능적 유럽화를 도모하는 데는, 무엇보다도 일본 자신이 기능의 체계로서 재조직되어야만 했습니다. 그리고 그 전제로서 기능적 유럽화를 추진할 국민적 주체에 대해 기능주의적 사고양식의 확립이 요청되었습니다. 후쿠자와 유키치가 『문명론의 개략』에서 "사물이 귀한 것이 아니라, 그 작용이 귀한 것이다."라고 한 것은 바로 기능주의적 사고양식의 중요성을 강조했던 것입니다.

후쿠자와처럼 메이지 시기 자유주의적 자본주의의 최대의 선도자였던 타구치 우키치(田口卯吉)는 문필활동뿐 아니라 출판 활동, 실업 활동, 정치 활동에 걸친 다채로운 백과전서파적 활동을 통해, 몸소 기능주의적 사고양식이란 무엇인지를 보여준 인물입니다. 타구치의 생애는 자신의 이해관계보다도 스스로 선택한 공공적 목적에 대한 헌신을 우선하는 기능적 합리주의자의 궤적이었습니다. 타구치는 개인주의자였지만, 자기실현을 추구하기보다 자기를 기능화하고, 역할화하며 사는 길을 선택했다고 생각합니다.

후쿠자와나 타구치에서 볼 수 있는 메이지 시기의 기능적 합리주의를 타이쇼 시기에 계승한 사람은 저널리스트 하세가와 뇨제칸(長谷川如是間)이었습니다. 하세가와는 자신이 자란 에도 시대 이래 직인(職人) 전통에서, 일본의 근대화를 추진할 기능주의적 사고양식을 찾아냈습니다. 하세가와는 코다 로한(幸田露伴)의 『일구검(一口劍)』이나 『오층탑(五重搭)』에서 직인 윤리의 인격적 표현을 발견했으며, 자신이 잡은 붓을 부친과 조부가 잡았던 목수의 공구인 끌과 동일시합니다. 하세가와 뇨제칸도 또한 개인주의자였지만, 무엇보다도 사회적 기능에 대한 헌신 속에서 개인의 가치를 인정했습니다. 하세가와에게 개인은 그 자체로 가치를 갖는 실체적 가치가 아니라 그 활동에서 가치를 갖는 기능적 가치였습니다. 마르크스가 『자본』에서 한 분석에 따르면, '교환가치'로 전화할 수 있는

'사용가치'라고 해도 좋을 것입니다. 하세가와가 타이쇼 후반기부터 쇼와 전반기에 걸쳐 마르크스주의에 접근하게 된 복선 하나를 여기서 찾아볼 수 있습니다.

이시바시 탄잔(石橋湛山)은 하세가와 뇨제칸보다 어린 소장 경제 저널리스트로서 타이쇼·쇼와기에 활동했고, 전후에는 수상을 역임했습니다. 그는 일본에서 실용주의(Pragmatism)를 대표하는 사상가였던 타나카 오도(田中王堂)로부터 결정적 영향을 받았습니다. 타나카는 후쿠자와의 기능주의적 상대주의 철학을 높이 평가했습니다. 타나카의 유명한 저작 『후쿠자와 유키치(福澤諭吉)』는 뒷날 마루야마 마사오의 저명한 논문 「후쿠자와 유키치의 철학(福澤諭吉の哲學)」에도 큰 영향을 주었는데, 이시바시도 타나카의 저작에서 영향을 받았다고 할 수 있습니다. 이시바시는 타나카를 매개로 후쿠자와의 사상적 계보 속에도 자리매김할 수 있을 것입니다.

이상과 같이 일본 근대화를 추진한 기능주의적 사고양식은 중일전쟁 이후 쇼와 전시기의 통제경제론에도 현저하게 나타납니다. 이 시기의 대표적인 경제 저널리스트이며, 코노에 후미마로를 중심으로 전개된 '신체제' 운동을 이데올로기와 정책 면에서 떠받친 쇼와연구회의 멤버였던 류 신타로(笠信太郎)의 저서 『일본경제의 재편성(日本經濟の再編成)』은 대표적인 예입니다. 이 책에서 류는 계획경제를 주축으로 하는 '경제 신체제'란 틀을 제시했습니다. 류는 경제분석을 위한 주요 도구를 마르크스 경제학에서 가져왔지만, 그것을 1939년(쇼와 14) 당시 전시 필요에 대응할 일본 경제의 '재편성'을 위해 활용했습니다. 국가의 사멸을 예정하는 마르크스주의적 세계관 및 철학을 모태로 한 경제학을, 역으로 국가의 목적에 봉사하도록 한 것입니다. 당시 일본에서 마르크스 경제학은 비이데올로기화해 대국 소련의 경제 건설이란 시련을 거친 가장 실용적인 계획경제 이론으로 간주되었습니다. 일본 근대에 특유의 학문에 대한 기능주의적이고 실용주의적인 태도의 전형적인 일례를 거기에서 볼 수 있습니다.

모리 오가이가 일련의 '사전(史傳)' 저술에서 묘사한 에도 시대 말기 학자들의 학문은, 메이지 시기의 기능주의적이고 실용주의적인 학문에 대한 반대명제였습니다. 오가이가 '사전' 저술에 임해 그 점을 명확히 인식했던 것은 분명합니다.

시바 료타로(司馬遼太郎)는 대중적인 역사소설을 통해 고도 성장기 이후 일본인의 역사인식에 상당한 영향을 끼쳤습니다. 그는 역사상 다양한 조직과 인물 속에서 유럽에 맞는 기능 체계로 구상되고 실현되었던 일본 근대의 특징을 인정했습니다. 신센구미(新撰組)는 참신한 조직 감각을 가지고 형성된 선구적인 기능 집단으로 파악되었고, 오무라 마스지로(大村益次郎)는 스스로를 철저히 기능화한 인물로서 묘사되었습니다.

나가이 카후의 물음

그러나 당연히 역사적 실체로서 유럽을 기능 체계로서만 파악할 수는 없습니다. 유럽을 기능주의적으로 파악하는 방식은 유럽의 이미지를 근대에 치우친 일면적인 것으로 만들어버립니다. 이 점을 지적한 사람이 메이지 시기에 예외적으로 풍부한 구미 체험을 가진 나가이 카후(永井荷風)였습니다. 카후는 1909년(메이지 42)에 발표된 「신귀조자일기(新歸朝者日記)」에서 '신귀조자'가 다음과 같은 말을 하도록 합니다.

내가 본 바로는 서양 사회라고 하더라도 도처의 모든 것이 근대적인 것은 아니다. 근대적인 것이 뭘 어찌하더라도 침범할 수 없는 부분이 무엇에도 분명히 남아 있다. 즉 서양이라고 하는 곳은 아주 옛날 냄새가 진동하는 나라다. 역사의 냄새가 진동하는 나라다.

유럽에는 '근대'로 환원할 수 없는 본질적인 것이 있다는 카후의 통찰은, 뒷날 문예평론가 나카무라 미츠오(中村光夫)에 깊은 감명을 주었습니다. 나카무라도 『분가쿠카이(文學界)』 1942년(쇼와 17) 10월호에 게재된 좌담회 '근대의 초극'을 위해 기고한 「'근대'에의 의혹('近代'への疑惑)」이란 논문에서, "우리는 왜 유럽에 대해 그 오래됨을 이해하지 않고, 이른바 새로움을 좇는 광대짓을 반복해왔

는가? 오늘날 우리가 상식으로 여긴 유럽관에 왜 이런 중대한 원근법의 오차가 발생한 것일까?"라는 의문을 던집니다. 그리고 그 원인을, 유럽을 '기계와 그것을 운용하는 데 적합한 사회'로만 바라본 일본의 근대화 자체에 돌렸습니다.

아시아·태평양전쟁 초기에 일본이 군사적 우세를 확보하고, 특히 동남아시아에서 유럽 식민지를 탈취하자, 일본의 지식인 사이에서도, '근대의 초극'이라는 말로 상징되는 메이지 시기 이래 국가 향도 개념으로 자리 잡았던 '근대' 개념에 대한 의문과 부정론이 대두했습니다. 그와 동시에 일본 '근대'의 방향을 제시했던 비역사적인 기능주의적 '유럽' 개념에 대한 자성의 징후도 보이기 시작했던 것입니다. 당시의 나카무라 미츠오가 논한 부분은 한 사례였습니다. 나카무라는 제2차 세계대전의 발발과 유럽의 붕괴를, 나치 독일의 군사력에 위협받았던 프랑스 현지에서 온몸으로 체험한 바 있습니다.

마루야마 마사오의 '근대'

이러한 시대 상황 속에서, 마루야마 마사오는 막번체제 이데올로기 내부에서 나온 소라이학(徂徠學)의 발전과, 국학을 매개로 한 사실상의 근대를 촉진하는 계기의 자생 과정을 추적한 논문을 발표합니다. 그는 '근대의 초극'이란 호칭에 반발해 어디까지나 '근대'라는 주제를 버리지 않았습니다. 마루야마는 전후 이 논문을 포함한 저서를 간행하며 당시를 회고했는데,* "근대의 '초극'이나 '부정'이 소리 높여 외쳐지던 와중에, 메이지 유신의 근대적 측면, 더 나아가서는 토쿠가와 사회의 근대적 요소의 성숙에 착목한 것은 나만이 아니라, 대개 파시즘적 역사학에 대한 강렬한 저항감을 가진 사람들에게 이른바 필사적인 거점이었던 것도 부정할 수 없는 사실이었다."고 술회하며, "내가 토쿠가와 사상사와 씨름한 초학문적 동기 중 하나도 여기에 있었다."고 설명합니다.

마루야마에게 '근대' 개념은 기능주의적 사고양식으로 기초를 다진 후쿠자와 이데올로기에 의해 보강되어, 전시 하 일본의 현실을 비판하는 이념적 근거가 되었습니다. 그것은 전후에도 1946년 5월 『세카이(世界)』에 발표한 논문 「초국가주의의 논리와 심리(超國家主義の論理と心理)」로 시작하는 마루야마의 사상 활동을 관통합니다.

2. 기독교의 기능적 등가물로서 천황제

기능을 통합하는 기능

후쿠자와를 경유해 마루야마에 도달한 일본 근대화의 추진력이

---

* 「あとがき」, 『日本政治思想史研究』, 東京大學出版會, 1952. 이 술회는 「저자후기」에 새로 매긴 8쪽에 수록되어 있다. (역주)

된 기능주의적 사고양식은, 유럽 문명의 기반을 이루는 가장 기능화하기 곤란한 종교마저도 기본적 사회 기능 내지 국가 기능으로 파악했습니다. 기능주의적 사고양식은, 기독교가 유럽에서 담당했던 이런 기능을 일본에 도입하려 했습니다. 일본을 근대화하고, 유럽적인 기능 체계로 형성하고 유지하려면, 다양한 여러 기능의 통합을 담당할 무언가가 필요합니다. 메이지 국가 형성기에 정치지도자들은, 유럽에서 그 기능을 담당했던 것으로 종교 즉 기독교를 찾아내었습니다. 메이지 전기 일본인의 종교관에 대해서는 와타나베 히로시(渡辺浩)가 쓴 「'종교'는 무엇이었나?」[*]를 참조해 주시기 바랍니다.

이토 히로부미는 1888년(메이지 21) 5월, 추밀원에서 헌법안 심의를 개시하며, 헌법제정의 대전제는 '우리나라의 기축(我國の機軸)'을 확정짓는 것이라 지적하고, "유럽에는 종교라는 것이 있어, 이것이 기축을 이루고, 깊이 인심에 침윤해, 인심이 이에 귀일"한다는 사실에 주의를 환기했습니다. 유럽에서 기독교가 담당한 '국가의 기축'으로서 기능을 일본에서 담당할 수 있는 것은 무엇일까? 이것이 헌법 기초자로서 이토가 품은 최대의 문제였습니다.

---

[*]　渡辺浩, 「「宗教」とは何だったのか」, 『東アジアの王權と思想』(東京大學出版會, 2016).

그나이스트의 권고

이토가 이러한 문제의식을 품게 되었던 것은, 그가 1882년(메이지 15)부터 1883년에 걸쳐 유럽을 방문해 헌법 기초를 위한 조사에 착수했을 즈음에, 강의를 통해 깊은 영향을 받은 프로이센의 공법학자 루돌프 폰 그나이스트(Rudolf von Gneist)의 권고 때문이었다고 생각합니다.

오늘날 이토 자신이 직접 청강한 그나이스트의 강의 기록은 남아 있지 않습니다. 그러나 1885년(메이지 18) 후시미노미야 사다나루 친왕(伏見宮貞愛親王)이 청강한 강의 기록인 『그나이스트 씨 담화(グナイスト氏談話)』(토쿄대학 법학부 연구실 서고 소장)가 남아 있습니다. 이것은 헌법 기초의 참고자료로 이토에게 제출되었는데, 그중에 국가체제의 기초로서 종교가 가진 역할의 중요성이 다음과 같이 강조되었습니다.

인간 자유의 사회를 이루고자 함에는, 하나로 결속(結付)시키는 것이 필요하다. (……) 즉 종교라는 것이 있어, 사람들 상호간에 사랑하고 돕는 도를 가르침으로써 인심을 일치 결합시켜야 하기 때문이다. (……) 종교 내용 중 자유 인민에 아주 적당한 것은 되도록 보호하고, 민심을 유도해, 사원(寺院)을 일으키고, 신계(神戒)를 설교해, 깊이 종지(宗旨)를 인심에 깊게 집어넣지 않으면, 진실로 공고한 나라를 이루기 어렵다.

(……) 병사가 죽음을 돌아보지 않고 나라를 위해 자신을 희생하는 것도 또한 그저 이 의(義)에 다름 아니다. 차분히 유럽에서 부강하다는 나라를 살펴보자. 먼저 사원을 일으키고, 종교를 번성하게 하지 않은 나라는 없다. 모두 종교에 의지해 나라를 세웠음을 알아야 한다.

이러한 일반 원칙을 전제로 해, 그나이스트는 "일본은 불교를 국교로 해야 한다."고 권고했습니다. 그리고 그나이스트는 일본이 모델로 한 1850년 프로이센 왕국 헌법에 들어 있는 제12조 '종교의 자유' 규정은 일본의 헌법에는 넣지 말고, 개정 폐지가 용이한 법률에 넣어야 한다는 것, 또한 제14조 "기독교는 예배와 관련한 국가 제도의 기초가 된다."라는 조문 속에 있는 '기독교'를 일본의 경우에는 '불교'로 바꾸어야 한다고 설파했습니다.

국가의 기축으로서 천황

그러나 일본의 헌법 기초 책임자인 이토 히로부미는 불교를 포함한 기존의 일본 종교에서, 유럽에서 기독교가 가진 기능을 담당할 만한 것을 찾아낼 수 없었습니다. 이토에 따르면, 일본에서는 종교가 가진 힘이 미약해 하나의 종교가 '국가의 기축'이 될 수 없었던 것입니다. 그래서 이토는 '우리나라의 기축이 될 수 있는 것은 오직 황실뿐'이라고 단언했습니다. '신'의 부재가 천황의 신격화를 가져왔던 것입니다.

후쿠다 츠네아리(福田恆存)가 『근대의 숙명(近代の宿命)』에서 지적하듯이, 유럽의 근대는 종교개혁을 매개로 유럽 중세로부터 '신'을 계승했지만, 일본 근대는 메이지 유신 전후의 '폐불훼석(廢佛毁釋)' 정책과 운동으로 상징되듯이, 전근대로부터 '신'을 계승하지 않았습니다. 그러한 역사적 조건 하에서 일본이 유럽적 근대국가를 만들려면, 유럽적 근대국가가 계승한 전제를 다른 것에서 구해야만 합니다. 그것이 바로 신격화된 천황이었습니다. 천황제는 유럽의 기독교에 대한 '기능적 등가물(윌리엄 제임스가 말한 functional equivalent)'로 간주되었습니다. 그런 의미에서 일본의 근대국가는 유럽적 근대국가를 충실하게, 너무도 충실하게 모방한 산물이었습니다. 여기에서는 일본 근대의 추진력이었던 기능주의적 사고양식이 가장 전형적으로 관철되는 모습을 볼 수 있습니다.

군주관의 차이

이렇게 유럽의 기독교에 대한 '기능적 등가물'로서 천황제는 당연히 유럽의 군주제(특히 교회로부터 분리된 입헌군주제)를 넘어서는 과중한 부담이 지워집니다. 그것은 유럽과 일본의 군주관에서 현저한 차이로 나타났습니다.

1913년(타이쇼 2) 독일 유학 중이었던 민법학자 호즈미 시게토(穗

積重遠, 토쿄제국대학 조교수, 뒷날 동궁대부東宮大夫)은 자신의 일기에서 독일제국과 일본의 군주관 차이에 대해, 독일 황제 탄신일 축하 학생대회에 출석했을 때의 인상에 빗대어, 다음과 같이 언급합니다.

우리들이 가장 기이하게 느꼈던 것은 (……) 대학총장(……)의 축사 등에도 카이저(der Kaiser, 황제)라는 말은 한두 번 정도 나왔을 뿐, '파터란트(das Vaterland, 조국)'라는 말이 입만 열면 나오는 형국. 즉 황제의 탄신일은 이른바 애국심 고무의 재료로 사용되는 모습으로, 같은 제국이라도 우리나라와 국체의 차이는 실로 천양지차라고 하지 않을 수 없다. 게다가 여기는 프로이센이라 아직 나은 편으로, (프로이센 국왕이 독일 황제이므로 아직 나은 편으로) 다른 연방 등지에서는 카이저의 말발이 한층 더 먹히지 않는다고 한다.
예전에 하숙집에서 우리나라의 새로 즉위한 천황폐하(타이쇼 천황)가 화제에 올라, "그는 (모든 황제를 '그'라고 부르는데) 인망이 있는가?"라고 물어, "인망 등을 말할 계제가 아니다. 우리 일본인은 미카도(ミカド)를 신으로 숭배하고(vergöttern) 있다."고 대답하자, 괴이하다는 표정을 지었다.

이상과 같이, 타이쇼 초기 독일에서 젊은 일본인 법률학자 호즈미 시게토가 느낄 수 있었던 일본과 독일 간 군주관의 차이는, 메이지 일본의 헌법 기초자들이 유럽에서 기독교가 가진 기능을 천황제가 담당할 것으로 상정해 천황제를 통해 그 기능을 도입했던 것에 기인합니다. 이 때문에 근대 일본의 천황제는 유럽의 기독교에 상당하는 종교적 기능을 담당해야 했습니다.

서양 중세 최대의 철학자 토마스 아퀴나스가 설파한 것처럼, "왕국의 직무는 영적인 것을 지상의 것과 구별하기 위해, 지상의 왕에 위임한 것이 아니라, 성직자에게, 특히 최고의 사제, 베드로의 후계자, 그리스도의 대리자, 로마교황에게 위임되어 있다. 그리고 교황에 대해, 기독교도 인민의 모든 왕은 어디까지나 주 예수 그리스도 그 사람을 대하듯이 복종해야만 한다. 이렇게 하는 것은, 종국 목적(終局目的)을 관리하는 사람보다도, 선행 목적(先行目的)을 관리하는 자는 하위에 위치해, 그 사람의 명령에 복종해야 하기 때문이다."*

독일제국이 이처럼 중세 이래의 '성'과 '속'이란 가치 이원론을 전제로 했던 것에 대해, 일본의 천황제에서는 토마스가 말한 '영적인 것'과 '지상의 것'은 명확히 구별되지 못했고, '성직자'와 '왕'이 일체화되었다고 할 수 있습니다.

---

* 柴田平三郎 역, 『君主の統治について―謹んでキプロス王に捧げる』(岩波文庫, 2009), 89쪽.

3. 독일 황제와 대일본제국 천황

요시노 사쿠조의 관찰

일본과 독일의 군주관 차이는, 첫째 각각의 국가에서 군주가 가진 지위와 성격의 차이, 즉 군주로서 황제와 천황 사이의 본질적인 차이에서 유래했습니다. 프로이센 국왕은 독일 제국 헌법에 의해 독일 제국을 구성하는 각 영방, 각 자치도시를 통합해, 독일 제국을 대외적으로 대표하는 원수가 되었지만, 황제는 각 영방의 왕, 각 자치도시의 시장에 대해 반드시 절대적인 우월성을 가진 것은 아니었습니다. 영방과 자치도시의 자립성은 강고했고, 왕과 시장에 대한 황제의 우월성은 어디까지나 상대적인 것에 불과했습니다.

이 점을 당시 독일 사회민주당의 견해를 빌려 강조한 사람은 요시노 사쿠조입니다. 1916년(타이쇼 6) 1월 『츄오코론(中央公論)』에 발표되어, 커다란 반향을 부른 요시노 사쿠조의 유명한 논문 「헌정의 본의를 설파해, 그 유종의 미를 거두는 길을 논함(憲政の本義を説いて其有終の美を濟す途を論ず)」에서, 요시노는 다음과 같이 말했습니다.

독일은 25개의 독립국가로 구성된 연방인데, 통틀어서는 명칭이 보여주는 바대로 제국이다. (……) 독일의 사회민주당은 홀로 다른 해석

요시노 사쿠조(요시노 시쿠조 기념관 소장)

을 여기에 내리고 있다. (……) 그들은 독일 헌법상의 해석으로 "독일은
공화국이다."라고 주장하려는 것이다. (……) 다만 보통 공화국과 다른
점은 (……) 이것에 있어서는 각 독립국가 자체가 단위다. 그런데 독일
황제는 세습이며, 또한 이름을 카이저라고 부르지만, 그 법률상 성질은
공화국의 대통령과 아무런 차이가 없다. 프로이센 국왕으로서 그는 군
주의 대우와 존칭을 받을 수 있다는 것은 말할 필요도 없다. 그러나 독
일 황제로서 그는 함부르크나 브레멘 같은 자유시의 시장과 어떠한 자
격상의 차이도 없다. (……) 일찍이 황제가 일이 있어서, 함부르크에 행
차했을 때, 시장이 황제를 위한 연회를 베풀면서, 그 환영사에서, "나의
동료여(Mein Kollege)"라고 말을 걸어, 자리에 앉은 사람을 놀라게 했
다는 일화가 있다.*

* 三谷太一郎 책임편집,『日本の名著48 吉野作造』(中央公論社, 1984), 114~116쪽.

요시노는 독일 제국이 '해석상의 민주주의를 제창하는 재미있는 사례'라고 했지만, 이것과 그가 당시에 제창한 '민본주의'를 구별했습니다. "내가 근대 각국의 헌법—민주국체든 군주국체든 가리지 않고—의 공통된 기초적 정신을 이루는 것이라고 한 민본주의란 그 이름은 상당히 비슷하나, 실제로는 상당히 다르다."고 말했습니다. 독일 제국에 대해 독일 사회민주당이 주장한 것처럼 '해석상의 민주주의'는 "처음부터 군주국체임이 명백한 우리나라와 같은 곳에 적용할 수 없는 것은 애초에 한 점의 의문도 없다."라는 것이 요시노의 견해였습니다.

헌법상 군주의 차이

독일 제국과 당시 일본 제국의 군주가 가진 성격의 차이는 각각의 헌법에서 군주의 지위를 표현하는 형용사의 차이에도 드러납니다. 프로이센 왕국 헌법에는 황제인 국왕에 대해 제43조에서 "국왕의 지위(Die Person des Königs)는 침범할 수 없다(unverletzlich)."고 규정되어 있습니다. 이것이 아마 대일본제국 헌법 제3조 "천황은 신성해 침범할 수 없다(天皇ハ神聖ニシテ侵スヘカラス)."의 원형일 것입니다. 이 제3조에서는 프로이센 왕국 헌법 제43조에서 말하는 'unverletzlich'를 '신성해 침범할 수 없다'라고 번역해, 이것으로 천황의 지위를 규정했다고 생각합니다.

그러나 프로이센 왕국 헌법에 'unverletzlich'가 사용되는 것은 국왕(황제)의 지위에 대해서만은 아닙니다. '서신의 비밀(제33조)'과 '소유권(제9조)' 그리고 '주거(제6조)'에 대해서도 마찬가지입니다. 즉 이들 국민의 권리도 또한 국왕(황제)과 마찬가지로 'unverletzlich'라고 규정되어 있었습니다.

이에 대해 대일본제국 헌법에서는 '서신의 비밀'을 보장한 제26조는 "일본 신민은 법률에 정한 경우를 제외하고 서신의 비밀을 침범당하지 않는다."라고 되어 있습니다. 또한 '소유권'에 관한 제27조는 "일본 신민은 그 소유권을 침범당하지 않는다. 공익을 위해 필요한 처분은 법률이 정하는 바에 따른다."라고 되어 있습니다. 또한 '주거'에 대해서는 제25조에서 "일본 신민은 법률이 정하는 경우를 제외하고 그 허락 없이 주소를 침범당하거나, 수색당하지 않는다."라고 규정되어 있습니다. 각 조문이 위에서 서술한 프로이센 왕국 헌법에서 대응하는 각 조문을 각각의 원형으로 했다는 사실은 분명합니다. 하지만 일본의 입법자는 프로이센 왕국 헌법을 대일본제국 헌법에 이식할 때, 'unverletzlich'를 천황에 대해 사용하는 경우와 신민의 권리에 대해 사용하는 경우로, 번역어 상에서 의도적으로 구분했다고 생각할 수 있습니다. 'unverletzlich'는 천황의 지위를 형용하는 경우에는 "신성해 침범할 수 없다."라고 번역되었고, 신민의 권리에 대해서는 단지 "침범당하지 않는다."라고 번역되어 있습니다.

이토 히로부미의 저서 『헌법의해(憲法義解)』*의 영역판**에는 제3조가 "The Emperor is sacred and inviolable."이라 되어 있습니다. 또한 제26조 '서신의 비밀' 조항, 제27조 '소유권' 조항은 각각 "the secrecy of the letters of every Japanese subject shall remain inviolate." "The right of property of every Japanese subject shall remain inviolate."라고 되어 있습니다. 요컨대 'unverletzlich'는 천황에 대해 사용할 경우에는 'sacred and inviolate'로 번역되었고, '서신의 비밀', '소유권'에 대해 사용할 경우에는 '(remain) inviolable'로 번역이 구별되어 있습니다.

지금까지 본 천황의 '신성불가침성'에 해당하는 'unverletzlich'에는 형이상학적 절대적 불가침성이 포함되어 있습니다. 이토 히로부미의 『헌법의해』는 천황의 '신성불가침성'에 대해 "법률은 군주를 책문(責問)할 힘을 갖지 못한다. 불경이란 그저 그 신체를 침해해서는 안 된다는 것뿐 아니라, 또한 비판·논의의 대상밖에 있는 존재이기도 하다."라는 견해를 밝혔습니다. 바꾸어 말하면, 천황의 '신성불가침성'은 정치상, 법률상 책임을 물을 수 없는 무답책

* 伊藤博文, 『憲法義解』(國家學會, 1887). 宮澤俊義 校注(岩波文庫, 1940).
** 伊東巳代治 옮김, *Commentaries on the Constitution of the Empire of Japan*(英吉利法律學校, 1889)(Third Editon, 中央大學, 1931).

(無答責)을 의미할 뿐 아니라, 제1회 제국의회 개회에 즈음해 후쿠자와 유키치조차도 지적한 것처럼, 천황의 '신성불가침성'에 저촉되는 것은 의회에서 언론 자유의 범위에 포함되지 않고, 그것까지도 내면에서 제약하는 요인이 되었던 것입니다. 그 점에서 '서신의 비밀'과 '소유권' 그리고 '거주'처럼, 법률로 제한되는 헌법상 권리의 상대적이고 조건적인 불가침성과는 전혀 다르다고 할 수 있습니다.

게다가 천황의 '신성불가침성'은 단지 소극적이고 방어적인 것이 아니라, 보다 적극적인 윤리적이고 도덕적인 또는 종교적인 정대성을 절반은 함의했습니다. 그것이 헌법 기초자 이토 히로부미가 말한 '국가의 기축'*의 궁극적 의미였습니다.

조칙 비판은 자유인가?

1935년(쇼와 10) 천황기관설 사건에서, 헌법학자 미노베 타츠키치의 학설이 기관설에 반대하는 논자에게 공격받았을 때, 하나의 쟁점이 되었던 것이 천황의 조칙은 비판의 대상이 될 수 있는가라는 문제였습니다. 조칙 비판은 자유인가라는 문제입니다. 미노베는 조칙의 책임은 그에 부서(副署)한 내각총리대신 이하 국무대신에 있고, 천황은 무답책이며, 따라서 천황을 보필하는 국무대신의 책임을 물을 수 있는 조칙 비판은 자유라는 견해를 취했습니다.

* 『樞密院會議議事錄』제1권(東京大學出版會, 1984), 157쪽.

그러나 대일본제국 헌법 하에서, 국무대신의 부서가 없는 예외적인 조칙이 있었습니다. 헌법이 시행된 제1회 제국의회 개회(1890년 11월 25일 소집, 12월 29일 개원식)를 1개월 앞둔, 1890년(메이지 23) 10월 30일에 발포된 이른바「교육칙어(敎育勅語)」였습니다. 천황기관설 사건에서 미노베에 대한 취조를 담당한 주임검사는 이 점을 지적하며, 조칙 비판의 자유를 주장하는 미노베를 추궁했습니다.

왜「교육칙어」에는 내각총리대신 이하 국무대신의 부서가 없는 것일까? 그 점을 밝히기 위해「교육칙어」의 성립과정을 추적하고, 그것을 통해 천황의 '신성불가침성'이 적극적이고 구체적으로 체현된 도덕의 입법자로서 천황의 본질을 밝히고자 합니다.

4.「교육칙어」는 어떻게 만들어졌는가?

교육칙어의 위상

대일본제국 헌법에서 천황은 국가의 원수로서 통치권을 통합('總攬')하는 국가주권의 주체였는데, 통치권의 행사에 임해서는 "헌법의 조규에 따라 이를 행한다."(제4조)라고 규정되어 있었습니다. 즉 천황은 헌법에서 정의된 바에 따르면 '입헌군주'였습니다.

그러나 헌법은 본래 이토 히로부미 등이 예정했던 천황의 초입헌군주적 성격을 명확히 갖추지 못했습니다. 제3조에 들어 있는 천황의 '신성불가침성'은 천황의 비행동성을 전제로 합니다. 그것은 법해석상에서는 천황은 신성하다, 따라서 행동하지 않는다, 따라서 정치적 법률적 책임을 지지 않는다라는 의미 이상의 적극적 의미가 없었습니다. 요컨대 제1조에 규정한 통치의 주체로서의 천황과, 제3조의 천황의 '신성불가침성'은 법논리적으로는 양립할 수 없었습니다. 거기에서 헌법이 아닌 헌법 밖에서 '신성불가침'을 체현할 천황의 초입헌군주적 성격을 적극적으로 명시한 것이 「교육칙어」였던 것입니다. 「교육칙어」는 이토가 천황을 단순한 입헌군주에 머무르지 않고, 절반은 종교적 절대자의 역할을 다해야 할 '국가의 기축'에 천황을 자리매김한 논리의 필연적 귀결이었습니다.

이하 「교육칙어」 성립 과정에 관한 역사적 사실은, 교육학자 카이고 토키오미(海後宗臣)의 고전적 명저 『교육칙어 성립사 연구(教育勅語成立史の研究)』(발행자 海後宗臣, 1965)에 전면적으로 의거했습니다. 이 주제에 관한 실증적 연구로서 카이고의 저서를 능가하는 것을 아직 알지 못합니다.

그 기점과 논리

「교육칙어」의 기점이 되었던 것은 1879년(메이지 12) 8월, 천황이 시강(侍講) 모토다 나가자네(元田永孚)에 명을 내려 기초한 「교학성지(教學聖旨)」입니다. 이것은 천황의 명으로 국민교육의 방침을 밝히고자 한 문서입니다. 이것이 「교육칙어」의 기점이 된 까닭은, 그 것을 관통하는 논리가 그대로 「교육칙어」의 논리가 되어 있다는 것, 그리고 그 기초자 모토다 나가자네가 「교육칙어」의 기초자 중 한 사람이기 때문입니다.

바로 그 시기부터, 1872년(메이지 5)의 '학제(學制)' 이래 계몽주의적 교육사상에 대한 재검토가 정부 내외에서 시작되었고, 문부성에서도 도덕교육을 중시하는 경향이 강화되었습니다. '학제' 발포와 동시에, 소학교 저학년(하등소학 2개년)용으로, '수신(修身)'이라는 교과가 개설되었는데, 교재는 주로 번역서가 사용되었고, 수업은 교재의 내용을 교사가 구두로 설명하는('修身口授') 형태로 이루어졌습니다. 당시의 '수신'은 지식의 교수(敎授)를 목적으로 한 교과에 종속된 것으로 간주되었습니다. 1879년(메이지 12) 9월에는 '학

모토다 나가자네

제'를 대신해 교육령이 제정되었는데, 교육령에서도 당초에 '수신'은 열거된 여러 교과 중 마지막에 놓여 있었습니다. 그런데 다음 해 1880년 12월에 교육령이 개정되자, 그때 '수신'은 여러 교과 중에 필두에 올라가게 되었습니다. 이 시기 즉 1879년 8월에 천황 명의로 나온 「교학성지(敎學聖旨)」에 사상상황의 변화가 나타났다는 점은 용이하게 상상할 수 있습니다.

「교학성지」는 국민교육의 기본방침을 보여준 원론 부분('敎學大旨')에서, 교육의 제일 목적은 '인의충효(仁義忠孝)'를 밝히고, '지식재예(智識才芸)'를 닦는 것은, 그것을 전제로 해 비로소 이루어진다는 도덕주의적 교육사상을 강조합니다. 그러한 도덕주의적 교육사상의 원천은 천황 선조의 교훈인 '조훈(祖訓)'과 일본의 고전인 '국전(國典)'에서 찾았습니다. 이것이야말로 「교육칙어」의 공리와 논리입니다. 즉 「교육칙어」에서 말하는 천황의 선조가 충효의 덕을 세워, 신민이 마음을 하나로 해 대대로 그 아름다움을 지켜왔으므로, 이것이야말로 일본 국체의 정화(精華)이며, 교육의 연원도 또한 여기에 있다는 논리와 동일하다고 할 수 있습니다.

교육논쟁과 정치대립

그런데 이러한 「교학성지」의 사상이 곧바로 「교육칙어」로 이어졌던 것은 아닙니다. 왜냐하면 1879년(메이지 12) 당시 정부 내부에

서는 이에 대한 유력한 반대가 있었기 때문입니다. 그것은 같은 해 내무경 이토 히로부미의 측근으로 내무대서기관이었던 이노우에 코와시가 기초하고, 이토의 이름으로 천황에게 제출된 「교육의(敎育儀)」라는 문서에 밝혀져 있습니다. 「교육의」는 사회에서 '풍속의 폐단(風俗ノ弊)' 즉 '제행의 문란(制行ノ敗レ)' 및 '언론의 문란(言論ノ敗レ)'은 인정하지만* 이것을 시정하기 위해 유신 이래 정부가 추진한 문명개화정책을 변경해 '과거의 구습'으로 복귀해서는 안 된다며, 모토다 나가자네의 「교학성지」의 사상에 반대했던 것입니다.

이런 교육논쟁의 배경에는, 일찍이 오쿠보 토시미치가 살아 있을 때, 그를 옹립하고 그의 지지를 얻어 천황의 직접적 권력행사(이른바 천황친정)를 실현하고자 했던 모토다 등 시강들로 구성된 천황 측근 세력과, 오쿠보의 뒤를 이어 내무경이 되면서, 일찍이 오쿠보의 정치적 역할을 계승한 이토를 중심으로 한 관료 세력 사이의 대립과 항쟁이 있었습니다. 오쿠보에 의해 통합되었던 궁중과 정부가 오쿠보의 사망 이후 분열해, 양자의 권력 투쟁이 현재화되었던 것입니다. 그것은 사족 반란에 의한 내전의 종결 이후 메이지 정부의 중심세력이 되어, 그 통합의 주체가 되었던 친오쿠보 세력이 분

---

* 제행의 문란이란, 쇄국에서 개국으로, 신분제에서 사민평등으로 진행된 제도개혁과 동반한 문란이고, 언론의 문란이란 언론 자유와 동반한 것이라고 보았다. 森川輝紀, 「元田永孚と教學論」, 『埼玉大學紀要 教育學部』 59-1(2010), 146쪽. (역주)

열한 결과였습니다. 이러한 궁중의 천황 측근 세력과 정부 관료 세력 사이의 정치적 대립에서 유래하는 사상적 대립[이른바 '궁중'과 '부중(府中)' 사이의 이데올로기적 대립]이 계속되는 한, 천황의 명으로 일본 신민 전체를 대상으로 한 도덕에 관한 유일하고 절대적인 의사를 형성하는 것은, 극히 곤란했습니다.

지방장관의 요청

그런데 이것을 가능하게 하고, 또한 필요하게 했던 것은 국가체제의 정점과 저변을 매개하는 역할을 하는 지방장관(부·현지사)에게서 나온 요청이었습니다. 제1차 야마가타 아리토모 내각 하에서 열린 1890년 2월 지방장관회의에서는 지방의 민심을 통일하고 파악하는 방안이 문제가 되었는데, 당시 야마가타가 겸임한 내무내신을 보좌하는 내무차관으로 회의에 출석했던 요시카와 아키마사(芳川顯正)─그는 이해 10월의 「교육칙어」를 환발(渙發)할 때의 문부대신입니다─에 의하면, "어떠한 도덕상의 으뜸되는 근본을 세워 민심을 통일하는 것이 긴급하게 필요하다는 것만큼은 (……) 각 지방장관이 일치해 인정하는 바였다."고 합니다.* 그리고 회의는 문부대신에 「덕육함양의 의에 붙인 건의(德育涵養の義に付建議)」를 제출하기에 이르렀던 것입니다.

* 『その頃を語る』, 東京朝日新聞社, 1928년 수록.

이렇게 당시 지방장관들이 '덕육함양'의 필요를 통감한 이유에 대해, 건의는 "현행의 학제에 따르면, 지육(智育)을 주로 해 오로지 예술·지식의 진보에만 노력해, 덕육에 대해서는 완전히 결여되어 있는 것 같다."라고 합니다. 그리고 그 결과, 학동·생도의 질서의식이 약화되어, 반(反)질서의식이 강화되었다고 봅니다. 소학교에 들어간 학동도 "곧바로 그 지식과 예술을 자만하며, 부형을 경멸하는 마음이 생겨 경조부박(輕躁浮薄)한 풍조에 빠진다."고 합니다. 또한 중학교에 들어간 생도는 학업을 절반도 마치지 못한 자가 "걸핏하면 천하의 정사를 담론하고, 종종 혹은 스스로 교칙을 어기면서, 직원이 한 처치의 옳고 그름을 주장하고, 제멋대로 항쟁분요(抗爭紛擾)를 일삼는 경우가 있다."고 합니다.

그리고 이러한 초등·중등 교육에 대한 현상인식은 "이런 정세로 아무 것도 하지 않고 시간을 보내면, 실업(實業)을 가볍게 여기고, 제멋대로 고상한 말을 하며, 미숙한 학술 지식에 의거해 요행을 바라는 풍조에 빠지고, 웃어른을 능멸하고, 사회 질서를 문란케 하며, 마지막에는 국가를 위태롭게 할 것입니다. 이는 지육 일변도로 나아가, 덕육을 같이 추진하지 않은 것에서 나온 폐단입니다."라는 위기감마저 자아냈습니다.

이 지방장관회의의 문제제기는 각의의 관심을 불러일으켰습니다. 특히 당시의 수상 야마가타 아리토모가 일찍이 참모본부장일

때, 1882년(메이지 15) 「군인칙유(軍人勅諭)」를 기안한 경험에서, 교육에서도 칙유로 그 기본 방침을 밝히려는 생각을 했습니다. 또한 당시 수상을 입법 부분에서 보좌하던 법제국장관 이노우에 코와시 등도 이에 동조했습니다. 그리고 각의에서 학동·생도를 위한 한 편의 '잠언(箴言)'을 주어, 이것을 주야로 송독(誦讀)시켜 마음에 새기도록 조치를 취해야 한다고 결정했습니다. 그리하여 천황이 문부대신에 대해 '잠언'을 편찬하라는 명을 내렸습니다. 그 후 얼마 되지 않아 문부대신이 경질되었는데, 야마가타의 추천으로, 야마가타 겸임 내무대신 하에서 내무차관으로 일했던 요시카와 아키마사가 문부대신으로 취임합니다. 이렇게 요시카와 문부대신 취임을 계기로 「교육칙어」의 기초 작업이 시작되었던 것입니다.

나카무라 마사나오의 초안

먼저 문부성이 맨 처음 기초자로 선택한 사람은 당시 제국대학 문과대학 교수인 나카무라 마사나오(호는 케이후)였습니다. 나카무라는 시강이 천황에게 진강(進講)하는 텍스트로도 사용된 사무엘 스마일스(Samuel Smiles)의 *Self-Help*(1859)를 『서국입지편(西國立志編)』(1871)으로 번역한 사람인데, 이 책은 간행 당시부터 많은 독자를 갖고 있었습니다. 또한 나카무라는 제2장에서도 서술한 것처럼, 여자고등사범학교장이기도 해, 일본에서 여자고등교육의 선구자로서 명성이 있었습니다.

또한 나카무라는 후쿠자와 유키치, 니시 아마네와 함께, 오늘날 일본 학사원의 모태가 된 지식인 결사 메이로쿠샤(明六社)의 동인 시절부터, 열성적인 도덕 종교 교육론자였습니다. 예를 들면, 메이로쿠샤 동인지 『메이로쿠잣시(明六雜誌)』 제30호(1875년 2월 16일)에 게재된 논설 「인민의 성질을 개조하는 설(人民の性質を改造する說)」에서 다음과 같이 말했습니다.

인민의 성질을 개조한다는 것이 무엇인가 하면, 그것은 크게 나누어 두 가지가 있을 뿐이다. 예술과 교법이다. 이 둘은 수레의 양 바퀴, 새의 두 날개와 같다. (……) 예술만 고묘(高妙)한 지경에 이른다 해도, 물질 상의 개화로는 그저 고대 이집트와 고대 그리스 시대와 같은 풍속의 폐단을 교정할 수 없다. 반드시 교법을 잘 행하고 나서야 예술의 감화가 미치지 않는 곳을 도울 수 있다. 이렇게 해야 인심을 일신하는 길이 갖추어지는 것이라 할 것이다.

나카무라는 다른 논설 「선량한 어머니를 만드는 설(善良なる母を造るの說)」*에서는 '교법'을 '수신 및 경신의 교육(修身及び敬神の教育, moral religious education)'이라고 설명하고, '예술'을 'art science

---

* 『明六雜誌』 제33호, 1875년 6월 16일.

기예·학술의 교육'이라고 주석을 달았습니다. 그리고 교육에서 '교법'이 '본류'이고, '예술'은 '말류(末流)'라고 단정했던 것입니다.

그러나 나카무라가 기초한 초안은 문부성에서 내각에 회람되고, 법제국장 이노우에 코와시의 격렬한 비판을 받고 폐기됩니다. 이노우에가 나카무라를 대신해 새롭게 초안을 기초했고, 여기서 기초된 이노우에 안이 일찍이 「교학성지」의 기초자인 모토다 나가자네의 협력을 얻어 거듭 수정되어, 10월 30일에 칙어로 성안됩니다.

이노우에 코와시의 비판 ①

그러면 폐기되었던 나카무라 안에 대해 이노우에 코와시가 비판한 요점은 어디에 있었던 것일까요? 이것은 이노우에 안이 나카무라 안에 대한 비판을 전제로 기초되어, 또한 그것이 칙어로 성안되었다는 점에서, 칙어의 성격과 내용을 검토하기 위해 간과할 수 없습니다.

이노우에의 비판은 1890년 6월 20일과 6월 25일에 야마가타 수상에게 보낸 서한에서 전개됩니다. 첫째는 나카무라 안에 나오는 도덕의 종교적 및 철학적 기초를 배제하자는 주장입니다. 먼저 이노우에는 "이 칙어에는 하늘(天)을 받들고, 신(神)을 섬기는 등의 말을 피해야 한다."라고 주장합니다. "왜냐하면, 이런 말은 종지(宗旨) 상의 다툼을 일으키는 씨앗이 될 것이다."라는 것이 이유입니다.

이것은 나카무라 안이 도덕의 본의를 '하늘'과 '신'으로부터 구해, 인간의 '고유한 성질'에서 생기는 '경천경신(敬天敬神)'이란 마음의 표현이 충효와 인의·신의라는 도덕이라고 하는 점을 비판한 것입니다. 즉 이노우에가 추구했던 것은 종교 교육과 준별된 도덕 교육이었고, 나카무라가 말하는 'moral religious education(수신 및 경신의 교육)'은 아니었습니다. 이노우에는 나카무라가 시도한 것처럼, 칙어에서 도덕의 종교적 기초를 세우는 것은 칙어를 종교적 대립에 휘말리게 할 위험성이 있다며, 이것에 반대했던 것입니다.

또한 이노우에는 동일한 논거에서, 나카무라 안에서 볼 수 있는 도덕을 철학의 기초로 세우는 것도 반대합니다. 이노우에는 다음과 같이 말했습니다. "이 칙어에는 유원심미(幽遠深微)한 철학상의 이론을 피해야 한다. 왜냐하면 철학상의 이론은 반드시 반대하는 사상

이노우에 코와시

을 불러일으키기 때문이다. 도의 본원론은 단지 전문 철학자의 연구에 맡겨야 한다. 결코 군주의 명령으로 정해야 하는 것이 아니다."

즉 나카무라 마사나오는 일찍이 막부의 고쥬샤(御儒者) 지위에 있었던 주자학자였는데, 유신 이후 기독교에 입신해 주자학적 범주를 매개로 기독교를 받아들였습니다. 메이지·타이쇼 시기의 뛰어난 역사가인 야마지 아이잔(山路愛山)은 그의 명작 『현대일본교회사론(現代日本敎會史論)』에서 나카무라 마사나오의 사상적 입장에 대해, '기독교화된 유교주의'라고 불렀습니다. 나카무라 안에 사용된 '천(天)', '신'의 개념에서, 기독교의 '신'과 주자학의 '천'은 동일화되어, 서로 겹치게 됩니다. 기독교의 '신'이 주자학적 논리에 들어 있는 '천'의 기능적 등가물이 되어, 도덕의 본원으로 설명되었다고 해도 좋을 것입니다. 여기에도 일본의 근대를 특징짓는 기능주의적 사고양식의 일단을 엿볼 수 있습니다.

이노우에가 반대한 것은 나카무라 안에 자리 잡은 주자학과 기독교가 일체화된 도덕의 종교적, 철학적 기초였고, 이노우에가 "한학의 말투와 서양풍의 풍습을 토로해서는 안 된다."라고 한 것도 이런 의미에서겠지요. 여기에서 당연히 요청되었던 것은 말할 것도 없이 칙어의 종교적, 철학적 성격을 철저히 희박하게 하는 것이며, 바꾸어 말하면 종교적, 철학적 중립성입니다. 이것은 이노우에가 나카무라의 뒤를 이어 칙어의 기초자로서 가장 부심했던 점입니다.

이노우에 코와시의 비판 ②

이노우에의 나카무라 안에 대한 두 번째 비판은 정치적 상황판 단이 섞이는 것을 배제하자는 주장입니다. "이 칙어에는 정사상의 냄새(政事上の臭味)가 나는 것을 피해야 한다. 왜냐하면 당시 정사 가(政事家)의 권고로 나와, 지존의 본의로 나오지 않았다는 혐의를 받을 것이다." 이것은 나카무라 안이 국제정치의 현실을 언급하고, 이를 상기하면서 국력을 강화하기 위해 '국민의 품행'을 단정히 해야 한다는 것을 주장하는 부분을 비판한 것이라 생각합니다. 이노우에는 이러한 정치적 상황 판단의 혼입은 칙어를 세속화해, 그 신성성을 박탈할 위험이 있다고 생각했던 것입니다. 따라서 이런 생각에서는 이 칙어가 국무대신의 보필을 받은 정치상의 칙령이나 칙어가 아닌, 어디까지나 천황 자신의 의사 표명이라는 형식을 취해야 한다는 요청이 당연한 것입니다. 이노우에는 야마가타 수상에 보낸 서한(1890년 6월 25일)에서 이 칙어가 "진성(眞誠)의 예지에서 나오지 않고, (……) 외부로부터의 지혜라는 감촉이 드러난다면, 누가 마음속에 열복패대(悅服佩戴, 즉 마음으로부터 따르고 몸에 지님)함이 있을 것인가"라고 적고 있습니다.

이렇게 칙어가 어디까지나 천황 자신의 의사 표명이라는 형식을 취해야 한다면, 그것은 곧 칙어의 문체와 서술에 반영되어야 했습니다. 이노우에는 이런 관점에서 칙어에는 되도록 '…해야 한다.'라

는 적극적 표현을 사용하고, '…하지 말아야 한다.'라는 소극적 표현은 피해야 한다고 했습니다. "소극적 어리석음을 고치고(砭し), 악을 타이르는 말을 쓰지 말아야 한다. 군주의 훈계는 한없는 대해의 물과 같아야 하며, 천박곡실(淺薄曲悉)하지 말아야 한다."라고 한 것입니다. 나카무라 안에는 적극적 표현 다음에 소극적 표현이 이어져, 하나의 명제를 앞과 뒤에서 설명하는 특징이 있었습니다. 예를 들면, "제실(帝室)에 대해 충애의 마음을 갖고, 각각 그 직분을 다해 자기의 양심에 부끄럽지 않도록 노력해야 한다."라는 적극적 표현 뒤에, "만약 군부(君父)에 불충불효가 되면, 죄를 얻는 것에서 도망가지 말아야 한다."라는 소극적 표현을 보조적 서술 방법으로 쓰는데, 이노우에는 이것을 비판했던 것입니다. 이것은 바꿔 말하면, 군주의 말은 옥과 같은 것으로, 간단해야 한다(玉言玉の如きは只簡短にあり)는 것입니다.

이노우에 안에서 최종안으로

이처럼 나카무라 안에 대한 비판을 전제로, 이노우에가 「교육칙어」의 원형을 준비했습니다. 이노우에 안에는, 먼저 도덕의 종교적 철학적 기초를 배제한 결과, 도덕의 원작자를 천황의 선조, '황조황종(皇祖皇宗)'에서 찾습니다. 여기에서 "짐이 생각건대, 나의 황조황종께서 나라를 개창하신 것은, 극히 굉원(宏遠)하고, 덕을 세우심이 심후(深厚)하시다."라는 칙어의 첫 문장이 만들어졌습니다. 도덕의 본원은 나카무라 안의 '신'과 '천'과 같은 절대적 초월자가 아니라, 황조황종 즉 현실 군주의 선조라는 의미에서 상대적인, 그러나 비지상적인 존재라는 의미에서는 초월적인, 이른바 상대적 초월자로 옮겨졌습니다. 이것이 나카무라 안과 이노우에 안(따라서 「교육칙어」의 원형)의 가장 큰 차이입니다. 여기서 이토 히로부미가 '우리나라의 기축'을 황실에서 찾은 의미가 있었다고 해야 합니다.

이리하여 이노우에 안에서는 도덕의 본원을 '황조황종'에서 구한 결과, 도덕은 '황조황종'의 '유훈'이라는 의미가 부여됩니다. 그리고 현실의 천황은 이른바 '선왕의 도'를 조술(祖述)한 공자와 같은 위치를 부여받게 됩니다. 일상적인 오륜 즉 군신유의(君臣有義), 부자유친(父子有親), 부부유별(夫婦有別), 장유유서(長幼有序), 붕우유신(朋友有信)과 오상 즉 인의예지신(仁義禮智信)과 같은 유교적 덕목이 '황조황종'의 '유훈'으로 열거되었습니다.

교육칙어의 도덕명제인 보편타당성, 즉 칙어에서 말하는 "고금을 통해 그릇됨이 없고, 이를 나라 안팎에 베풀어 어긋남이 없다."라는 의미의 보편타당성은, 그 종교적 및 철학적 근거가 배제된 결과, 그것이 오로지 역사 속에서 타당했으며, 그 결과 현재도 타당하다는 사실에서 찾게 됩니다. 그런 의미에서 도덕 명제의 실증적 근거에 의거해야 했습니다. 따라서 교육칙어가 보여주는 덕목은 일상적인 유교적 덕목에 의지할 수밖에 없었습니다.

이렇게 제1차 초안을 기초한 이노우에는 칙어 제정 과정에서 천황의 측근인 시강 모토다 나가자네의 발언력이 가장 크다는 점을 고려했습니다. 그래서 야마가타 수상에게 초안을 보여준 며칠 뒤에 모토다에게도 이를 보여주며 의견을 물었습니다. 이후 모토다는 이노우에에게 협력했고, 이노우에의 제1차 초안을 원안으로 이노우에와 모토다 사이의 공동 수정이 되풀이되어, 최종안이 나왔습니다. 이 사이에 모토다는 이노우에와는 다른 칙어를 구상했지만, 수정 과정에서는 이노우에 안의 실질적 내용은 거의 그대로 유지되었습니다. 극히 일부에서 이노우에 안에서 열거되었던 구체적 덕목 몇 가지가 삭제되었던 것에 불과합니다. 그런 의미에서 교육칙어는 이노우에의 배후에 있던 야마가타와 이토 등으로 대표되는 번벌 관료 세력과 모토다 등의 배후에 있는 천황 측근 세력의 공동 작품인 셈입니다.

교육칙어와 입헌주의

이렇게 1890년(메이지 23) 6월 이후, 10월의 칙어 발포까지 시종일관 주도권을 쥔 이노우에 코와시는 「교육칙어」가 대일본제국 헌법 하의 입헌주의와 어떠한 관계에 있다고 생각했을까요? 바꿔 말하면, 헌법에 구속된 입헌군주로서 천황이 「교육칙어」에 체현된 도덕의 입법자로서 천황과 양립할 수 있는가 하는 문제입니다. 천황이 정치적 통치자이자 정신적 지배자라는 것은 국교제정론자라면 인정할지도 모릅니다. 그렇지만, 유보조건이 붙어 있기는 하나, 제28조의 '신교의 자유'를 규정한 대일본제국 헌법 기초에도 참여했던 이노우에 코와시에게, 이 문제는 결코 자명한 것이 아니었을 것입니다.

실제로 이노우에는 입헌주의와 관련해, 교육칙어의 성격 규정을 신중하게 고려했습니다. 즉 이노우에는 1890년 6월 20일에 야마가타 수상에 보낸 서한에서, "이 칙어는 여타 보통의 정사상의 칙어와 완전히 달라야 한다."라고 지적합니다. 그리고 이어서 다음과 같이 곡예와도 같은 픽션을 설정해, 칙어의 성격 규정을 제언합니다. "오늘날의 입헌정체주의에 따르면, 군주는 신민의 양심의 자유에 간섭하지 않는다. (영국과 러시아에서는 교리상 국교주의가 존재하고, 군주가 스스로 교주를 겸하는 것은 별개) 지금 칙유를 발포해 교육의 방향을 보이는 것은 정사(政事)로서의 명령과 구별해, 사회적으로 군주의 저작을 공고(公告)한 것으로 간주해야 합니다."

즉 이노우에는 입헌군주로서 천황이 칙어로 교육의 기본방침을 제시한다는 것은 어떠한 형식으로 가능할지를 고려하면서, 교육칙어를 천황의 정치상 명령과 구별해 사회에 대한 천황의 저작을 공표(公表)한 것으로 간주했습니다. 그리고 이러한 논리 조작으로, 교육칙어를 입헌주의 원칙과 억지로 꿰맞추었던 것입니다.

발포 형식

이러한 교육칙어의 성격 규정은, 발포 형식에도 반영되었습니다. 먼저 이노우에는 발포 형식으로서 정치상의 명령과 구별한다는 생각에서, 국무대신의 부서가 필요하지 않다고 했습니다. 이에 대해 이노우에는 1890년 10월 22일에 모토다에 보낸 서한에서 다음과 같이 썼습니다.

> 발포 방법에 대해서는 이전에 말씀드린 바와 같이, 소생의 우견으로는, 내각의 정치에 섞지 않고 오로지 성주의 친충(聖主之親衷)에 의한 결단으로, 내각대신의 부서 없이 칙어 또는 어친서(御親書)라는 체제로 널리 공중(公衆)에 내리시게 함이 어떠하십니까? (……) 만약 부서가 있는 정령이 되어 발포되면, 국회의 참견을 받는 내각 책임 정략의 하나로 간주되어, 후일에 정계의 변동과 함께 분경(紛更)을 초래할 위험이 있어, 오히려 만고불변의 성칙(聖勅)의 결과를 박약하게 하지 않을까요?

이렇게 교육칙어는 국무대신이 부서하지 않음으로써 입헌군주제의 원칙에 의해 구속받지 않는 절대적 규범으로서 정착했던 것입니다. 이렇게 국무대신이 책임지지 않는, 천황 스스로의 의사표명이라는 형식의 칙어를 발포하는 방법으로, 당초 이노우에는 두 가지 선택지를 고안했습니다. 하나는 천황이 칙어를 궁중에서 문부대신에게 하부(下付)하는 방법, 또 하나는 천황이 궁궐을 나와 행차(교육회 또는 학습원에 행차)해, '연설'이란 형식으로 하부하는 방법입니다.

이런 방법은 모두 교육칙어를 여타 칙령이나 칙어와 구별해, 천황이 국민(신민)에 대해 직접 자기 의사를 표명한다는 생각을 전제로 했습니다. 당시 이노우에는 교육회 또는 학습원에 행차할 때, 이를 하부하는 방법을 가장 좋다고 보았습니다. 하지만 결국에는 궁중에서 문부대신에게 이를 하부하는 방법으로 되었습니다. 이렇게 교육칙어는 입헌군주제 원칙과 충돌을 회피하면서, '정치적 국가로서 메이지 국가'의 배후에 '도덕 공동체로서 메이지 국가'를 출현시켰습니다.

5. 다수자 논리와 소수자 논리

정체와 국체의 상극

그러나 이노우에가 고심한 기발한 방책에도 불구하고, 헌법과 교육칙어 사이의 모순, 즉 입헌군주로서 천황과 도덕의 입법자로서 천황이라는 입장의 모순은 사라지지 않았습니다. 그리고 그런

모순과 불가분의 관계에 있는 '정체'와 '국체'의 상극은 일본 근대의 항상적 불안요인이었습니다.

상호모순 관계에 있는 양자 중에, 일반 국민에 대해 압도적 영향력을 가진 것은 헌법이 아니라 교육칙어였고, 입헌군주로서 천황이 아니라, 도덕의 입법자로서 천황이었습니다.

'국체' 개념은 헌법이 아니라, 칙어에 의해(혹은 이를 통해) 배양되었습니다. 교육칙어는 일본 근대에서 일반 국민의 공공적 가치체계를 표현하는 '시민종교(civil religion)'의 요약이었습니다.

칙어를 발포한 다음 해인 1891년(메이지 14) 1월, 각지의 관립학교에서는 칙어 봉독식이 열렸습니다. 이 와중에 우치무라 칸조(內村鑑三)가 이른바 불경사건에 휘말린 제일고등중학교의 경우가 다음과 같이 관보(제2260호, 메이지 24년 1월 14일)에 보고되었습니다. "제일고등중학교에서는 이번 천황이 친히 서명하신(御宸署) 칙어를 배알하는 행사가 열려, 본월 9일 오전 8시 윤리강당 중앙에 천황·황후 폐하의 어진영을 받들어 걸고, 그 전면의 탁자 위에 천황이 친히 서명하신 칙어를 받들어 놓고, 그 옆에 충군애국의 성심을 표현한 호국기를 세워 교원 및 생도 일동이 받들어 절하고, 이후 교장이 대리해 (……) 칙어 봉독을 마친 후, 교원 및 생도가 5명씩 순차적으로 천황이 친히 서명하신 칙어 앞에 나아가 직접 이를 받들어 절하고 퇴장했다.(문부성)"

우치무라는 당일 촉탁 교원으로서 칙어 봉독식에 참가했는데, 경례가 충분치 않았다며 비난받은 이른바 불경사건은 마지막 '받들어 절하기' 장면에서 발생했다고 여겨집니다. 이렇게 해서, '교육칙어'는 학교 교육 속으로 침투했습니다. 천황·황후의 '어진영'이 소학교에 보급된 것도 '교육칙어' 발포와 함께 이루어진 것입니다.

이노우에 코와시는 제2차 이토 히로부미 내각의 문부대신이었을 적에 '소학교에서 축일, 대제일(大祭日)의 의식을 행할 때, 창가용으로 제공한 가사 및 악보'를 선정해, 메이지 26년 8월 12일부 관보에 문부성 고시 제3호로 공시했습니다. 여기에는 '기미가요'와 '1월 1일', '기원절', '천장절' 이외에, 카츠 야스요시(勝安芳, 즉 카츠 카이슈)가 작사한 '칙어봉답(勅語奉答)'도 포함되어 있었습니다. "매우 황공한 천황의, 매우 존귀한 천황의, 매우 존귀하고 황공하게 하사하신 대칙어, 이야말로 경하할 해뜨는, 나라의 가르침의 기초가 되네."라는 가사는 오랫동안 불렸습니다. 칙어 봉독식에서 '불경'하다고 학교 안팎에서 지탄받은 우치무라는 제일고등중학교 촉탁교원에서 의원면직 당했습니다. 이노우에 코와시와 함께, 칙어 기초에 공헌한 모토다 나가자네는 각지에서 칙어 봉독식과 어진영 배대식(拜戴式)이 한창이던 메이지 24년 1월 22일 사망했는데, 이 '훈공'으로 특별히 남작에 서훈되었습니다.

이에 비해, 헌법은 대학교육의 전 단계에서는 거의 가르치지 않았습니다. 일반적으로 이데올로기 교육과 구별되는 정치 교육은, 헌법에 의해(혹은 헌법을 통해) 이루어지는데, 그런 의미에서 대학 교육을 받지 않은 대다수의 국민에 대한 정치교육은 없었다고 해도 과언은 아닙니다. 지금으로부터 100년 전인 1916년 대학 강의를 바탕으로 요시노 사쿠조는 논문「헌정의 본의를 설파해, 그 유종의 미를 거두는 길을 논함」을『추오코론(中央公論)』에 발표해, 당시 지식인과 학생 사이에 커다란 반향을 불렀습니다. 그럼에도 그 논문이 헌법교육이 미치지 않은 많은 일반국민 사이에 널리 영향을 주었다고는 할 수 없습니다.

대일본제국 헌법의 자유주의적 측면

대학에서 헌법 강의를 들은 이들 중에는 칙어와의 동일성보다도, 이질성에 강한 인상을 받은 자가 많았습니다. 헌법의 입헌주의적이며 자유주의적인 측면에서 받는 인상이 강했던 것입니다. 반대로 법해석학적 설명에 친숙하지 않은 천황에 관한 헌법 조항(제1~3조)에 대해서는 강의하지 않기도 했습니다. 따라서 헌법은 때로는 입헌주의, 자유주의의 이데올로기적 근거로서 의미와 기능을 가졌던 것입니다.

마루야마 마사오는 대학 2학년 당시 학생 단체가 주최한 강연회에 초대받은 오자키 유키오(尾崎行雄)의 강연을 들었습니다. 그

때 오자키가 "우리의 사유재산은 천황폐하라 하더라도, 법률에 의하지 않고는 손가락 하나라도 댈 수 없다. 이것이 대일본제국 헌법의 주지다."라는 말을 듣고, "눈앞이 확 트이는 느낌이 들었다."라고 말했습니다. 그리고 오자키에 대해 "가쿠도(咢堂, 오자키의 호)란 사람은 정말로 자유주의자, 흔치 않은 자유주의자라고 생각했습니다."라고 회고했습니다.[*]

또한 전형적인 자유주의적 민주주의자(liberal democrat)였던 공법학자 미노베 타츠키치는 패전 이후 헌법 개정에는 소극적이었습니다. 그 이유는 대일본제국 헌법이 가진 입헌주의적이며 자유주의적 측면이, 자신이 확립한 헌법학설 즉, 1935년 천황기관설 사건 과정에서 정부에 의해 금지된 헌법학설이 부활함으로써 앞으로 확장될 가능성이 있다고 확신했기 때문이라고 생각합니다.

반대로 1935년 이후 쇼와기의 반체제 운동('국체명징'을 내세운 '혁신'운동)을 추진했던 세력들은 헌법의 입헌주의적이며 자유주의적인 측면을 지지하는 세력들을 공격하고, 사실상 '헌법개정'을 목표로 했습니다. 일본 근대에서 「교육칙어」는 다수자의 논리였고, 헌법은 소수자의 논리였던 것입니다. 쇼와기의 전전(戰前)부터 전중(戰中)에 걸쳐 일본의 정치는 이러한 양자의 원리적 혹은 기능적 모

---

[*] 松澤弘陽 · 植手通有 · 平石直昭 편, 『定本 丸山眞男回顧談』 下(岩波現代文庫, 2016), 178쪽.

순에 의해서 생긴 균열이 국외 환경의 변화와 연동하면서, 더욱 불안정해졌던 것입니다.

국체의 버팀목을 상실하고

패전 다음 해인 1946년 10월 8일, 문부성은 학교에서 하던 교육 칙어 봉독을 폐지하고, 조서(詔書)의 신격화를 폐지하라고 통보했습니다. 또한 1948년 6월 19일에는 중·참의원 양원은 교육칙어를 포함한 몇몇 칙어의 실효(失效)를 확인하고, 그것들을 배제하는 건의를 성립시켰습니다. 도덕의 입법자로서 천황은 소거되었고, '국체' 관념은 버팀목을 잃었던 것입니다.

나아가 헌법상의 천황도 구헌법상 주권자 지위를 상실했습니다. 또한 구헌법 하에서 최고 헌법학자였던 미노베 타츠키치가 기대한 입헌군주가 아니라, 국민주권 하에서 '국민의 상징'이나 '국민통합의 상징'으로서 새로운 역할을 담당하게 되었습니다. 이것이 '정체' 만이 아닌, '국체'의 근본적 변혁이 가져온 결과였습니다.

상징천황제는 장래에 어떠한 존재가 되어야 할 것인가? 천황은 자신의 의사를 주권자인 국민에 대해 직접 전달할 수 있는가? 가능하다고 하면, 그것은 어떠한 방법에 의해서인가? 이 문제는 이미 서술했듯이, 사실은 지금부터 127년 전인 1870년에 「교육칙어」를 천황이 스스로의 의사 표현의 형식으로 당시 신민에게 직접 전달할 때, 「교육칙어」와 헌법 양쪽의 기초에 깊이 관여한 법제국장 이노우에 코와시가 가장 머리를 쥐어짠 문제였습니다. 지금 그것은 현 천황이 직면한 문제임과 동시에, 주권자인 국민 전체의 문제이기도 합니다.

종장

근대의 경과로부터 일본의 장래를 생각하다

1. 일본 근대의 무엇을 문제로 삼을 것인가?

네 가지 측면에서 본 일본의 근대

이 책은 서장에서 19세기 후반에 근대화의 실험에 착수한 일본이 그 준거로 삼은 유럽의 '근대' 개념이 어떠한 것이었는지, 동시대 영국의 가장 예민한 시대감각을 가진 정치·경제 저널리스트이며, 동시대 일본의 가장 선진적인 지식인(예를 들면 후쿠자와 유키치)에게도 영향을 미친 월터 바지호트의 저서 『자연학과 정치학』을 분석했습니다. 그 결과에 따르면, 바지호트는 유럽 근대를 가장 잘 나타내는 표식으로 '토의에 의한 통치'를 중심 개념(key concept)으로 하고, 아울러 파생 개념(corollary)으로서 '무역'과 '식민지'라는 두 개념을 추출했습니다. 바지호트에 따르면, '토의에 의한 통치'는 '무역'에 의한 자유로운 커뮤니케이션의 확대와 '식민지'에 의한 이질적 문화의 커뮤니케이션 확대로 촉진되었다고 보았습니다. 바지호트의 논지에 따라, '무역'과 '식민지'도 '토의에 의한 통치'와 함께, 유럽이 설정한 '근대' 개념으로 간주하고, 이 책은 이들을 지표로 일본 근대를 파악하려 했습니다.

제1장은 '토의에 의한 통치'가 어떻게 일본적 형태로 성립되었는지를 문제로 삼았습니다. 이 책의 저자는 다음 절에서 지적할 일본 근대화 노선의 다양한 좌절에도 불구하고, 일본에서 '토의에 의한

통치'는 일본 근대가 달성한 최대의 성과라고 여기고 있습니다. 그 이유는 제1장에서 서술하면서 밝혔다고 생각하지만, 별도로 그 내용을 간략하게 정리한 것으로 제 논문 「정당정치는 왜, 어떻게 탄생했는가?: 영미 및 일본에 관해」*가 있습니다. 정당 정치로 체현된 '토의에 의한 정치'의 일본적 형태는, 물론 언론의 격렬한 비판과 비난을 가차 없이 받으며, 그 자체가 일본 근대 비판의 한 가지 초점이 되었습니다. 그럼에도 그러한 비판과 비난이 '토의에 의한 정치'의 실질을 만들어내고, 불안한 일본의 정치적 근대를 안정시키는 역할을 했다고 생각합니다.

제2장은 유럽의 근대 형성에서 추진력이 된 '무역'의 문제를 보다 넓은 테마로 다루어, 일본의 자본주의 형성과 전개 및 그 특질을 논했습니다. 일본의 자본주의 또한 '토의에 의한 정치'와 마찬가지로, 일본 근대 비판의 한 가지 초점이 되었습니다. 그런데 한편에서는 그것이 '토의에 의한 정치'의 확립과 결부된 일본 근대의 또 하나의 커다란 성과였던 것도 사실입니다.

반면에 다음 절에서 지적하듯이, 그것이 2011년 동일본 대지진으로 인한 원전 사고로 인해, 막부 이래 일본의 근대화 노선에 치명적인 좌절을 가져왔던 것도 부정할 수 없습니다. 원전에는 현재 및

---

* 三谷太一郎, 「政党政治はなぜ, いかに生まれたか——英米および日本について」, 『戦後民主主義をどう生きるか』(東京大學出版會, 2016).

장래 일본 자본주의의 모든 기능이 집중되었기 때문입니다. 원전 사고는 일본 근대의 최대 성과였던 일본 자본주의의 기반 그 자체에 대한 의문을 제기했다고 해도 과언이 아닙니다. 그것은 즉 일본 근대 자체에 대한 근원적 비판을 야기했습니다.

제3장은 바지호트가 유럽 근대의 추진력 중 하나로 지적한 '식민지' 문제를 거론하며, 일본 근대라는 문맥에서 일본의 식민지제국화가 왜, 어떻게 이루어졌는지를 따져보았습니다. 식민지제국은 일본 근대에서 최대의 부정적 유산입니다. 그것은 오늘날에도 청산되지 않았습니다. 일찍이 식민지였던 타국의 정치, 경제, 문화뿐만 아니라, 일본 자신에도 아직 치유되지 않은 상흔을 남겼습니다. 일본은 막대한 자본, 시간, 에너지 그리고 국민의 열정을 투하했음에도, 어째서 이런 부정적인 유산을 지게 되었을까요? 그것은 일본 근대 자체에 대한 심각한 물음입니다.

또한 오늘날 유럽이 직면한 난민 문제는 유럽 근대가 만들어낸 식민지제국의 부정적인 유산이고, 일본의 식민지제국은 유럽의 그것을 본받았기 때문에, 일본에게도 난민 문제는 남의 일이라고 할 수 없습니다. 유럽의 난민 문제는 형태를 바꾸어 혹은 잠재적으로 일본에도 존재하는지 모릅니다.

제4장은 근대 천황제에 대한 물음입니다. 이것은 물론 바지호트가 제시한 유럽 '근대' 개념을 전제로 한 물음은 아닙니다. 그러나

그것은 메이지 국가의 설계자들이 '근대화' 모델을 '유럽화'를 정하고 실행하려 했을 때, 유럽의 원점에 '신'이 있다고 인식한 것을 전제로 한 물음입니다. 그들은 일본을 유럽적 국가로 만들기 위해서는 천황은 유럽의 '신'에 걸맞은 역할을 해야 한다고 생각했습니다. 물론 현실의 천황은 '신'으로 대체할 수 없습니다. 그래서 메이지 국가의 설계자들은 천황을 단순한 입헌군주에 머무르지 않고, '황조황종'과 일체가 된 도덕의 입법자로서 옹립했습니다.

일본 근대에는 한편으로 극도로 고도화된 목적합리성이 있었지만, 다른 한편으로는 동일하게 극도로 강하게 자기목적화한 픽션에 바탕을 둔 비합리성이 있었습니다. 과거의 전쟁 등에서, 양자가 직접 결합하는 경우도 있었습니다. 오늘날에도 정치 상황의 변화에 따라서는, 그러한 일본 근대의 역사적 선례가 반복되지 않는다고 단정할 수 없습니다. 의사종교적인 비합리성이 의식(儀式)과 신화를 동반하며 재생해, 그것에 봉사하는 고도로 기술적인 합리성이 함께할 가능성은 남아 있습니다.

이상 저자의 관점에서 이 책에서 고찰 대상으로 삼은 일본 근대의 여러 측면에 대해서, 각각 역사적 의의를 평가했습니다. 이하에서는 일본 근대의 현재를 개관하고, 아울러 그 장래를 국제 환경과 관련지어 전망해보고자 합니다.

2. 일본 근대가 도달한 곳은 어디인가?

'부국강병'과 '문명개화'

일본 근대는 막말 일본을 기점으로 출발했습니다. 그것은 동시대인 프랑스의 나폴레옹 3세를 모델로 한 토쿠가와 요시노부 정권의 근대화 노선에서 출발했다고 봐도 좋을 것입니다. 당시 후쿠자와 유키치는 네덜란드어와 영어 등 어학력을 바탕으로 개국 후 막부 외부아문의 말단 자리에 있었는데, 이 노선을 적극적으로 지지했습니다. '문명개화'와 '부국강병'이란 슬로건은 당시 이 근대화 노선의 방향을 결정짓는 것으로 만들어져, 후쿠자와 등에 의해 주창되었습니다. 후쿠자와는 막번체제의 궁극적인 비전을 '타이쿤의 모나키(將軍獨裁)'라고 표현했고, 어떤 막부 유학생에 보낸 서한 중에 "타이쿤의 모나키가 없다면 (……) 우리 나라의 문명개화는 진보할 수 없다."고 썼습니다. 연방제(후쿠자와가 말한 '다이묘 동맹')적인 막번체제를 폐절시킨 장군독재에 의한 '문명개화'의 진전을 기대했던 것입니다. 또한 마찬가지로 후쿠자와는 '부국강병'과 그것을 위한 교육개혁을 시대적 과제라고 강조했고, 막부 사절단을 수행하며 체재하던 런던에서 보낸 서한에서는 "지금의 급무는 부국강병입니다."라고 제언했습니다.

이렇게 이미 막말에 후쿠자와 유키치에 의해 고취된 '문명개화',

'부국강병'이란 슬로건과 함께, 막말의 근대화 노선은 거의 그대로 메이지 정부에 계승되었습니다. 메이지 유신 전후에 권력의 교체가 있었으나, 권력의 노선은 연속되었습니다. 메이지 정부에 의한 일본 근대 형성(국가 형성)의 방향을 결정한 것은 구권력이 설정한 노선이었습니다. 후쿠자와는 예외로 두더라도, 구 막부 관료(특히 양학자) 다수가 메이지 정부에 투신했던 것도, 그들이 지지한 권력 노선이 연속되었기 때문입니다. 그 후 국가 전략은 이 노선의 연장선 위에 책정되었습니다.

'강병' 없는 '부국' 노선

일본 근대에 최초의 좌절을 가져온 것은 중일전쟁과 태평양전쟁의 패전이었습니다. 그것은 막말 이래의 '부국강병' 노선을 좌절시켰던 것입니다. 패전 후 일본은 청일전쟁 전의 메이지 일본, 즉 식민지제국으로서 명실상부하게 '부국강병'을 갖춘 일본이 출현하기 전인 소국 일본으로 회귀를 상정함으로써, '부국강병' 노선의 수정을 도모했습니다. 그것이 현행 헌법 제9조의 도입에 의한 '강병' 노선의 폐기였습니다. 다른 한편, '문명개화' 노선은 여러 가지로 모습으로 새롭게 바뀌어 유지되었습니다. 상징천황제 또한 현행 헌법의 제정 과정에서는 제9조의 삽입을 전제로 해 제도화되었고, 그것과 밀접하게 연결되었습니다. 전후 일본은 국민주권을 전제로 한 '강병' 없는 '부국' 노선을 추구함으로써, 새로운 일본 근대를 형성했습니다.

물론 전후에도 방위성 설치에 이르기까지 미일 안보체제 하의 자위대의 신설과 증강을 통해, 사실상의 '강병'화는 진행되었습니다. 그러나 전후에는 '강병'이 '부국'과 결합된 국가 목표로 거론된 적은 한 번도 없었습니다. '강병' 없는 '부국' 노선에 대해서는 널리 국민적 합의가 성립되었다고 봐야 합니다. 이 노선은 여러 우여곡절을 거쳐, 전후 일본의 새로운 근대화 노선으로 정착했습니다.

일국적 근대화 노선의 좌절

그런데 '강병' 없는 '부국' 노선의 자명성에, 2011년 3월 11일에 일어난 동일본 대지진과 원전 사고가 근본적인 의문을 던졌습니다. 그것은 1923년 칸토 대지진(關東大震災)의 경우와 달리, 가혹한 원전 사고를 동반함으로써, 전후 일본의 근대화 노선 자체에 수복이 극히 곤란할 정도의 심각한 좌상을 남겼습니다.

그것은 첫째 지금까지 '강병' 없는 '부국' 노선을 추진해온 전력을 산출하는 에너지 자원의 공급 위기를 표면화했습니다. 이와 대조적으로, 칸토 대지진의 경우에는 그 후, 월 스트리트의 유력 투자 은행이 당시의 토쿄 전등(東京電燈, 토쿄 전력의 전신)과 타이완 전력의 달러화 회사채 발행 인수를 해, 외자에 의한 전력 개발을 유발하는 계기가 되었습니다. 전후 일본의 에너지 자원은 원전 사고가 나기까지, 석탄에서 석유로 전환했고, 다시 석유에서 원자력으로 전환을 꾀하는 정책이 원전 사고에 이르기까지, 정부 당국과 전력업계에 의해 강력하게 실시되었습니다. 석탄·석유의 단계에서는 각 단계에서 위기에 조우하면서도, 위기를 돌파할 수 있었다고 생각했습니다. 그런데 원자력 위기에 대해서는 그에 앞선 석유 위기와 달리, 이것을 돌파할 전망이 열리지 않고 있습니다. 원자력 위기는 경제문제만이 아니라, 정치문제가 되었고, 국내정치의 불안정화 요인이 되었습니다.

게다가 오늘날 에너지 위기는 일본에 한정되지 않고, 세계적인 위기라고 할 수 있습니다. 이것이 에너지 자원을 둘러싼 국제적 대립을 야기하고, 영토분쟁을 격화시켰습니다. 제2차 세계대전 전의 자원국과 비자원국('가진 나라'와 '못가진 나라') 사이의 대립이 재현된다고 볼 수 있을 정도입니다. 국제적 협력이 가장 필요한 시대에 '국익'과 국민감정을 최우선하는 내셔널리스틱한 주장—때로는 '대국'이 '소국'을 경시하고, 심한 경우에는 멸시하는 '대국주의'—이 세계적으로 강력해지고 있습니다. 그러한 추세에 즉각적으로 반응해, 일본에서는 '안전 보장 환경'의 변화를 강조하고, 나아가 군사력 강화('강병')의 필요성마저 부르짖고 있습니다. 전후 부국노선이 막다른 골목에 다다르자, '강병'의 주장을 다시 소환하는 듯합니다.

앞으로 일본이 걸어야 할 길

이러한 상황에서, 중요한 것은 각국과 각 지역에서 데모크라시 (자유와 평등의 가치관)를 실질적으로 떠맡을 자들입니다. 또한 데모크라시에 평화가 필요하다는 것을 아는 '능동적인 인민(active demos)'이 국경을 뛰어넘어 다양한 국제공동체를 조직하는 것입니다. 즉 국가 간(inter-state) 협력과 함께, 시민사회 간(inter-social) 협력을 촉진할 노력이 필요한 것입니다. 그것은 '국제사회' 그 자체를 바꿀 가능성을 열어줄 것입니다.

'문명개화', '부국강병'이란 슬로건으로 방향을 설정한 막말 이래의 일본 근대화 노선은 오로지 일본 국가의 대외 강화를 목적으로 한 일국적 근대화 노선이었습니다. 그것은 아시아에 대한 '주권선'과 '이익선'의 확대를 지상목적으로 해, 아시아의 우등생을 지향하며 내달린 국제경쟁노선이었습니다. 지금까지 일본 근대화를 떠받치던 사회적 기반을, 이제는 다양하고 구체적인 국제적 과제를 해결하기 위한 국제공동체에 두고, 그 국제공동체를 잘 조직 운영함으로써, 글로벌한 규모로 근대화 노선을 재구축하는 것이 필요하지 않을까요? 그러기 위해서는 무엇보다도 아시아에 대한 대외평화의 확대와 국가를 넘어선 사회를 위한 교육이 불가결합니다.

그러한 과제를 검토하기 위한 전제로서, 오늘날 일본을 둘러싼 국제환경을 어떻게 파악하고, 그 미래를 헤쳐나가기 위해 일본은 앞으로 국제사회와 어떻게 관계할 것인가를 생각해보아야 할 것입니다.

3. 다국 간 질서의 유산을 어떻게 살릴 것인가?

다극화와 글로벌화

냉전의 종언이 가져온 것은 냉전 하 미·소의 양극적 패권구조의 해체와 그에 동반한 국제정치의 다극화(혹은 아나키화)였습니다. 그것이 글로벌라이제이션의 정치적 의미에 다름 아닙니다.

한편으로 소련 붕괴 이후, 구소련을 구성했던 여러 사회주의 공화국이 분리 독립해 각각 개별 국가가 되었던 것, 또한 소련 지배 하에 있던 구공산권 여러 나라가 다양한 형태를 취한 비공산주의 국가로 재출발했다는 것, 또한 소련 붕괴로 구공산권의 2대 중심 세력인 중국과 러시아의 힘 관계가 역전되어 중국의 존재감이 증대했다는 것이 냉전 후 국제관계 다극화의 유력한 요인이었던 것은 말할 것도 없습니다.

다른 한편으로 그것은 제2차 세계대전 이래의 이른바 서방세계의 국제정치 질서, 즉 '팍스 아메리카나'라고 불린 미국 주도의 국제정치 질서가 변화한 결과였다는 것은 부정할 수 없습니다. 미국은 소련 붕괴 당시, 그 공백을 메꾸어 글로벌한 국제정치 질서를 형성할 절대적인 리더십을 행사할 것이라고 예견되었으나, 그 후 현실은 예상과 달랐습니다. 냉전 하의 추세를 결정할 패권을 장악했던 미·소라는 G2는 경제 선진국 연합으로 구성되는 G6과 G7이란 과도적인 단계를 거쳐, 냉전 후에는 G8으로 발전했고, 다시 그 문제 해결 능력의 부족을 보완하기 위해, 중국과 브라질 등 신흥국을 더한 G20이란 단계에 도달했습니다. 이들 각 단계는 이미 냉전 중인 1970년대부터 시작된 패권 국가의 해체에 동반한 국제정치 다극화의 진전을 반영하는 것입니다. 일찍이 미소와 같은 패권국가의 소멸이란 현실에 착목한다면, 현재의 상황은 G제로의 단계라고 해도 과언은 아닐 것입니다.

제1차 세계대전의 다극화와 아메리카나이제이션

그와 동일한 현실은, 2014년에 이미 발발 100주년을 맞이한 제1차 세계대전이 끝난 이후의 국제정치에서도 발견할 수 있습니다. 대전 이전의 영국을 주축으로 한 패권 구조의 해체와 그에 동반한 국제정치의 다극화가 있었습니다. 그것을 촉진한 최대의 요인은, 제1차 세계대전과 함께 시작된 세계적 규모에 달한 경제적, 문화적 변용, 즉 아메리카나이제이션(americanization)이었습니다. 당시 이미 아메리카나이제이션은 경제적, 문화적 변용에 머물지 않고, 정치적 변용을 가져올 요인으로 큰 가능성을 품었습니다. 그 충격은 각국의 내정과 외교, 또한 국제정치에도 미쳤던 것입니다.

일본의 '타이쇼 데모크라시' 등은 그 하나의 사례로 이해할 수 있습니다. '타이쇼 데모크라시'는 일본 한 나라에 국한된 로컬적 정치 현상이 아니라, 당시의 세계적인 아메리카나이제이션이 일본에 나타난 것으로 간주할 수 있습니다. '타이쇼 데모크라시'라고 할 경우의 '데모크라시'는 영국 영어를 비롯한 일반적 영어가 아니라, 미국 영어의 '데모크라시'였습니다.

그러나 당시 미국은 국제연맹에 가입하지 않고, 아웃사이더에 머물렀던 것에서 알 수 있듯이, 외교적으로는 전통적인 고립주의 노선을 고수했습니다. 당시 국제정치의 다극화를 진전시킨 가장 큰 촉진 원인이었지만, 국제정치에 통합적 역할을 할 행위자(actor)로서는, 아직 소극적인 존재였습니다. 아메리카나이제이션이 경제적, 문화적 수준에 머물지 않고 정치적 수준에서 표면화한 것은, 제2차 세계대전 발발까지 기다려야 합니다. 그리고 정치적 아메리카나이제이션이 냉전 하의 동방 측에 대립하는 서방 측의 국제정치 질서로서 확립된 것이 '팍스 아메리카나'였습니다.

냉전 이후의 글로벌라이제이션에 상당하는 역사적 역할을 한 것이, 제1차 세계대전 후의 아메리카나이제이션이었습니다. 제1차 세계대전 이후의 국제정치의 다극화는 '팍스 브리타니카(영국 주도의 국제정치 질서)'에서 '팍스 아메리카나(미국 주도의 국제정치 질서)'로

가는 과도기, 즉 국제정치에서 패권구조 변화의 과도기라는 현실이었습니다. 이러한 '팍스 브리타니카' 이후의 국제정치의 다극화란 현실에 대응해, 제1차 세계대전 후에는 새로운 국제정치 질서가 형성되었습니다. 그 동아시아 버전이 워싱턴 체제였습니다. 이로부터 국제질서, 즉 동아시아 국제관계와 일본의 위치를 고려할 때, 일찍이 일본이 낱낱이 경험한 워싱턴 체제의 현실을 되돌아보는 것은, 의미가 있다고 생각합니다.

다국 간 협조의 워싱턴 체제

1921년(타이쇼 10) 11월부터 1922년 2월에 걸쳐, 워싱턴 D.C.에서 국제회의가 개최되었습니다. 거기에서 체결된 여러 조약과 결의를 틀로 한 국제정치 체제를 워싱턴 체제라고 합니다. 이것은 제1차 세계대전 후 미국의 정치적 영향력의 확대가 가져온 결과이기도 했습니다.

그 특질 중 첫째는 다국 간 협조를 지향하는 다국 간 조약의 네트워크를 기본 틀로 했다는 점입니다. 태평양 해역에 있는 여러 도서의 군사적 현상유지를 주요 목적으로 삼은 관계 각국(일본, 영국, 미국, 프랑스) 간의 4개국 조약, 중국에 관해 영토적, 행정적 보전 및 문호개방·기회균등 원칙을 중국을 비롯해 관계 각국이 상호 확인한 9개국(일본, 영국, 미국, 프랑스, 이탈리아, 벨기에, 포르투갈, 네덜란드, 중

위싱턴 회의

국) 조약, 태평양국가인 일본과 미국을 포함한 주요 해군국 5국(일본, 미국, 영국, 프랑스, 이탈리아) 간의 해군군축조약이 그것입니다.

워싱턴 체제 이전, 일본 외교의 기본노선은 영일동맹이었습니다. 그리고 이것을 보완한 것이 러일협상, 프일협상(이익범위와 협력관계에 대한 양국 간 양해)이었습니다. 요컨대 영국을 비롯한 유럽 열강과의 양국 간 조약 내지 협상으로 만들어진 국제관계를 전제로 했습니다. 그것을 다국 간 조약을 틀로 하는 국제관계를 전제로 해서 바꾼 것이 워싱턴 체제였던 것입니다.

미국은 전통적으로 고립주의적 외교노선을 취해, 특정 국가와 정치적인 혹은 군사적인 개입을 동반하는 양국 간 조약을 맺는 것에 대해서는 소극적이었습니다. 그런 입장을 취했던 미국이 워싱턴 체제에 참가한 것도, 그것이 다국 간 조약을 기본 틀로 했기 때문입니다. 제1차 세계대전 이후 국제관계를 조직하는 원칙이 양국 간(bilateral) 관계를 전제로 한 것에서 정치적, 군사적인 개입이 더 작은 다국 간(multilateral) 관계를 중심으로 바뀌었기 때문에, 미국 은 국제정치에 대해 더욱더 적극적으로 개입하게 됩니다.

군축조약과 부전조약(不戰條約)

위싱턴 체제의 두 번째 특질은 그것이 군축조약을 기본 틀로 했 다는 점입니다. 세계대전 이전의 국제관계를 조직한 것은 영일동 맹과 같은 양국 간 군사동맹이나 그에 준하는 것(러일협상과 같은 군 사동맹의 잠재적 가능성을 갖고 있던 것)이었습니다. 그런데 위싱턴 체제 에서는 국제관계가 비군사화되어 군사동맹이 아니라, 군축조약으 로 조직되었습니다.

또한 제1차 세계대전 후 국제관계의 비군사화를 상징하는 것으 로서, 군축조약과 함께 부전조약이 있습니다. 부전조약도 군축조 약과 마찬가지로, 다국 간 조약으로서 각국 간에 체결되었습니다. 말할 것도 없이, 부전조약은 현행 일본국헌법 제9조, 특히 제1항 "일본 국민은 (……) 국권의 발동인 전쟁과 무력에 의한 위협 또는 무력의 행사는 국제분쟁을 해결할 수단으로서는 영구히 이를 방기 한다."라는 문구의 역사적 선례가 되었습니다. 현행 헌법이 공포된 1946년 11월 3일 당시의 요시다 시게루(吉田茂) 수상은, 부전조약이 조인된 1928년 8월 당시 타나카 기이치 수상 겸 외무대신 아래에서 외무차관(당시 외교의 실무 책임자)이었습니다. 당시의 수상 겸 외무대신으로서 헌법 정문(正文)에 부서한 요시다는 제9조(제1항만이 아니라 제2항도 포함해)를 도입한 현행 헌법에 대해서 큰 저항감은 없었으리라 생각합니다.

경제·금융 제휴관계

워싱턴 체제의 세 번째 특질은 그것이 당사국 간의 경제적, 금융적 제휴 관계에 의해 유지되었다는 점입니다. 그 일반 원칙을 내놓은 것은 워싱턴 회의에 뒤이어 개최된 제노바 회의였습니다. 거기서 장래의 금환본위제를 근간으로 한 국제금융 체제 구축이 결의되었습니다. 그를 위한 당사국 간의 경제적, 금융적 제휴관계가 동아시아에서 구체화된 것이, 1920년에 성립한 중국에 대한 일본, 미국, 영국, 프랑스 4개국 국제차관단입니다. 국제차관단의 이니셔티브를 쥔 것이 미국은행단(특히 리더였던 월 스트리트 최대의 투자은행인 모건상회)과 그 배후에 있었던 미국 국무부였다는 것은 이미 제2장에서 본 대로입니다.

그러나 4개국 차관단의 본래 목적인 대중 차관공여는 투자대상인 중국의 정치적, 경제적 불안정과 중국 자체가 중국의 재정적 자주권이 손상된다고 보아 국제차관단을 적대시했던 것 등을 이유로, 결국 한 번도 이루어지지 않았습니다. 반면에 4개국 차관단을 매개로 4개국 간(특히 미·일 양국 간)의 경제적, 금융적 제휴관계가 강화되어, 그것이 워싱턴 체제를 지탱하는 기반이 되었습니다. 그런 의미에서 4개국 차관단은 워싱턴 체제의 경제적, 금융적 부분이라고 볼 수 있습니다.

1930년 일본의 금환본위제 복귀(금해금)의 배경에도, 이처럼 밀접한 미일 간의 국제금융 제휴가 중요한 요인으로 작용했습니다. 그것은 금해금에 필요한 전제 조치인 금을 준비하기 위해 영미 양국의 금융자본이 대일 크레디트를 설정하도록 하는 것이었습니다. 바로 1922년 제노바 회의에서 내놓은 일반원칙이 워싱턴 체제의 경제적, 금융적 부분을 강화하는 형태로, 동아시아에서 구체화되었다고 할 수 있습니다.

이렇게 제1차 세계대전 이전 영국 해군력으로 유지된 극동의 평화, 일본이 영일동맹으로 그 일익을 담당했던 '팍스 브리타니카'는, 제1차 세계대전 후에는 영국을 포함한 주요 해군국 간의 군축조약, 그것과 불가분인 두 개의 다국 간 조약(4개국 조약 및 9개국 조약) 그리고 당사국 간의 경제적, 금융적 제휴관계로 형성된 워싱턴 체제를 통해 계승·유지되었던 것입니다.

중국을 둘러싼 국제협조는 성립할 것인가?

워싱턴 체제에는 고유의 불안정화 요인이 있었습니다. 그것은 중국 내셔널리즘의 진전에 대해, 여러 관계국들(9개국 조약국) 간에 국제협조가 성립할지 여부였습니다. 예를 들면, 미일 간, 영일 간, 또한 영미 간에 중국 내셔널리즘에 대한 대응에서, 국제협조가 성립할 수 있을지 여부가 워싱턴 체제 자체를 계속해서 흔들었습니다.

일본은 중국 내셔널리즘과의 협조보다, 중국 이외의 관계된 여러 나라들(특히 영미)과의 협조를 우선시해, 그것을 통해 중국 내셔널리즘의 공세를 막아내려고 했습니다. 그런데 중국에 권익이 없는 미국은 본래적으로 중국 내셔널리즘과의 협조를 우선했습니다. 중국에 거대한 권익을 가진 영국은 일본과의 제국주의적 협조를 선택지의 하나로 보면서도, 결국 중국에서 권익 유지를 도모한다는 입장에서, 중국 내셔널리즘과의 협조를 선택했습니다.

일본은 중국에서 고립되었고, 만주사변을 통해 고립 돌파를 강행했습니다. 이로써 워싱턴 체제의 불안정화 요인은 일거에 파탄 요인으로 전화했습니다. 여기에 제1차 세계대전의 '전후'가 종결되었고, 새로운 '전전(戰前)'이 시작됩니다.

냉전 이후 20년을 넘은 오늘날에도 안정된 국제정치 질서는 여전히 미완의 과제입니다. 그 원인은 세계적 경향인 내셔널리즘을 넘어설 수 있는 이념이 부재하다는 것, 그리고 '국익'을 고집하는 단락적(短絡的) '리얼리즘'이 뿌리 깊기 때문입니다. 패권구조 해체 이후, 국제정치의 다극화란 현실에 적합한 국제정치 질서 이념이 필요해졌습니다. 그것은 일찍이 패권구조 해체 이후에 성립한 워싱턴 체제의 긍정·부정이란 두 측면의 역사적 경험에 입각한 것이어야 합니다.

현재에도 중국을 둘러싼 문제가 세계와 일본을 흔들고 있습니다. 지금의 중국은 일찍이 워싱턴 체제 하의 중국과는 비교할 수 없는 강대국이 되었고, 냉전 하 패권구조의 해체 이후 국제정치의 다극화를 추진할 가장 유력한 요인이 되었다는 것은 물론이지만, 그 이상으로 중국의 행동은 주변 여러 나라에는 위협감을 주는 등 확대주의적인 경우마저 있습니다. 오늘날 일본을 둘러싼 국제환경이 어느 쪽인가 하면 '안전보장 환경'으로 논의되고, 자칫하면 '미일동맹'을 중국을 가상 적국으로 하는 군사동맹으로 이야기하는 것도, 그 요인 중 하나는 중국의 행동에 있기도 합니다.

제2장에서 서술했듯이, 일찍이 1870년대에 오키나와를 둘러싸고 긴장관계에 있던 청일 양국은 상호 긴장완화에 노력해, 전쟁을 피할 수 있었습니다. 그때 청일 양국을 중재해, 양국의 평화를 위한 노력에 조력한 것은 미국의 전 대통령 율리시스 그랜트였습니다. 오늘날 미국은 오키나와의 주변을 둘러싸고 또다시 대립하는 중일 양국을 중재해, 전쟁 위기를 회피하도록 충분히 공헌할 수 있습니

다. 아마 그것은 미·일·중 삼국 각각의 '국익'에 도움이 된다고 믿습니다.

오늘날 미국과 유럽에서는, 단락적인 보호주의 충동과 일국주의로 향하는 좁은 시야가 강화되는 경향이 있습니다. 워싱턴 체제는, 그 좌절에 이르게 된 다양한 약점에도 불구하고, 군축조약에 바탕을 둔 평화적이고 현실적인 다국 간 질서라는 점에서, 무질서와 무이념으로 흐르는 오늘날의 세계 및 일본에 역사의 교훈으로 삼을 만하다고 생각합니다. 적어도 워싱턴 체제의 중요한 유산을 헌법 제9조에 남긴 일본은 그것이 가진 의미를 생각해야 합니다.

저자 후기

　작년(2016년 당시) 인생 여든을 넘긴 나에게, 팔십 평생 중 50년이 넘는 부분은 학문 인생이었습니다. 반드시 짧다고도 할 수 없는 학문 인생을 뒤돌아보면서, 그동안 달성한 나의 사업은 너무나 부족했고, 자랑할 만한 것도 없습니다. 오히려 나로서는 인생 80년 자체가 비록 범용한 인생이었다고 해도, 내가 달성한 최대 사업이었다고 생각합니다. 이것이야말로 우치무라 칸조가 말한 내 나름대로 '후세에 남길 최대 유물'이라고 할 수 있겠습니다.

　그것은 그렇다 치고, 나는 지금까지, 언제부터인가 학문 인생 중에 '청춘기 학문'에 대한 '노년기 학문'의 의미를 생각해왔습니다. 많은 경우, 학문의 성과(특히 눈에 띄는 학문의 성과)는 '청춘기 학문'의 성과이고, '노년기 학문'의 성과라고 할 만한 실례는 거의 생각이 나지 않습니다. 「청춘기 학문과 노년기 학문」*이라는 에세이를 쓴 것은 지금으로부터 30여 년 전인 1988년의 일이었습니다. 거기에 나는 "노년기에 학문의 의미를 명확히 할 수 없는 학문관은, 학문관으로는 (……) 일면적이라고 하지 않을 수 없다."라고 서술했습니다. 당시 이미 '노년기'를 자각했던 나로서는 업적주의를 위주로 한 '청춘기 학문'만으로는 인생 자체에 대한 학문의 의의를 말할 수

---

*　三谷太一郎, 『近代日本の戰爭と政治』(岩波書店, 2010) 수록.

없는 것이 아닐까 생각하기 시작했습니다. 이미 학문 인생의 머지 않은 종언을 앞에 두고 그 황혼을 걸어가며, 나는 한층 절박함을 가지고 앞으로 내 자신의 '노년기 학문'에 대해 생각해보았습니다.

'노년기 학문'에 대해, 지금 나는 다음과 같이 생각합니다. '노년기 학문'은 어차피 '청춘기 학문' 가능성의 범위를 넘을 수는 없습니다. 각자의 '청춘기 학문'이 가진 가능성을 그 한계까지 추구하지 않고서는 '노년기 학문'은 성립하지 않습니다. 결국 '청춘기 학문'의 모습이 '노년기 학문'의 모습을 결정합니다. 그것이 나의 결론입니다. '청춘기 학문'이 도달할 수 없었던 것을 '노년기 학문'에 요구하는 것은 환상에 불과합니다. 요컨대 양자는 본래 불가분 관계에 있고, 자의적으로 분리할 수 없다는 것입니다. 인생의 일체성은 학문 인생에서도 동일하다고 생각합니다.

다만 '노년기 학문'은 어느 쪽인가 하면, 특수한 주제에 초점을 맞춘 각론적인 수준의 발전보다는, 더욱더 일반적인 주제에 집중한 총론적 수준의 발전에 역점을 두어야 하지 않을까 생각합니다. 이를테면, '총론 (general theory)'에 해당하는 것의 형성을 지향해야 하지 않을까 하는 것입니다. 이것이 부족하면, 상이한 학문 분야 간의 학제적 대화가 성립되지 않는다고 생각합니다. 오늘날 학문은 각론적 수준의 발전은 현저하지만, 총론적 수준의 발전에는 관심이 그다지 없습니다. 거기에는 오늘날 학문을 지배하는 업적주의적 가치관이 영향을 끼치고 있습니다.

나는 학문의 발전을 위해서는 학제적 대화 이외에 프로페셔널과 아마추어의 교류가 아주 중요하다고 생각합니다. 그 때문에도 '총론(general theory)'은 없어서는 안 되고, 그에 대한 공헌이 '노년기 학문'의 목적 중 하나라고 생각합니다. 실은 이번에 일부러 정면에서 "일본 근대는 무엇이었는가?"라는 문제제기를 하고, 그에 대해 나의 견해를 제한된 지면에 정리하게 된 것은 내 나름대로 일본 근대에 관한 총론적인 것을 지향했기 때문입니다.

물론 그런 의도는 충분한 성과를 낳았다고 말하기 어려울 것입니다. 애당초 일본 근대에 대한 나의 시야는 한정되어 있었고, 그것은 기껏해야 정치경제적 분야에 국한되어 있습니다. 그것은 역사가로서 모든 방면에서 전체를 고찰할 수 없는 내 자신의 능력 부족 때문이지만, 일본 근대를 보는 역사가로서 피할 수 없는 내 특유의 시각 때문이기도 합니다. 뒤돌아보면, 총론적인 것을 목표로 설정하면서도 결과적으로 각론적인 것을 벗어나지 못했음을 반성합니다.

그러나 원래 의도를 충분히 실현할 수 없었다 해도, 일본 근대 자체에 대해 총론적인 것을 지향했던 것은 나름대로 의의가 있다고 생각합니다. 작업에 착수하면서, 선구적인 사례로 삼았던 것이 있습니다. 그것은 영국 근대에 대해 그야말로 총론적 고찰을 시도한 월터 바지호트의『자연학과 정치학』입니다. 이 책의 도입부에『자연학과 정치학』을 활용한 것은 내가 일본 근대에 대해 시도하려던 것을 바지호트가 이미 145년 전에 영국 근대에 대해 시도했으며 성공했기 때문입니다.

내가 바지호트의 이 책을 숙독했던 것은 10년 전이었습니다. 그때 계기가 되었던 것은, 10년 전에 14시간에 걸친 수술이 필요한 중병에 걸렸던 상황이었습니다. 결국 나는 2개월 동안 병원 신세를 졌는데, 회복기에 맨 처음 읽었던 것이 지금까지 읽어본 적이 없던 나츠메 소세키(夏目漱石)가 1910년에 큰 병을 이겨내고 회복기에 쓴「회상(思い出す事など)」(1911)이라는 작은 작품이었습니다. 그 맨 처음 부분에 소세키가 입원했던 병원의 나가요 쇼키치(長与称吉) 원장의 부고와 함께, 소세키를 깜짝 놀라게 한 부고로 미국 프래그머티즘 철학의 창시자인 윌리엄 제임스(William James)의 부고가 거론되었다는 점이 저로서는 전혀 뜻밖이었습니다.

더욱 의외였던 것은 윌리엄 제임스의 사상과 문장에 대한 소세키의 강한 애착이었습니다. 소세키는 큰 병에 걸린 쇠약 상태에서, 제임스의 마지막 저작인『다원적 우주(A Pluralistic Universe)』(1908)를 완독했습니다. 이에 대해 소세키는 다음과 같은 평을 남겼습니다. "문학자인 내 입장에서 보면, 제임스 교수가 무엇에도 의지하지 않고 구체적인 사실을 토대로 해, 유추를 통해 철학 영역을 분석해 나가는 것을 흥미롭게 읽었다. (……) 내가 평소에 문학에 대해 품고 있던 의견과, 교수가 철학에 대해 주장하는 바가 친숙한 기맥(氣脉)을 통해 서로 맞닿은 듯 느껴져 유쾌하게 여겼던 것이다. 특히 교수가 프랑스 학자 베르그송의 설을 소개하는 부분은 언덕길 아래로 수레가 굴러가는 기세로 읽어나갔던 것은, 아직 혈액이 충분히 공급되지 못한 내 머리로도 얼마나 기뻤는지 모른다. 내가 교수의 문장에 깊이 감탄한 것은 이때였다."

덧붙이자면, 이 소세키의 감상은 거의 동시기에 베르그송의 영향을 받고, '순수경험' 개념에 입각한 『선의 연구(善の硏究)』(1911)를 쓴 니시다 키타로(西田幾太郎)를 상기시켰습니다. '순수경험'은 또한 베르그송에 촉발된 윌리엄 제임스 철학의 기본 개념이기도 했습니다. 나는 소세키와 니시다, 제임스, 베르그송이 각기 전공분야는 달라도, 동일한 지적 공간에 살았던 동시대인이었다는 사실을 깨닫고 깊은 감명을 받았습니다.

게다가 제임스에 깊이 공감하면서, 그 마지막 저서를 독파할 수 있었던 것은 병마에 맞섰던 소세키의 자신감도 회복시켰던 모양입니다. "이제 뒤돌아보면, 당시 나는 상당히 쇠약한 상태였다. 천장을 바라보며 누워, 두 팔꿈치를 담요로 떠받치고 저런 책을 들고 읽는데 고생깨나 했다. (……) 그래도, 머리가 비교적 피로하지 않았던 모양인지, 내용을 별 어려움 없이 이해할 수 있었다. 머리만큼

은 더 쓸 수 있겠군 하며 자신감이 생긴 것은 크게 피를 토하고 나서 이때가 처음이었다. 기분이 좋아져 아내를 불러, 몸에 비해 머리는 튼튼한 모양이라며 그 이유를 말하자, 아내가 도대체 당신의 머리는 너무 튼튼해서요(……)라 대답했다."고 소세키는 쓰고 있습니다. 그리고 나가요 쇼키치와 제임스의 죽음에 대해 다음과 같은 감상을 토로했습니다. "내 병을 치료하며 많은 호의를 베풀던 나가요 병원장은 나도 모르는 사이에 죽었다. 내가 병중에서, 죽음의 문턱을 헤매던 내 머릿속에 아름답게 빛나는 광채를 던져준 제임스 교수도 내가 모르는 사이 어느 틈엔가 죽었다. 두 사람에 감사해야 할 나만 혼자 살아 있다. 빗속의 국화 내게 한가함 있네, 병 덕분인가. 툇마루 국화 빛깔은 아직 멀고, 오늘 이 새벽(菊の雨われに閑ある病哉 菊の色緣に未だし此晨)."*

소세키는 요양 중 제임스의 『다원적 우주』 외에 또 한 권의 독서 체험을 기록했습니다. 그것은 미국 사회학의 초창기를 짊어진 사람 중 한 명인 레스터 워드(Lester F. Ward)의 대작, 『역학적 사회학(Dynamic Sociology)』(1883)입니다. 나는 그저 이름을 알 뿐, 읽어본 적 없는 상·하 두 권의, 1,500쪽에 이르는 대작을, 병원생활 중에 소세키가 독파했다는 것에 충격을 받아, 망연자실할 따름이었습

---

* 소세키의 하이쿠를 번역해주신 경희사이버대학교 박상현 교수님께 감사드린다. (역자)

니다. 소세키가 『역학적 사회학』에 관심을 가진 것은, 오로지 '역학적'이란 형용사에 끌렸기 때문으로, "평소부터 일반 학자가 이 한 단어에 착안하지 않고, 마치 움직일 수 없는 죽은 물체처럼 연구 재료를 다루며 오히려 아무렇지 않게 있는 것을, 항상 물리지도 않고 바라보고만 있었을 뿐 아니라, 자기와 친밀한 문예상의 논의가 특히 이런 폐단에 빠지기 쉽고, 또한 빠지고 있는 듯이 보이는 것을 유감이라 비판했다."라고 그 이유를 설명합니다.

그런데 워드의 저작에 대한 소세키의 독후감은 제임스와는 아주 대조적으로 냉담했습니다. "엄청나게 넓은 현관처럼 서론이 긴 책이었다. 가장 중요한 사회학 그 자체에 들어가자, 너무나 불완전하고 또한 여하튼 기대했던 이른바 역학적이란 것이 심히 걱정스러울 정도로 거칠게 다루어져 있었다. (……) 이제나 저제나 정말로 역학적이란 것이 나올까, 더 고조된 역학적인 것이 나올까, 마지막까지 저자를 믿고, 1,500쪽의 마지막 한 쪽의 마지막 단어까지 드디어 읽어갔지만 그렇게 기대했던 내용은 어디에도 나오지 않았다."고 쓰고 있습니다. 당시 서양인 전문학자의 권위따위 신경도 쓰지 않는 통렬하고 솔직한 비판입니다.

나는 소세키가 쓴 부분을 읽고 과거에 읽은 책 한 권을 생각해냈습니다. 그것은 이 책에서도 언급한 리처드 호프스타터가 쓴 『미국

사상에서 사회진화론』*이었습니다. 이 책은 미국에서 허버트 스펜서 사회학의 수용 양상과, 그 후 미국의 독자적인 사회학과 사회사상(특히 제임스와 듀이의 프래그머티즘) 형성에 끼친 영향을 논한 훌륭한 저서입니다. 소세키가 혹평했던 워드의 사회학에 대해서는 스펜서 비판에 입각해, 독자적인 학문적, 사상적 공헌을 했다고 그 의의를 높게 평가했습니다. 특히 미국에서, 자유방임 자본주의를 추진하는 이데올로기적 역할을 한 사회진화론에 대한 비판의 선구자로서 워드는 호프스타터와 같은 뉴딜 세대 지식인에게 호소하는 바가 있었다고 생각합니다.

호프스타터의 저서는, 내가 연구자로 공부를 시작했던 반세기이상 전에 마루야마 마사오 선생의 가르침으로 처음 알았고, 1969년 8월 처음으로 미국에 건너갔을 때, 뉴욕의 컬럼비아대학 서적부에서 그 페이퍼백(Beacon Paperbook Edition, 1955)을 구입한 이래 두세 번에 걸쳐 숙독했고, 밑줄도 그으며 코멘트를 적었던 책입니다. 소세키에게 자극을 받아, 다시 한 번 읽어보았습니다. 그리고 그때 제임스가 바지호트의 『자연학과 정치학』을 아주 격찬했다는 사실을 알게 되었습니다. 예전에 읽었을 때는, 전혀 신경 쓰지 않았던 부분입니다. 그래서 병이 든 후에 소세키가 제임스의 『다원적

---

* Richard Hofstadter, *Social Darwinism in American Thought* (Philadelphia, Penn.: University of Pennsylvania Press, 1944), Revised Edition (Boston, Mass.: Beacon Presss, 1955).

우주』를 읽었던 것처럼, 옛날 고서점에서 구입한 후 거의 묵혀두었던 바지호트의 『자연학과 정치학』 원서를 펼쳐볼 생각이 났던 것입니다. 그것은 오로지 소세키를 모방해 중병에 고생하던 중 쇠약한 심신의 회복을 꾀하려는 것이 동기였습니다. 그것이 우연히 이 책의 「서장」 집필로 이어졌습니다.

나는 영국 근대에 대해 서술한 『자연학과 정치학』을 읽으면서, 일본 근대에 대해 총론적인 것을 쓴다는 것, 그리고 그것을 위해 일본 근대의 개념적 파악을 시도한다는 것의 중요성을 알게 되었습니다. 그 과정을 거쳐, 일본 근대에 대한 인식은 진보하는 것이라 생각했습니다. 칸트에 따르면, 인간의 인식은 모두 직관에서 시작하고 직관에서 개념으로 이어져 이념에서 끝납니다. 그리고 이념 앞에는 이념에 의해서만 규정되는 이상이 있습니다. 이 책에서 내가 시도했던 것은 일본 근대를 대상으로 한 '직관'에서 '개념'으로 인식 발전을 모색하는 것이었고, 이 책은 결과보다는 그 의도에 많은 의의가 있다고 생각합니다.

이 책의 집필을 수락한 것은 2003년의 일이었지만, 그 후 많은 세월을 낭비했습니다. 그동안 세계도, 일본도 그리고 나 자신도 아주 다사다난했습니다. 그리고 그사이의 '다사다난'은 이 책의 내용과 구성에도, 또한 이 책의 간행이 지연되었던 것에도 커다란 그림자를 드리웠습니다. 이 책의 집필 이전에는 전혀 예기할 수 없었던 개별 사건이, 일본 근대에 대한 나의 기존 인식에 문제를 제기했고 그것을 흔들었던 적도 있었습니다. 나는 역사가 현실이고, 현실이 역사라는 점을 실감했습니다.

이 책은 이와나미 서점 편집부의 오다노 코메이(小田野耕明) 씨에게 직접 권유를 받아 시작되었습니다. 그러나 그 후 집필 속도가 오르지 않고, 매년 몇 번이나 오다노 씨의 독촉을 받았습니다. 특히 10년 전 중병에 걸렸을 때는 집필을 단념하려고까지 생각했습니다. 그러나 다행히도 나는 살아남아, 오늘을 맞이하게 되었습니다. 이것은 단지 행운이라기보다 기적이라고 생각합니다. 살아 있는 것이 기적이라는 것이, 지금 내 솔직한 심정입니다. 그 기적의 누적이 내 80년 인생이라고 생각합니다. 그것은 단지 내 개인의 인생에 대해서뿐만 아니라, 더 일반적으로 말할 수 있는 것이 아닐까 생각합니다.

그러나 내 인생의 기적이 이 책의 객관적 내용까지도 기적적으로 만든 것은 아닙니다. 여러 번에 걸쳐 말한 것처럼, 이 책은 내가 의도한 것보다 내용적으로는 평범한데, 오히려 평범함이 그 장점 중 하나일지 모른다고 생각합니다. 그런 장점을 끄집어낼 수 있게 도와준 오다노 씨는 저자인 나와 독자 사이를, 어느 쪽에도 충실한 태도로 매개한 편집자로서, 저자인 내가 힘써서 독자에게 다가갈 수 있게 노력해주었습니다. 저자로서 깊이 감사드립니다.

마지막으로 득롱망촉(得隴望蜀)하는 마음으로 욕심을 더 부리자면, 나는 물론 이 책을 현세의 독자가 읽어주기를 바라지만, 가능하면 후세의 독자도 읽어주면 좋겠습니다. 나는 이 말이 불손하다는 것을 잘 압니다. 그럼에도 이 책이 시도한 일본 근대의 초보적 개념 파악과 근대 이후의 일본 및 세계로의 전망이 어느 정도 유효했는지 후세의 입장에서 검토해주기를 기대하기 때문입니다. 모리 오가이는 자신이 존경한 시부에 츄사이의 「술지의 시(述志の詩)」에 빗대어, "늙은 준마는 구유에 엎드려 있어도 뜻은 천리에 있다(老驥伏櫪 志在千里)는 의미가 여기에 담겨 있다."고 썼습니다. 요컨대 "준걸은 늙어도 뜻은 쇠하지 않는다."라는 의미입니다. 오가이는 무엇보다 「시부에 츄사이」 같은 '사전'이라는 새로운 역사적 장르에 도전하는 만년의 자기 이미지를 츄사이의 「술지의 시」에서 얻은 '늙은 준마'에서 찾고자 했습니다. 일찍이 '준마'였던 적이 없었던 나로서는 물론 츄사이와 오가이처럼 '늙은 준마'가 될 수 없지만, 그래도 뜻은 그 앞에 있는 천리에 두고자 합니다.

2017년 2월 24일
미타니 타이치로

일본의 근대화 과정을 깊게 통찰한 역작

1.

"일본의 근대는 19세기 후반의 최선진국으로 국민국가 건설에 착수한 유럽 열강을 모델로 형성되었습니다." 이 한 문장이 이 책의 기본 방향성을 대변한다. 저자인 미타니 타이치로는 유럽으로 대표되는 서양 근대와의 비교라는 총론적 부감 속에서 후발국 일본의 근대화 과정을 일본 근대의 형성, 발전, 위기 그리고 종언을 성찰하고 있다. 저자는 19세기 말에 바지호트가 성찰한 유럽의 근대를 참조하면서, 일본 근대의 성찰을 위한 문제군을 석출했다.

그렇다고 후발국 일본의 전통이 근대 이행과 아무런 관련이 없다고는 보지 않는다. 서양 근대의 여러 요소는 사실은 일본의 전통 속에서 존재했는데, 이는 일본을 세계 속에 고립된 섬이 아니라 열린 세계로서 파악했던 것이기도 하다.

저자는 정당정치, 자본주의, 식민지, 천황제라는 커다란 주제 속에서 일본 근대의 탄생부터 발생사적으로 고찰하면서, 제국 일본이 근대의 붕괴를 향해 돌진했던 이유를 곱씹으며 성찰하고 있다.

저자는 역사 인식을 둘러싼 정치지도자의 주체성 결여가 전문가

집단의 기능적 권위의 확대로 이어져,* 이것이 '토의에 의한 통치'를 정지시키고, '입헌적 독재'로 나아갈 위험성을 '아베 정권' 속에서도 읽어냈다고 할 수 있다.

2.

저자의 총론적 연구는 각론의 좁고 깊은 분석을 통해 확보한 지식을 바탕으로, 저자 자신의 50여 년에 걸친 학문 인생을 뒤돌아보며, 통사적으로 펼치는 향연이기도 하다.

이 책의 논제는 "내 나름대로 일본 근대에 대한 총론적 고찰을 목표로 했다. 정당정치, 자본주의, 식민지제국, 천황제라는 네 가지 테마를 뽑아 이에 대한 구조를 해명하고자 했다."라는 저자의 선정에 따른 것이다. 정치, 경제, 사상사적 측면을 포괄하는 네 가지 주제에 대한 문제 제기에 자신의 학문적 축적을 담아 답하는 과정에서 일본 근대의 현재적 의미를 찾고자 하는 저자의 열의가 돋보인다. 이 네 가지 주제는 저자의 연구 인생에서 이미 각론적으로 다루어졌던 주제이기도 하다.

먼저 정당정치에 관련된 문제인데, 이는 '토의에 의한 통치'와 관련된 주제다. 그는 월터 바지호트가 영국 근대의 정치 분석을 통

---

* 田澤晴子·平野敬和·藤村一郎,「三谷太一郎氏インタヴユー記錄: 「大正デモクラシー」硏究をふり返る」,『社會科學』48-2(同志社大學人文社會科學硏究所, 2018. 8), 328쪽.

해 획득한 '토의에 의한 통치'라는 개념을 원용해, 일본 근대에 발생한 정당정치의 형성과 발전 그리고 몰락을 살펴보았다. 일반적으로 아시아적 특성으로 많이 거론되는 동양적 전제주의와는 다른 결을 일본 전통 속에서 발견해, 이를 '문예적 공공성', 에도 막부의 '권력 억제 균형 시스템'을 '토의에 의한 통치'의 맹아로 석출했다. 근세 일본 막번체제의 세력균형시스템을 살펴보면서, 메이지 헌법 하 권력분립제가 의회제적 정당정치로 이어지는 모습을 보여주었다. 막부를 무너뜨린 번벌정치가 실질적인 정당정치의 출현을 가져왔고, 그것이 나아가 본격적인 입헌정치로의 이행을 끌어냈던 점을, 저자는 체제통합의 주체라는 측면에서 막부, 번벌 그리고 정당정치의 위상을 자세히 분석하고 있다. 이는 일본 정치사에서 '타이쇼 데모크라시'론의 한 축을 담당했던 저자의 청년기부터의 연구가 바탕에 깔려 있다. 저자는 하라 타카시로 대표되는 입헌정치의 프로페셔널적 흐름과 함께 요시노 사쿠조로 대표되는 입헌정치의 아마추어적 흐름을 동시에 평가하면서, 양자의 관계성 속에서 일본 근대의 정당정치의 발전과정을 살펴보고 있다. 또한 '권력 세계'에 대한 관심은 물론 '비권력 세계'에 대한 관심을 드러내었다. 이런 인식은 본문에서도 메이지 시기의 후쿠자와 유키치, 타이쇼 시기의 요시노 사쿠조, 전후의 마루야마 마사오라는 정치교육자에 대한 관심으로 나타났다.* 그가 전개한 하라와 요시노 연구는, 양자를 동시에 포착하는 문맥을 설정하기 위한 '타이쇼 데모크라시 상황'이란 개념 제시로 이어졌다. 저자는 타이쇼 데모크라시 운동의 계기를 쌀소동으로 보는 견해에 반대했다. 데모크라시를 군주정, 귀족정과의 대비로서 민주정이라는 하나의 통치체제로 파악했다. 쌀소동은 또한 데모크라시의 전단계로, 방향성을 잡지 못한 아나키적 상황을 초래했다고 파악했다.**

저자는 정당정치와 군부 사이의 관계를 분석하면서, 일본 근대 정당정치의 몰락과 군국주의의 대두가 일본을 전쟁의 소용돌이로 몰아갔던 점에 대해 성찰했다. 이는 미타니가 로야마 마사미치가 제기한 '입헌적 독재'를 비판적 시선으로 바라보는 것과 관련이 있다. 그것은 미타니가 보기에 정당정치의 부정이자 '토의에 의한 통치'의 상실에 다름 아니었다.

두 번째는 자본주의 즉 일본 근대 자본주의의 형성과 성장 그리고 몰락과 관련된 문제이다. 후발국으로 출발한 일본 근대 자본주의는 선진 자본주의 열강의 경제적 지배에서 벗어나려는 자립적 자본주의로 출발했다. 저자는 자립적 자본주의론과 국제적 자본주의론 사이의 긴장관계 속에서 일본 근대 자본주의를 성찰했다. 자

---

* 田澤晴子·平野敬和·藤村一郎, 위의 글, 320쪽.
** 田澤晴子·平野敬和·藤村一郎, 위의 글, 310~311, 313쪽.

립적 자본주의의 성립은, ① 정부 주도의 '식산흥업' 정책의 시행, ② 근대적 조세제도의 확립으로 국가자본의 원천 확보, ③ 자본주의에 필수적인 노동력 육성, ④ 대외평화의 확보를 그 조건으로 한다고 파악했다. 청일전쟁을 통해 자립적 자본주의를 확립한 근대 일본은, 러일전쟁을 거치면서 국제적 자본주의로 이행했고, 이는 일본 근대의 자본주의가 세계 자본주의의 한 멤버로 성장했던 상징이 되었다고 파악한다.

저자는 국제적 금융가와 결합한 일본의 정치 및 경제적 지도자의 형성과 몰락을 살펴보면서, 일본 근대의 국제적 자본주의가 붕괴하는 과정을 성찰하고 있다. 대공황을 거치면서 국제적 자본주의의 몰락과 지역주의를 표방하는 지역 내 패권 경제구조로 전화하는 일본 근대 자본주의의 모습을 고찰하면서, 국제적 자본주의의 붕괴 이후에는 국가자본의 시대이자 자유무역이 종말을 고한 전쟁의 시대가 뒤를 잇게 되었다고 평했다.

국제적 자본주의 문제를 고찰하며, 일본의 타이쇼 데모크라시가 미국의 데모크라시(American Democracy)의 한 모습이라고 그는 파악했다. 제1차 세계대전 이후 세계적으로 전개된 미국화(americanization)는 정치적, 경제적, 문화적인 것을 모두 포함한 것이었고, 이것이 일본에도 나타난 것으로 보았다. '타이쇼 데모크라시'를 일본에 한정된 로컬적 현상이 아니라 동시대적인 세계사적 움직임이었다고 파악했던 것이다.*

　세 번째로, '공식적 식민제국'으로 내달린 일본과 식민지와 관련된 문제를 다루고 있다. 저자는 '자유무역 제국주의'로 '비공식제국'을 모색한 세계적 패권국인 영국을 대표로 한 유럽의 근대와 달리, 비용이 많이 드는 군사적 의존도가 높은 '공식제국'으로 돌진한 일본 근대의 모습을 성찰하고 있다. 미타니는 당시 일본이 선진 식민지제국에 필적하는 실질적인 국제사회의 멤버가 아니었다고 파악한다. 따라서 일본의 식민지제국 구상은 유럽 열강과 달리, 경제적 이익에 대한 관심보다 자국의 군사적 안전보장에 대한 지대한 관심에서 유래했다는 것이다. 일본의 식민지 건설 방향은 자국의 국경선에 직결되는 공간의 확대라는 형태를 띠었고, 이는 일본 내셔널리즘의 발전이 제국주의와 결합한 특성이었다고 설명한다. 이는 식민지 문제를 필연적으로 유발하는데, 제국의회가 아닌 정부, 군부 그리고 추밀원의 영향권 하에서 제정되고 입법되었던 식민지 입법은 결국 제국 헌법 체제와 모순 관계를 형성했다. 이는 '이법구역' 혹은 '특수통치구역'으로서 식민지의 존재가 비입헌적 정치공간으로 남게 되는 문제와 관련되는데, 이는 '동화'를 둘러싼 방향성 즉, 식민지의 '자치'와 '참정권' 문제로까지 확산되는 것이었다.

　한편 저자는 미국, 영국이 중국 내셔널리즘과 타협을 선택한 것

＊　田澤晴子·平野敬和·藤村一郎, 위의 글, 324쪽.

과 달리, 제국주의적 입장에서 중국과 대립을 견지했던 일본의 선택이 미국 및 영국과의 국제협조 정책을 포기하고 전쟁으로 나가게 하는 요인이었다고 평가했다.[*]

이는 제국주의를 대체할 지역주의의 대두와 깊은 관련이 있다. 저자는 제국 일본이 정당화하며 확대한 '대동아공영권'이라는 '지역질서'로서 지역주의가 아시아 여러 민족의 내셔널리즘 저항 속에서 형성되었다고 고찰하고 있다. 저자는 국제질서 속에서 지역주의와 제국주의의 관계성에서 식민지 문제를 파악함으로써, 이것이 일본이 패전한 이후 미국 중심의 동아시아 지역주의로 전화하는 계기를 찾고자 했다.

네 번째로, 사상사적 측면이다. 정교분리를 전제로 한 유럽 근대의 종교와 달리, 정교가 결합한 '근대천황제'를 둘러싼 문제를 다루고 있다. 유럽 근대의 기독교적 전통과 대비해 일본 천황제를 유럽 기독교의 '기능주의적 등가물'로 파악해, 서양 근대에서 기독교가 한 역할을 일본 천황제에서 찾았고, 이 관계성에서 일본 근대의 사상사적 천이를 이해했다. 기능주의라는 근대 합리성을 비합리적인 종교로 설명하는 부분은 주목할 만하다. 저자는 이렇듯 일본의 근대천황제의 탄생과 전개 그리고 붕괴 과정을 종교와 분리된 정치공간이 부재하다는 측면에서 파악했다.

[*] 田澤晴子·平野敬和·藤村一郎, 위의 글, 325쪽.

전체를 아우르는 키워드는 '기능주의적 등가물'이라는 개념인데, 이는 일본 근대가 유럽 및 미국의 근대를 수용하는 방식을 특징지었던 개념이었다. 구미 사회와 달리 일본 사회는 내용적 변동보다는 형식적 근대성을 중시했지만, 그럼에도 상호침투성은 예상할 수 있는 것이었다. 이를 통해 일본 근대의 특수성과 보편성을 파악하겠다는 것이 저자의 목표 중 하나로 보인다. 이는 화혼양재, 동도서기, 중체서용이라는, 동아시아가 서양 근대를 수용했던 방식의 또 다른 표현이기도 하다. 이는 일본 강좌파적 해석과 일정 정도 조응 관계를 이루기도 한다.

구미 세계의 세계사적 전개과정에 연동한 근대 일본의 합목적적 발전, 여기에는 굴종과 협조, 공생과 경쟁 등 역동적인 세계내적 활동이 다루어졌다. 이와 달리 아시아 여타 지역에 대한 설명은 객체적이란 한계를 가질 수밖에 없다. 한국의 독자들은 식민지로 전락한 조선에 대한 저자의 이러한 외부적 시각에 대한 이질감을 느낄 수도 있다. 아시아에서 일본 이외의 지역 및 국가의 식민지화 혹은 반식민지화 과정에 제국 일본이 한 역할에 대한 더블 스탠더드는 앞으로도 한일 간 역사인식에 계속 그림자를 드리울 것이다. 저자는 전쟁이 군사화 혹은 비군사화, 민주화, 식민지화, 국제화 등 전전 체제의 변혁을 촉진시켰다는 견해를 보여준다. 또한 '타이쇼 데모크라시'에서 요시노가 제창한 민주화와 탈식민지화라는 방향성이 전후 정치체제로 실현되었다고 보았다. 저자는 냉전에 동반한 '새로운 권력국가'의 출현으로 동결된 탈식민지화가 냉전 이후 동아시아에서 분출했으나, 여전히 근본적 해결을 보지 못했던 상황을 중시했다. 저자에게 탈식민지화는 두 가지 측면이 있다. 하나는 일본의 탈식민지제국화이고, 다른 하나는 구식민지의 정치경제적 자립화이다. 구식민지만이 아닌 일본에서 탈식민지화라는 과제를 해결하는 것이 냉전 이후 국제협조를 낳은 가장 필요한 조건이라고 보고 있다. 따라서 포츠담 선언에서 부활, 강화해야한다고 밝힌 민주주의적 경향은, 제1차 세계대전 이후에 도래한 전후체제의 '민주주의적 경향' 즉 '타이쇼 데모크라시'를 표현한 것으로 파악하고 있다.*

일국적 논리에 함몰되지 않은 저자의 역사주의적 해석은 그 시대적 맥락에서 일본 근대에 대한 명철한 해명에 복무하고 있다는 점 역시 평가할 수 있다.

3.

미타니 타이치로는 1936년에 오카야마 현에서 출생한, 일본의 원로 정치학자이자 역사학자이다. 전문은 일본정치외교사로, 이 책이 다루고 있는 전반적인 일본정치외교사에 대한 다양한 연구를 했다.

---

* 田澤晴子·平野敬和·藤村一郎, 위의 글, 315~316쪽.

그는 토쿄대학 법학부를 졸업한 후 토쿄대학 법학부 조수, 조교수, 교수로 이어지는 전형적인 엘리트 코스를 밟았고, 일본 정치사 및 정치사상사 연구의 대가로 평가된다. 후배 일본 정치사 연구자들이 무조건 읽고 지나가야 할 연구사적 업적을 남겼다.

토쿄대학을 정년 퇴임한 이후에는 세이케이대학(成蹊大学) 법학부 교수 및 특임교수를 지냈다. 현재 토쿄대학 명예교수이자. 일본 학사원 회원으로 제1부(인문과학부문) 제2분과(법률학, 정치학)에 소속되어 있다. 그는 2002년부터 시작된 제1기 한일역사공동위원회 일본 측 좌장을 역임하는 등 한일관계에 대한 관심도 지대하다.

이 책에서 다루는 총론적 이해는 저자의 청년기부터 다져진 다음과 같은 각론적 연구를 바탕으로 한 것이었다.

『日本政党政治の形成─原敬政治指導の展開』(東京大学出版会, 1967, 증보개정판 1995)

『大正デモクラシー論─吉野作造の時代とその後』(中央公論社, 1974)

『ワシントン体制と日米関係』(細谷千博·齋藤真編, 東京大学出版会, 1978)

『近代日本の政治指導』(篠原一·三谷太一郎編, 東京大学出版会, 1980)

『二つの戦後: 権力と知識人』(筑摩書房, 1988)

『大正期の枢密院』(東京大学出版会, 1990)

「戦時体制と戦後体制」, 『岩波講座 近代日本と植民地』第8巻(三谷太一郎

ほか編, 岩波書店, 1993)

『新版 大正デモクラシー論―吉野作造の時代』(東京大学出版会, 1995, 제3판 2013)

「原敬と日本政党政治」, 『歴史をつくるもの 日本の近現代史述講』(中央公論 新社, 2006)

『ウォール·ストリートと極東―政治における国際金融資本』(東京大学出版会, 2009)

『近代日本の戦争と政治』(岩波書店, 1997, 岩波人文書コレクション, 2010)

　저자는 1936년생으로 2017년에 이 책을 저술했다. 그의 나이 81세가 되던 해였다. 저자는 노년학의 미덕으로 총론적 서술을 들고 있다. 새로운 주제와 연구 영역을 개척해 이를 활발히 연구논문으로 발표하는 왕성한 청년기 연구를 거쳐 이제는 돌아와 거울 앞에 선 노년의 학자는 일본 근대에 대한 총론적 이해라는 성찰을 우리에게 보여주고 있다. 여든이 넘은 노구에도 불구하고 뜻은 천리에 두고자 자부하는 저자는, 이 책에서 자신의 연구성과는 물론 최근의 연구 동향까지 섭렵해 이를 총론 속에서 풀어놓았다. 이 책은 노학자의 회고적인 낡은 느낌이 전혀 들지 않고, 두껍지 않은 신서 판임에도 불구하고 묵직한 내용을 많이 담고 있다.

　이 책은 일본에서 2017년 3월 22일에 1쇄가 나오자마자 한 달여 만에 3쇄를 찍는 등 호평을 받으며 널리 읽혔다. 아시히신문, 요미우리신문, 마이니치신문 등 일본 내 유력신문에서도 서평이 실렸고, 일본 내 블로그에서도 많은 서평이 올라와 있을 정도로 일본에서도 상당한 반향을 불러일으켰다.

일본 근대에 대한 이해가 우리나라의 근대를 이해하기 위해서는 필수적인 조건 중 하나라는 것은 누구나 동의하지만, 사실 일본 근대를 일목요연하게 파악하는 것은 상당히 어렵다. 우리나라의 역사가 아닌 낯선 외국사의 영역인 일본 근대의 역사적 사실들을 하나하나 파악하고, 그것을 체계적으로 파악하기 어렵기 때문이다. 이런 의미에서 일본 근대에 대한 총론적 파악은 일본의 독자만이 필요한 것이 아니다. 우리나라의 독자에게도 균형 잡힌 일본 근대에 대한 총론적 파악은 매우 필요한 작업이다. 일본 근대의 역사는 일본 제국주의 혹은 일제로 상징되는 것처럼, 우리나라를 침략하며 식민지로 지배했던 역사이기도 하다. 따라서 침략자로서의 이미지가 강력하게 남아 있고, 이는 현재에도 과거사 문제라는 그늘을 드리우고 있다. 일본과의 역사 대화를 통해 양국 사이의 과거사를 풀어가기 위해서도 우리는 일본 근대에 대해 파편적이고 각론적인 이해를 넘어 이를 포괄할 수 있는 총론적인 이해가 절실하다. 일본의 근대가 무엇이었느냐는 물음은, 결국 한반도, 나아가 동아시아의 근대가 무엇이었느냐는 물음과 연결되는 것이고, 또한 지구적 차원에서 '근대'라는 것에 대한 물음이기도 할 것이다.

저자의 일본 근대에 대한 문제사적 고찰은 이런 의미에서 우리나라 독자들에게 유용할 것이다. 특히, 이 책은 대학에서는 물론, 일반 독자들에게도 일본 근대의 정치사적 이해를 심화하는 데 도움을 줄 수 있을 것이다.

마지막으로 감사의 말씀을 적을 차례가 되었다. 먼저 이 책의 저자인 미타니 타이치로 선생님께 감사의 말씀을 드린다. 저자로서 올바른 내용을 전달하기 위해 번역 과정에도 지대한 관심을 보여주셨다. 이종원 선생님(와세다대학 대학원 아시아태평양연구과 교수)께서는 역자의 초고를 꼼꼼히 읽어주시고 부족한 부분을 바로잡아 주셨다. 이오키베 카오루(五百旗頭薫) 선생님(토쿄대학 대학원 법학정치학연구과 교수)께서는 어려운 메이지 시대 표현을 알기 쉽게 현대일본어로 알려 주셨다. 한국에서는 이형식 선생님(고려대학교 아세아문제연구원 교수)이 일본인 인명을 세심히 살펴주셨고, 노혜경 선생님(연세대학교 인문예술대학 국어국문학과 교수), 반재유 선생님(연세대학교 근대한국학연구소 HK연구교수), 박상현 선생님(경희사이버대학교 일본학과 교수)이 저서에서 인용된 고어, 한시, 수필, 하이쿠 등 문학작품을 번역하는 데 많은 도움을 주셨다. 감사의 말씀을 드린다. 마지막으로 계속 늘어지는 번역을 인내심을 가지고 기다려준 평사리의 홍

석근 사장님께도 감사드린다.

　돌이켜보면 역시나 길고도 긴 번역이었다. 동서고금의 정치, 경제, 사회, 역사, 사상, 문학을 거침없이 구사하는 보편적 교양인(homo universalis)인 미타니 선생님의 글을 읽는 일은 너무나 즐거웠으나, 그것을 우리말로 번역하기로 마음먹은 것이 고통의 시작일 줄은 진정코 몰랐었다. 만약 이 번역서가 그래도 읽을만한 것이 되었다면, 도와주신 여러 선생님 덕분이라고 말하겠다. 다만, 번역에서 발생한 문제는 전적으로 역자의 책임이다.

색인

ㅇ

지은이_ **미타니타이치로**
三谷太一郎

토쿄대학 법학부를 졸업하고, 같은 대학 조수, 조교수, 교수 및 세이케이대학(成蹊大學) 법학부 교수, 일본정치학회 이사장, 한일역사공동위원회 일본 측 좌장 등을 역임했다. 현재 일본학사원 회원, 토쿄대학 명예교수이다. 주요 저서로『근대와 현대의 사이: 미타니 타이치로 대담집』(『近代と現代の間: 三谷太一郎対談集』, 2018),『인간은 시대와 어떻게 대면할 것인가』(『人は時代といかに向き合うか』, 2014),『학문은 현실에 얼마나 관여하는가』(『学問は現実にいかに関わるか』, 2013),『월스트리트와 극동－정치에서 국제금융자본』(『ウォール・ストリートと極東─政治における国際金融資本』, 2009),『근대일본의 전쟁과 정치』(『近代日本の戦争と政治』, 1997),『신판 타이쇼 데모크라시론－요시노 사쿠조의 시대』(『新版 大正デモクラシー論─吉野作造の時代』, 1995, 제3판 2013),『타이쇼 시기의 추밀원』(『大正期の枢密院』1990),『두 개의 전후: 권력과 지식인』(『二つの戦後: 権力と知識人』, 1988),『타이쇼 데모크라시론－요시노 사쿠조의 시대와 그 후』(『大正デモクラシー論─吉野作造の時代とその後』, 1974),『일본정당정치의 형성－하라 타카시의 정치지도 전개』(『日本政党政治の形成─原敬の政治指導の展開』, 1967, 증보개정판 1995) 등이 있다.

옮긴이_ **송병권**
고려대학교 사학과를 졸업하고 일본 토쿄대학 대학원 총합문화연구과 지역문화연구전공 박사(학술) 학위를 받았다. 현재 상지대학교 아시아국제관계학과에 교수로 재직 중이다. 주요 논저로『동아시아 지역주의와 한일미관계』(『東アジア地域主義と韓日米関係』, 2015),「일본의 전시기 동아국제질서 인식의 전후적 변용－'대동아국제법질서'론과 식민지 문제」(2017),「1940년대 전반 일본의 동북아 지역 정치경제 인식－동아광역경제론을 중심으로」(2013) 등이 있다. 역서로『GHQ－연합국 최고사령관 총사령부』(타케마에 에이지, 2011) 등이 있다.

옮긴이_ **오미정**
고려대학교 일어일문학과를 졸업하고 일본 토쿄대학 대학원 인문사회계연구과 일본문화연구전공 박사(문학) 학위를 받았다. 현재 한신대학교 일본학과에 교수로 재직 중이다. 주요 논저로는『아베 코보의 전후－식민지 경험과 초기 텍스트를 둘러싸고』(『安部公房の戦後─植民地経験と初期テクストをめぐって』, 2009),「전후 담론에 나타난 '고도성장'의 표상－가토 노리히로의『아메리카의 그늘』을 중심으로」(2019), 역서로『일본근대문학의 상흔－구 식민지 문학론』(오자키 호츠키, 2014) 등이 있다.